全媒体新闻采访与写作
实用教程

刘传琳 ◎ 主编

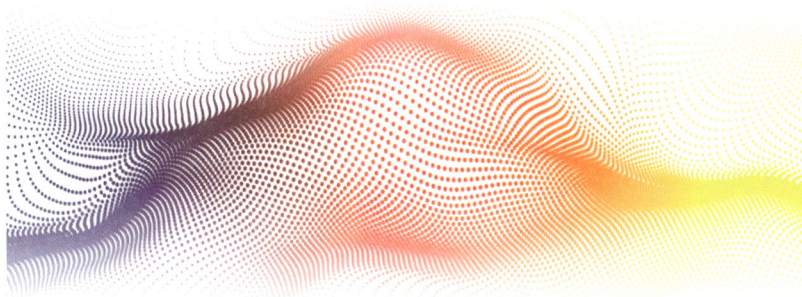

中国海洋大学出版社

·青岛·

图书在版编目（CIP）数据

全媒体新闻采访与写作实用教程 / 刘传琳主编 . —青岛：
中国海洋大学出版社，2021.12（2024.10 重印）
　　ISBN 978-7-5670-3078-7

　　Ⅰ . ①全… 　Ⅱ . ①刘… 　Ⅲ . ①新闻采访 - 教材 ②新闻
写作 - 教材 　Ⅳ . ① G212

中国版本图书馆 CIP 数据核字（2022）第 010268 号

出版发行	中国海洋大学出版社
社　　址	青岛市香港东路 23 号　　邮政编码　266071
网　　址	http://pub.ouc.edu.cn
出 版 人	杨立敏
责任编辑	魏建功　丁玉霞
电　　话	0532-85902121
电子信箱	wjg60@126.com
印　　制	日照日报印务中心
版　　次	2022 年 6 月第 1 版
印　　次	2024 年 10 月第 2 次印刷
成品尺寸	185 mm × 260 mm
印　　张	17.25
字　　数	318 千
印　　数	1101—1700
定　　价	59.00 元
订购电话	0532-82032573（传真）

发现印装质量问题，请致电 0633-2298958，由印刷厂负责调换。

编 委 会

主　编　刘传琳

副主编　王晓翠　魏　维

编　者　刘传琳　王晓翠　魏　维　郭建伟

　　　　　郗　斌　宋紫薇　张丹丹　左　旼

　　　　　黄　伟　卢　昱　陈　琳　李晓彤

前言

一、编写目的

新媒体既改变了信息的传播渠道与方式，也改变了传统媒体的采写编工作流程，给新闻采写编工作注入了新的内容。与传统媒体相比，新媒体不仅具有个性化突出、可选择性强、表现形式多样等特点，还具有交互性强、全息化、数字化、网络化等优势。

随着新媒体行业的不断发展，新媒体平台、短视频平台等不断涌现，与传统媒体共同组成了全新的传播主体，通过新的传播媒介，进行信息的传播交流，进入了人人都是传播者的"全媒体时代"。

本书是传媒一线的新闻工作者，以实际的工作案例向读者讲解如何正确、合理地进行全媒体时代的新闻采访与写作工作。本书注重实践，着重讲述新闻理论的实际应用，提升读者的新闻采访与写作水平，使其能完成不同媒体平台的新闻采写任务，让读者更好地了解、学习和掌握全媒体新闻采访与写作的相关知识。

二、本书内容

本书向读者介绍了全媒体时代不同新闻的采写与制作方法，通过对不同体裁新闻的介绍，使读者更加深入了解每种体裁的新闻采写与制作方法的不同，同时立足实践，教给读者具体的方法，使其真正体会到采访与制作新闻的技巧与方法。本书主要内容分为全媒体新闻理念、全媒体新闻采访与写作技能、新媒体新闻采访与写作技能三个部分。

全媒体新闻理念（第1章至第3章），主要对全媒体时代的新闻思维与理念、全媒体记者的要求、全媒体时代的摄录编知识进行介绍。

全媒体新闻采访与写作技能（第4章至第9章、第11章、第12章），主要对全媒体新闻采编与写作技能进行介绍，讲解全媒体时代新闻采访方法、全媒体时代新闻选题变化、电视新闻制作技巧等，对文字新闻、视频新闻、全媒体新闻等的采访、写作方法进行介绍，按新闻制作的流程，从选题策划、文字写作到视频拍摄等方面进行了介绍。

新媒体新闻采访与写作技能（第10章、第13章、第14章），主要对新媒体平台、短视频平台等新兴媒体的新闻采编写的技能与方法进行了介绍，同时介绍了新媒体运营与管理的相关知识。

三、本书特点

1．内容翔实，理论与实操相结合

本书从全媒体新闻采访与写作的基础知识入手，全面介绍了全媒体新闻采访与写作所涉及的知识，层层深入。同时，本书内容由理论知识和传媒一线案例组成，让读者由浅入深、快速掌握全媒体新闻采访与写作的技能。

2．案例丰富，实战性强

本书结合全媒体新闻采访与写作岗位的实际需求进行设计，知识讲解与实战案例同步进行，让读者可以借鉴传媒一线的实际工作案例，也可以在其基础上进行扩展练习。希望读者能够在实际操作中理解全媒体新闻采访与写作的相关知识，掌握岗位技能。

3．覆盖全媒体平台，应用性强

本书不仅介绍了全媒体新闻采访与写作的工作流程、选题策划、采写特点等基本要素，还对新媒体采写、短视频新闻采写、新媒体运营等新媒体的相关知识进行了详细介绍。通过学习，读者可以掌握全媒体平台的新闻采写技巧，这是对传统媒体采写的补充。

四、编者留言

本书编者既有山东传媒职业学院孙茜芸名师工作室的教师，还有大众日报社、潍坊广播电视台、泰安广播电视台记者参与，实践性较强。

由于编者水平有限，书中难免存在不足之处，欢迎广大读者批评指正。

编　者

2021年10月

目 录

1

新闻思维与理念

教学目标

● 熟练掌握新闻的基本特点、定义、本源和基本要素，对新闻思维与理念形成基本认知。

● 重点掌握新闻思维与理念的发展历程。

● 加强学习实践，探索新闻工作者应如何具备新闻思维与理念。

● 成为一名合格的马克思主义新闻工作者。

教学要求 ➡

知识要点	能力要求	相关知识
新闻基本理念 新闻思维与理念的发展历程	（1）掌握新闻的基本理念。 （2）熟悉新闻思维与理念的发展历程。 （3）立足新闻工作者，探索如何提高新闻思维与理念。	（1）新闻的基本特点、定义、本源和要素。 （2）党报的基本定位。 （3）新闻工作者应具备的专业素养、政治素质、道德修养、工作态度和业务能力。
学习案例	（1）案例分析。 （2）能力提升。	（1）通过案例学习，进行评价和分析。 （2）从不同角度掌握新闻思维与理念。

基本概念 ➡

新闻；新闻思维；新闻理论；新闻理念。

1.1 新闻的基本理念

1.1.1 新闻的基本特点

新闻与生俱来的基本特点有两个：一是真实，二是新鲜，由此延伸出新闻报道要迅速及时的要求。这两点是新闻最为基本、最为核心的规律。

新闻为什么必须要真实和迅速？这不是某个人的规定，而是出于人类求生存、求发展的需要。人类是聚众而居的高等动物，每一个群体（部落）都必须以集体的力量面对来自自然界和其他群体的挑战。为此他们必须及时了解周围世界的变动，以便做出决策，采取行动。一切正确决策的前提是情况报告（我们可以称为新闻或消息，亦可称作信息）必须是真实的、全面的；采取恰当行为的前提是情况报告必须及时。

从原始人到现代人，人类传播新闻的手段（新闻运载工具）日趋丰富、复杂，但新闻真实、迅速的特点并没有改变，改变的仅仅是人们对新闻真实、迅速要求的程度而已。

从古代人到现代人，人类社会越来越复杂，人类感知、认识外界和协调内部的方式、手段越来越多样，不同的方式形成不同的学科，各有其特点。它们经过时间的积淀和数代人、数十代人的努力，在量上和质上变得丰厚充盈和精粹深刻。唯独新闻，本性不变，依然以真实、迅速作为区别于其他学科的最为明显、最为独特的标识，向人们传递世界的最新变化。

人类社会的新闻传播工具，经历了口头新闻、书信新闻、新闻书、新闻周刊、日报、电台、电视台再到网络、多媒体的演变过程。人类对于传播工具的选择归根结底是由新闻的特性决定的。因为，印刷媒体比起口头新闻来，新闻传播具有广泛性和保真度，千百万读者可在几乎相同的时间内获得相同的新闻。在印刷媒介中，新闻周刊比新闻书快，日报又比周刊快；而电子媒介的传播速度则大大快于印刷媒体，此外，声音和画面也比文字更具有真实感。因此在电子媒介中，电视比电台广播更显著的长处是有现场的画面，更具真实感。"适者生存"，进化论这一著名论断恰好也是对新闻选择传播工具演进过程的描述。以报纸为例，1663年创办于德国的《莱比锡新闻》是世界上最早的日报，它一开始就是两面印刷的散页，三百多年过去了，报纸的内容天天在变，但报纸的外观——散装活页却至今不变，而且其他国家的报纸也采用这种形式，不同的仅仅是版面的多少而已。为什么人们不去改变它？不是不想变，而是无法改变，因为报纸的散装活页能够印得快（省去了装订时间）、读得快（读者一下子就可以看到一个版面上所有的新闻内容，省去了翻阅的时间）。可见，是新闻迅捷的要求塑造了报纸的外貌。

1.1.2　新闻定义

拿起任何一张报纸，数数新闻的条数，一版会有20条左右。打开电视机，看看新闻节目，半小时的新闻节目，会有60条左右。但是，在日常生活中，我们常常会遇到这样的场景。小王正在翻看报纸，小张进门来问："今天报纸上有什么新闻？"小王把报纸一扔，回答："看了半天，一条新闻也没有。"报纸上一条新闻也没有？那么，报纸上那么多的"本报讯""据路透社电"等都不是新闻？是是，都是新闻。那么小王回答错了？也不是，小王的回答没错。问题在于：在新闻工作和日常生活中，存在着并行不悖的两种新闻定义。

新闻定义1：新闻是新近发生事实的报道。

新闻定义2：新闻是新近事实变动的信息。

这两个定义的共同点是，它们都概括或反映了新闻的"真"和"新"这两个基本特点。它们的区别在于，去掉中间的限制性定语，变成：新闻是（一种）报道（新闻定义1）；新闻是（一种）信息（新闻定义2）。

新闻是报道，表达出新闻的形式。

新闻是信息，表达出新闻的实质。

这两个定义，互为表里，在不同的场合各有不同的内涵和功能。报纸上一个版20条左右的新闻，是以新闻定义1来衡量的；小王说报纸上"一条新闻也没有"，这是以新闻定义2来衡量的。

关于新闻与信息的关系，将在有关章节阐述。本节着重讲述新闻定义1，即新闻是新近发生事实的报道。

新闻是（一种）报道。报道是什么？

报道是对可以查证的事实的客观论述。这里所谓"可以查证的事实"是指人们看得见、摸得着、感受得到、有根有据的事情。举例如下。

新华社北京（2008年）4月11日电：我国外汇储备继续攀升，中国人民银行11日发布消息称，今年3月末国家外汇储备余额达16822亿美元，同比增长39.94%。根据央行最新教据，在2007年底国家外汇储备余额超过1.52万亿美元的基础上，今年一季度国家外汇储备又增加了1539亿美元，比去年同期增加182亿美元。值得注意的是，今年前3个月国家外汇储备增长呈现逐月放缓迹象。统计显示，今年一季度国家外汇储备每月增量分别是598亿美元、573亿美元和350亿美元。

1.1.3　新闻的本源与来源

新闻本源探讨的是新闻是从哪里来的？或者说，记者从哪里去发现新闻？

先有事实，后有新闻；事实是第一性的，新闻是第二性的。这是新闻界对新闻本源的普遍表述。它对于我们坚持新闻的真实性、反对凭空捏造新闻具有重要意义。但这样的表述对于新闻工作是不够的。

世上万事万物，日出日落，面对大千世界，记者从哪里去找新闻？街上车水马龙，人来人往，面对熙熙攘攘的场面，记者从哪里着手采访？我们说，记者不仅仅要从事实出发找新闻，而且必须从事实的变动中着手找新闻。因为，变动产生新闻，变动是新闻之母。日出日落，谁也不会把它当作新闻来传播。但当太阳黑子活动加剧，引起气候异常，影响到人们日常生活、工作时，就会成为新闻媒介经常报道的题材。火车站每天进进出出的火车有几百车次，如果天天基本准时发车或抵达，则构不成新闻。只有当火车时刻表发生变动时，才成为新闻。城市的公交车每天按时行驶在固定的路线上，谁会把它当新闻来传播呢？比如，上海26路无轨电车天天在繁华的淮海路上正常行驶，记者不会去采访。但忽然有一天，电车冲上了人行道，这件事就登上了报纸，并且作为改革开放以后全国第一条社会新闻。商业街上熙熙攘攘，人来人往，比如，上海的四川北路是上海三大商业街之一，每天成千上万的顾客徜徉在街头上。如果一位来自边寨小山村的人回去告诉他的乡亲们，兴许人们还有兴趣；如果登在上海新闻媒体上，人们准会当作一件"新闻"传——不是传这条新闻本身，而是传上海新闻媒体闹了大笑话。

无论是形势由顺变逆还是由逆变顺，事情由好变坏还是由坏变好，一个事件由吉变凶还是由凶变吉，一个国家由强变弱还是由弱变强，等等，凡是引起人们关心的变动都可能成为新闻。这就是新闻最主要的功能：反映世界的最新变动。新闻报道不是太阳，把一切都照亮，让人们把一切都看清；它只能是探照灯，照亮世界的最新变化和人们最关心的事情。正因为变动产生新闻，变动越是剧烈，越是反常，新闻自然也越多，人们也越关心，众多记者就会蜂拥而至。

变动产生新闻，应该从事物的变动着手去寻找新闻。这就是新闻记者应该具有的新闻敏感。无论是从宏观层面上报道大的局势，还是从微观层面上报道一个具体事件，都是如此。

世界是相互联系的整体。一个事物的变动可能波及其他事物；一个细微变动的背后可能有惊天动地的大事情发生；一个具体的事件可能意味着一个重大决策的产生。能否从人们看得见、摸得着的变化中探究它的影响、意义，追究出更大的事件，是衡量记者水平的标准。例如，美国总统尼克松的"水门事件"是最典型的。"水门事件"的初始只不过是登在《纽约时报》内页上一块"豆腐干"式的小新闻，说民主党竞选总部发现一根窃听他们谈话的电话线。除了两个人，谁也没有注意这条新闻，这两个人就是华盛顿邮报社初出茅庐的年轻记者罗伯特·伍德沃德和卡尔·伯恩斯坦。他们抓住这条新闻，穷追不舍地采访了几百人，最后迫使尼克松辞职下台。

与新闻本源容易混淆的一个概念是新闻来源。新闻来源是指新闻从何处获得，所以又称新闻出处。新闻来源一般有三条路径：一是记者采访他人；二是记者在现场亲眼看见；三是查阅有关资料或他人来信。在新闻报道中，西方国家的新闻媒介都明文规定：所有新闻都要交代新闻来源。交代新闻来源的最大目的是让受众了解该新闻的权威性、可靠性。同时，要揭示提供或散布新闻的意图。在特定的情况下，新闻来源比新闻本身重要得多。

2007年4月中旬，俄罗斯总统普京决定访问伊朗。伊朗当时正因浓缩铀活动和西方主要国家闹得不可开交，美国甚至多次暗示要对伊朗动武，普京在此当头访伊，自然引起世界极大关注。正在这时，一条惊天消息"恐怖分子将暗杀普京总统"不胫而走，成为全球头版头条新闻。正如《环球时报》所言，"外界真正担心普京会出事的人不多，因为暗杀者接近普京这样的领导人毕竟太难了。倒是谁透露了普京成暗杀目标的消息，成了媒体追逐的更大谜团"。"谁"透露消息为什么重要？因为不同的人有不同的目的：一是恐怖组织自身散布，这样可以扩大影响；二是西方某些情报部门散布，以此阻止普京访问；三是普京身边人炮制，以进一步塑造普京无所畏惧的领导人形象；四是俄罗斯内部强力部门散布，借此强化自身的影响力。

1.1.4　新闻要素

新闻要素是指构成新闻的必需材料。一般，新闻有五要素才能构成一条完整的新闻。新闻五要素是指：发生新闻的主角（谁）、发生的事情（什么）、发生的时间、发生的地点、发生的原因。五要素用英语来表示就是Who（谁）、What（发生了什么）、When（时间）、Where（地点）、Why（原因），它们都以W开头，所以，新闻五要素又简称为新闻"5W"。也有些教材把事情怎么样了（How）作为要素，有六要素的说法，即"5W+H"。

明确新闻要素，对新闻工作有三大作用。

第一个作用是有助于记者在采访新闻时迅速弄清每一个事实的要点。从这个意义上说，"5W"是弄清每一个事实的阶梯。在采访过程中，被采访对象不可能有条不紊地把"5W"都讲清或者在叙事过程中可能讲错，记者有必要从五个方面一一核对清楚，以此保证新闻来源不失实。当然，弄清每一个事实的"5W"，对于采访来说是远远不够的。比如，还需要抓住重点，弄清细节；需要理解重要事实的内涵；需要明白背景，这是新闻采访写作课的任务。但是，弄清每一个事实的"5W"，是弄清每一个事实的基本前提。

第二个作用是有助于记者迅速地抓住新闻的重点，尤其在新闻导语的写作中。最早的新闻导语就是把"5W"都浓缩在一个段落里，称为"小结论式的导语"。这种导语的好处是让读者在短时间内明白一个事件的全貌，但其短处也显而易见：主次不分，把读者最感兴趣或最有意义的部分淹没在冗长的陈述中。现代新闻写作，除了继续保留"小结论式的导语"外，总是千方百计地突出"5W"中一两个最重要、最有意义、最让读者感兴趣的要素。有些导语突出事情（What），例如，"本报22日讯　21世纪最好的100部英文小说评选出炉，詹姆斯·乔伊斯的《尤利西斯》位居榜首。这100部当代小说，由兰登书屋现代图书馆的编委组织评审，评审员均为当代小说理论家。评审是昨天结束的。"在上述这条新闻的导语里连时间都未写明。因为在21世纪最好的100部英文小说中，哪一部小说应列榜首是读者最关心的，记者就把读者最关心的事写在导语里，非常醒目，读者就有兴趣读下去。有些导语突出了人（Who）——新闻主角，例如，"据新华社桂林6月×× 日　电美国总统克林顿今天上午乘坐总统专机从上海抵达桂林，进行他中国之行的第4站访问。克林顿一行随后从机场前往桂林七星公园。他在那里就环保问题举行了一个小型座谈会，并发表演讲。演讲结束后，克林顿一行乘船游览漓江，途中还参观了漓江下游的兴坪渔村。"

第三个作用是有助明了新闻体裁的要义。虽然所有新闻都必须明确交代五要素，但不同体裁对五要素有不同侧重点。消息，尤其动态消息侧重发生了什么

（What），通讯的侧重点是经过或过程（How），深度报道的侧重点在于揭示原因（Why）。

新闻有各种分类的方法，最常见的有以下几种。

1.1.4.1 以新闻内容来分类

在中国，新闻可以分为时政新闻、经济新闻（有些称工交新闻、财经新闻）、文教卫生新闻（包括文艺）、体育新闻、社会新闻。综合性日报往往以此把报社分为政法部、经济部、教卫部、体育部等。报纸内版面有些也以此划分。不同内容的新闻对采访、写作，以及对记者的知识结构有特殊的要求，有些学校的新闻院、系开设"专题报道"来研究它们。

1.1.4.2 以新闻发生地来分类

一般的地方报纸、电台、电视台，把新闻分为三大块：国际新闻、全国新闻、地方新闻。报纸往往按版面来划分。比如上海的《解放日报》每天出16个版，新闻有6个版，除去第1版为要闻版外，其余5个版中，国际新闻占2版，全国新闻占1版，本地新闻占2版。国际新闻、全国新闻、地方新闻的版面配置，反映出一家新闻媒体的编辑方针，也折射出该媒体的新闻观念。

1.1.4.3 以新闻的时间性来分类

按时间性可把新闻划分为两大类：突发性新闻、延缓性新闻。突发性新闻是对出乎人们预料而突然暴发的事件的报道。例如，突然发生的灾难（空难、火灾、车祸等），突然爆发的战争，突然生变的政局，不期而至的天灾（地震、海啸、暴风）。这类新闻常常是新闻媒介的主角。延缓性新闻是对逐步发生变化的事情的报道，例如，天气渐渐热起来，物价在慢慢降低，青少年的平均体重逐步增加。突发性新闻有明确的发生时间，精确到几点几分几秒；而延缓性新闻却很难有明确时间，往往只能以"近来""最近""近日"之类的模糊词汇来显示出大概的时间。

1.1.4.4 以新闻与受众关系来分类

这种分法把新闻分成硬新闻与软新闻。这是本节重点讲述的问题。什么是硬新闻？关系到国计民生以及人们切身利益的新闻。包括党和国家重大方针、政策的制定和改变，政局变化，市场行情，股市涨落，银行政策，疾病流行，天气变化，重大灾难事故等。这类新闻为人们的政治、经济、工作、日常生活的决策提供依据。硬新闻有极严格的时间要求，报道必须迅速，越快越好，在有些场合，可以说失之"分秒"，差之"千里"。比如在期货市场、股票证券所，在伊拉克战地、在奥运会现场等，各家通讯社、新闻媒介为争先发表重大新闻不惜工本，采用一切先进技术。新闻事件现场称得上是真正争分夺秒的。硬新闻的另一个要求是报道尽可能准确，信息尽可能量化。软新闻则是指富有人情味、纯知识、纯趣味的新闻。它和人们的切身利益并无直接关系；向受众提供娱乐，使其开阔眼界，增长知识，陶冶情操，或作为人们茶余饭后的谈资。

1.2 新闻工作者应具备的新闻理念

1.2.1 新闻专业理念

如果以新闻周刊作为近代报业的起源，那么新闻传媒业已有近400年的发展史，已成为整个社会系统中不可或缺的一个子系统，成为社会认可的一个职业，并且具备了获得专业称号的基本条件。

新闻业首先为社会总系统的有效运作提供了信息支持。社会群体的决策工作都要建立在一定的信息资源的基础上，尤其是信息社会的到来，信息资源在社会中的重要性愈发明显。新闻业具备"监视环境"的功能：或告知外界的异常变动以起到预警作用，或提供对经济、公众和社会生活至关重要的工具性新闻，而后者是维持整个社会系统长期运作的主要支柱。在市场经济环境下，新闻业为构建"公正、公平、公开"的竞争秩序提供信息环境，并且为公众参与民主政治提供必需的信息支持。

新闻业通过协调整合各个社会子系统以保持整个社会有机体的平衡状态。新闻业具备"联系社会"的功能，通过强化社会规范，提供全社会共享的价值观念，促进个体的社会化过程，阻止越轨行为的蔓延，协调各个社会集团的利益冲突，从而维持整个社会体系的稳定性。新闻业还在促进整个社会系统进步和发展上发挥着重要作用。新闻业具备"传承社会文化"的功能，将信息、价值观和规范一代一代地在社会成员中传递下去，通过这种方式使社会在扩展共同经验的基础上更加紧密地凝聚起来。新闻业具备"娱乐"的功能，通过让个体得到休息和调整，保持社会成员的良好状态，同时也培育大众文化和大众品位。

上述种种功能使新闻业为现代社会的稳定、发展提供了强有力的支撑。

1.2.2　中国新闻工作者职业道德准则

中国新闻事业是中国共产党领导的中国特色社会主义事业的重要组成部分。新闻工作者坚持以马克思列宁主义、毛泽东思想、邓小平理论、"三个代表"重要思想、科学发展观、习近平新时代中国特色社会主义思想为指导，增强"四个意识"，坚定"四个自信"，做到"两个维护"，牢记党的新闻舆论工作职责和使命，继承和发扬党的新闻舆论工作优良传统，坚持正确政治方向、舆论导向、新闻志向、工作取向，不断增强脚力、眼力、脑力、笔力，积极传播社会主义核心价值观，自觉遵守国家法律法规，恪守新闻职业道德，自觉承担社会责任，做政治坚定、引领时代、业务精湛、作风优良、党和人民信赖的新闻工作者。

第一条　全心全意为人民服务。忠于党、忠于祖国、忠于人民，把体现党的主张与反映人民心声统一起来，把坚持正确舆论导向与通达社情民意统一起来，把坚持正面宣传为主与正确开展舆论监督统一起来，发挥党和政府联系人民群众的桥梁纽带作用。

1）坚持以习近平新时代中国特色社会主义思想武装头脑，深入学习宣传贯彻党的路线方针政策，积极宣传中央重大决策部署，及时传播国内外各领域的信息，满足人民群众日益增长的新闻信息需求，保证人民群众的知情权、参与权、表达权、监督权。

2）坚持以人民为中心的工作导向，把人民群众作为报道主体、服务对象，多宣传基层群众的先进典型，多挖掘群众身边的具体事例，多反映平凡人物的工作生活，多运用群众的生动语言，丰富人民精神世界，增强人民精神力量，满足人民精神需求，使新闻报道为人民群众喜闻乐见。

3）保持人民情怀，积极反映人民群众的正确意见和呼声，及时回应人民群众的关切和期待，批评侵害人民利益的现象和行为，畅通人民群众表达意见的渠道，依法维护人民群众的正当权益。

第二条　坚持正确舆论导向。坚持团结稳定鼓劲、正面宣传为主，弘扬主旋律、传播正能量，不断巩固和壮大积极健康向上的主流思想舆论。

1）以经济建设为中心，服从服务于党和国家工作大局，贯彻新发展理念，为促进经济社会持续健康发展注入强大正能量。

2）宣传科学理论、传播先进文化、滋养美好心灵、弘扬社会正气，增强社会责任感，严守道德伦理底线，坚决抵制低俗、庸俗、媚俗的内容。

3）加强和改进舆论监督，着眼解决问题、推动工作，激浊扬清、针砭时弊，发表批评性报道要事实准确、分析客观，坚持科学监督、准确监督、依法监督、建设性监督。

4）采访报道突发事件坚持导向正确、及时准确、公开透明，全面客观报道事件动态及处置进程，推动事件的妥善处理，维护社会稳定和人心安定。

第三条　坚持新闻真实性原则。把真实作为新闻的生命，努力到一线、到现场采访核实，坚持深入调查研究，报道做到真实、准确、全面、客观。

1）通过合法途径和方式获取新闻素材，认真核实新闻信息来源，确保新闻要素及情节准确。

2）根据事实来描述事实，不夸大、不缩小、不歪曲事实，不摆布采访报道对象，禁止虚构或制造新闻，刊播新闻报道要署记者的真名。

3）摘转其他媒体的报道要把好事实关、导向关，不刊播违背科学精神、伦理道德、生活常识的内容。

4）刊播了失实报道要勇于承担责任，及时更正致歉，消除不良影响。

5）坚持网上网下"一个标准、一把尺子、一条底线"，统一导向要求、管理要求。

第四条　发扬优良作风。树立正确的世界观、人生观、价值观，加强品德修养，提高综合素质，抵制不良风气，保持一身正气，接受社会监督。

1）强化学习意识，养成学习习惯，不断增强政治素质，提高业务水平，掌握融合技能。

2）坚持走基层、转作风、改文风，练就过硬脚力、眼力、脑力、笔力，拜人民为师，向人民学习，深入了解社情民意，增进与群众的感情。

3）坚决反对和抵制各种有偿新闻和有偿不闻行为，不利用职业之便谋取不正当利益，不利用新闻报道发泄私愤，不以任何名义索取、接受采访报道对象或利害关系人的财物或其他利益，不向采访报道对象提出工作以外的要求。

4）严格执行新闻报道与经营活动"两分开"的规定，不以新闻报道形式做任何广告性质的宣传，编辑、记者不得从事创收等经营性活动。

第五条　坚持改进创新。遵循新闻传播规律和新兴媒体发展规律，创新理念、内容、体裁、形式、方法、手段、业态等，做到体现时代性、把握规律性、富于创造性。

1）适应分众化、差异化传播趋势，深入研究不同传播对象的接受习惯和信息需求，主动设置议题，善于因势利导，不断提高传播力、引导力、影响力、公信力。

2）强化互联网思维，顺应全媒体发展要求，积极探索网络信息生产和传播的特点规律，深刻把握传统媒体和新兴媒体融合发展的趋势，善于运用网络新技术新应用，不断提高网上正面宣传和网络舆论引导水平。

3）保持思维的敏锐性和开放度，认识新事物、把握新规律，敢于打破思维定式和路径依赖，认真研究传播艺术，采用受众听得懂、易接受的方式，增强新闻报道的亲和力、吸引力、感染力，采写更多有思想、有温度、有品质的精品佳作。

第六条　遵守法律纪律。增强法治观念，遵守宪法和法律法规，遵守党的新闻工作纪律，维护国家利益和安全，保守国家秘密。

1）严格遵守和正确宣传国家各项政治制度和政策，切实维护国家政治安全、文化安全和社会稳定。

2）维护采访报道对象的合法权益，尊重采访报道对象的正当要求，不揭个人隐私，不诽谤他人。

3）保障妇女、儿童、老年人和残疾人的合法权益，注意保护其身心健康。

4）维护司法尊严，依法做好案件报道，不干预依法进行的司法审判活动，在法庭判决前不做定性、定罪的报道和评论，不渲染凶杀、暴力、色情等。

5）涉外报道要遵守我国涉外法律、对外政策和我国加入的国际条约。

6）尊重和保护新闻媒体作品版权，反对抄袭、剽窃，抵制严重歪曲文章原意、断章取义等不当摘转行为。

7）严格遵守新闻采访规范，除确有必要的特殊拍摄采访外，新闻采访要出示合法有效的新闻记者证。

第七条　对外展示良好形象。努力培养世界眼光和国际视野，讲好中国故事，传播好中国声音，积极搭建中国与世界交流沟通的桥梁，展现真实、立体、全面的中国。

1）在国际交往中维护国家尊严和国家利益，维护中国新闻工作者的形象。

2）生动诠释中国道路、中国理论、中国制度、中国文化，着重讲好中国的故事、中国共产党的故事、中国特色社会主义的故事、中国人民的故事，让世界更好地读懂中国。

3）积极传播中华民族的优秀文化，增进世界各国人民对中华文化的了解。

4）尊重各国主权、民族传统、宗教信仰和文化多样性，报道各国经济社会发展变化和优秀民族文化。

5）加强与各国媒体和国际（区域）新闻组织的交流合作，增进了解、加深友谊，为推动人类命运共同体建设多做工作。

本章小结

本章节主要围绕新闻理念展开，阐述了新闻的基本理念及新闻工作者职业道德准责。

课后习题 ➔

作为一名新闻工作者，应具备哪些基本素养？

2

新闻摄影、摄像及编辑基本技巧

教学目标 ——

- 熟悉新闻摄影拍摄要点。
- 熟悉新闻摄像拍摄技巧。
- 熟悉图片处理和视频处理技巧。

教学要求 ▶

知识要点	能力要求	相关知识
新闻摄影要点	（1）突发新闻照片拍摄。 （2）非突发新闻照片拍摄。	（1）远、近距离拍摄装备。 （2）社会新闻、会议新闻。
视频新闻拍摄技巧	（1）拍摄前的准备。 （2）拍摄基本功。 （3）各类新闻视频拍摄。	（1）拍摄提纲、设备准备。 （2）画面稳定性、同期声。 （3）突发新闻、非突发新闻拍摄。
图片、视频编辑技巧	（1）新闻图片编辑。 （2）视频新闻编辑原则。	（1）编辑图片有所为、有所不为。 （2）逻辑性、连贯性、剪辑点原则。

基本概念 ▶

新闻摄影；视频新闻；后期编辑。

2.1　新闻摄影基本技巧

我们常说的新闻摄影，其实是包含拍摄各种题材的照片，这里面既有关于突发的重大新闻事件的照片，又有关于日常生活各方面有价值的信息，还有一些是有趣的、生动的特写照片以及富有魅力的新闻人物肖像。

新闻摄影已在影像的视觉、视感等各方面取得了进步，人们也希望看到更多题材的新闻摄影图片。新闻摄影记者的职责就是真实客观地拍摄、记录那些重大新闻事件、那些被人们忽视而他们应该知道的重要新闻事实以及那些生活中的绝妙瞬间。

2.1.1　突发性新闻

所谓突发性事件，就是无法预料、突然发生且非人为故意策划的事件。

当记者到达突发新闻事件现场时，一般会带相机。到达现场后，要不断改变拍摄的位置和角度寻找最合适的位置，并果断地按下快门。记者要与现场的警察、消防员、救护员一起深入现场、协同作战，在突发事件的现场来回穿梭拍摄最佳画面。

拍摄突发新闻事件要求新闻摄影记者提前准备好拍摄设备。白天使用什么相机、镜头，晚上需要增加什么设备。拍摄自然灾难与拍摄战争、暴力事件的摄影设备是有差异的。

2.1.1.1　近距离拍摄所用设备

新闻摄影记者经常配备的短焦距变焦镜头有17～35毫米镜头、16～35毫米镜头、20～35毫米镜头，同时还有14～35毫米的短焦距定焦镜头。他们通常会利用短焦距镜头尽量靠近事发现场，接近被摄者，同时在镜头内收入现场的画面以及人物的表情、状态。

2.1.1.2　远距离拍摄所用设备

有时候由于场地、光线等条件限制，摄影记者不能靠近事发现场，无法近距离接触被摄对象。如果使用短焦距镜头拍摄，无法拍清被摄主体的详情和面貌，这时就需要使用其他设备。

新闻摄影记者经常装备的长焦距变焦镜头有70~200毫米镜头、80~200毫米镜头。有时还会装备一些长焦距定焦镜头，如300毫米镜头、500毫米镜头和600毫米镜头。

摄影记者一般会准备两个相机，一个使用长焦距镜头，一个使用短焦距镜头。这种搭配既满足了远距离拍摄需要，也可以在接近事发现场时方便切换设备，避免更换镜头耽误时间。

同时，摄影记者还会再准备一个1.4倍或2倍的增距镜，方便能在很远的地方就抓拍到被摄对象。

2.1.1.3 夜间（光线不足情况）所用设备

新闻事件随时随地都有可能发生，晚间或者极端弱光情况下的拍摄，通常会想到选闪光灯。

但在拍摄新闻图片时使用闪光灯的方法其实并不被摄影记者所喜爱。因为使用闪光灯，一方面会让画面里亮的地方极亮，暗的地方非常暗，照片的光线比较硬；另一方面，闪光灯的使用会破坏新闻现场的气氛和感觉，尤其是拍摄愤怒、焦急或者伤心的人群，极容易造成他们情绪的波动。

另外，使用闪光灯会暴露拍摄行为，特别是在警匪大战、解救人质、双方对峙的情况下。所以，很多新闻摄影记者避免使用闪光灯。

面对这样的情况，摄影记者会非常"纠结"：一方面自己工作使命在身，要履行自己的职责；另一方面要考虑现场人员情绪、自己的安全等因素。所以，很多照片都是通过采用长焦距镜头、提高感光度、增加噪点、牺牲画面质量的方式来尽量保证拍到现场画面。

2.1.2 非突发性新闻

非突发性新闻，是指那些采访前已经知道事件发生的地点、时间、采访内容、采访对象的事件。这类新闻包含政治、外交、经济、人物、会议、社会生活等方面的内容。

与突发性新闻不同，非突发性新闻可以提前准备，制订拍摄计划、确定拍摄对象、查询相关资料等，摄影记者也会在拍摄前做到心中有数。

这种情况下，记者怎么拍、拍什么，怎样做到与他人不同？这是摄影记者要重点考虑的问题。

2.1.2.1 社会生活类新闻

新闻摄影中很重要的一部分就是反映社会现实问题。社会生活类的新闻，可以让受众充分认识到自己的生活环境，可以影响舆论观点，可以反映社会生活中的诸多不良现象和问题。

（1）有双发现的眼睛

在生活中发现，在发现中思考，在思考中体会人生，在人与人之间寻找新闻摄影的魅力。

摄影记者，首先是生活中的人，其次是记者，再次才是摄影记者。摄影记者需要去适应社会，关心生活，然后在生活中学会独立思考整个新闻事件，把握其本质，厘清事件之间的各种关系，思考如何将表现本质的关系视觉化。只有深入生活，掌握大量的资料之后，摄影记者才能有的放矢地进行拍摄。

摄影记者应该学会选择合理角度，熟悉相关流程，沟通相关人物。

（2）寻找拍摄角度

摄影记者并不能总奔波于战争、灾害等重大事件之中，小事件不一定就不能成为新闻，小题材、小主题也可能有很大的新闻价值。布列松说过，"在摄影中最微小的东西也能成为伟大的题材。人间渺小的琐事能变成乐曲中的主调"。

对摄影记者来说，日常拍摄中一个重点和难题就是发现题材、选择角度。总体来说，角度选择应该坚持故事化、人物化、细节化、戏剧化，同时让故事人物化、人物细节化、细节戏剧化。

我们可以从以下几点去尝试一下。

1）熟悉处入手。你对一个事物、一个现象越熟悉，就越有可能深刻认识它。对于新闻摄影来说，"舍近求远"可能会"事倍功半"。

2）微小处入手。大处着眼，小处着手，既是做新闻的方法，更是摄影记者能够拍摄好新闻照片的重要方法。越大的切入点，我们越不容易抓取，而小的切入点则恰恰相反，非常容易把握和操控。

3）不同处入手。每一个人的经历、知识积累、思维方式及驾驭图像的能力等都存在着差异，可以因人而异选择题材。

2.1.2.2 会议（包括会见、集会等）新闻

每天的新闻报道里基本都有一个事件，那就是今天有什么会议开幕了，有什么活动举行了。会议活动在任何一个国家都是一个普遍的事情，也是发生在我们身边最常见的新闻事件。对于新闻摄影记者来说，会议新闻一定是其日常工作中必不可

少的内容。

会议新闻常见却很难拍好。基本每天都有的会议通常会给许多摄影记者带来难题，今天的会议与往日相比哪里不同、有何新意，今天要拍些什么。

（1）寻找新颖点

看会议新闻时，一般都是通过图片的文字注解来了解这则新闻的主要内容和背景，因为新鲜的信息有时候无法通过简单的图片来发现。会议新闻摄影，怎样才能做到推陈出新呢？

1）找到合适的拍摄位置。每年的"两会"期间，上千名中外媒体记者齐聚北京人民大会堂。他们拍摄新闻画面的第一要素就是抢占位置。抢位置首先要依靠体力上的优势，比如摄影记者要跑得快、身体壮、耐力好，这样才能最先到达现场，找到最佳位置。摄影记者们需要提前判断，早点进场寻找有利地形进行拍摄。

2）采访、拍摄技巧使用得当。人们经常强调新闻报道的客观性。然而，摄影记者在用手中的相机拍照、用影像记录发生在眼前的新闻事件时，如何拍、选用什么镜头、采用什么构图、从什么角度、画面中包括什么不包括什么等一系列问题，将对新闻照片产生重要的影响。摄影记者的主观意念影响着他们的思考过程，思考过程又影响着他们对于技巧的选择。

在技术技巧方面，捕捉整体气氛和环境时，使用广角镜头，可以囊括会议的全貌。捕捉与会代表的神情和动作时，使用长焦镜头可以虚化背景。同时，合理利用光圈、快门、光线、拍摄角度进行拍摄都是推陈出新的好方式。比如，拍摄一个人的发言得到大家的认可，可以让画面偏暖一些或者在发言的画面中增加一些人鼓掌的镜头；相反，拍摄一个人的发言不受欢迎时，也可以让画面偏冷色调或者在画面中增加一些与会者昏昏欲睡的姿态。

摄影者会根据自己服务的媒体的立场和自身所处的立场，做出拍什么、如何拍的决定。拍出的照片，要符合所服务媒体的"基调"。

3）找变化、拍问题。在会议新闻方面，报纸、杂志一般只会刊登出1～2幅作品，所以有时候，照片可能不能完全反映出会议的内容和精神。这就需要摄影记者在拍摄前就要了解会议议题。好的摄影记者会花足够的时间去研究会议摄影，研究会议内容，尽量使用合适的技巧去完成一幅能够反映出会议特点的照片。

（2）"一针见血"

1）抓主题。每一个会议，都会有一个主题。怎样拍才能够很好地表现会议主题的新闻图片，已成为一个摄影记者经常思考的问题。如政府会议，发生了哪些人事变动？经济会议，人民币的利率是否继续上调？教育会议，高考还要扩招吗？一些摄影记者往往把很多时间都花在拍摄条幅和特写上了，而很少根据环境和会议主题挖掘有效的信息。

2）抓细节。会议新闻摄影要有创新，表现人物神态的细节镜头是重要的一环。会议的紧张、激动、欢快、悲愤等气氛，都可以通过拍摄与会者的表情和动作来体现。抓取与会者的神态、姿势、表情，使画面给人以新的感觉。

细节的关键点：脸——脸能表神；手——手能表情；影子——影子能表意。

倘若用程式化的构图拍摄，画面可能不会有特别大的感染力。这时候，不妨使用这些细节镜头：与会者的神态、人物的手势动作、含蓄的影子、有意味的道具。这些都能为会议增加一些绘声绘色的效果，让观众有身临其境的感觉。

3）外围报道。有时候，当摄影记者们面对单调的会议无处下手时，不妨去会场外，拍摄一些与会议新闻相关的事件。

一般来讲，会议新闻离不开会场，只要盯住会场，就不会漏掉新闻，其实不然，会场外、会议休息期间同样有新闻，有好新闻。会外的图片报道，要比单纯的拍摄会场内的内容更有信息量，更能吸引读者发现问题，并产生联想和思考。

2.2　视频新闻摄像基本技巧

2.2.1　前期准备工作

2.2.1.1　拟订拍摄提纲

作为新闻摄像记者，在接到采访任务后，首先要了解拍摄的环境和采访的人物情况，并拟订拍摄提纲。这样，到达新闻现场后便能够迅速开展拍摄工作，真正做到有的放矢，拍摄出高质量的、能满足后期编辑需要的视频新闻镜头。

2.2.1.2　采访设备的准备

一般情况下，在外出采访前都会做一些准备工作，即使是一些突发性事件，必要的准备也是不可缺少的。除了要拟订拍摄大纲以外，设备器材的准备也非常重要。

带足电池。电池是摄像机的动力源泉，一定要确保所携带电池的电容量够用，并确保充满电。根据拍摄任务的情况还要有备用电池，以确保拍摄任务圆满完成，防止错过宝贵的片段。采访话筒的电池也是不可忽视的，千万不能因为没有携带话筒电池致使话筒电量不足而影响采访。

准备存储卡。携带存储卡外出拍摄更加必要，因忘带存储卡而错过拍摄时机的例子并不鲜见。与此同时，还要保证存储卡的容量够大，以确保画面质量优良。

2.2.1.3 检查摄像机

每次使用摄像机前都要做习惯性检查，尤其是摄像机镜头，最好能开机录制一下试试。

2.2.1.4 带上三脚架

三脚架是最可靠的支撑设备，使用三脚架拍摄的画面效果稳定，有些记者怕麻烦、嫌携带不方便而不愿意带三脚架外出采访拍摄，结果拍到的画面不稳定，影响了节目质量。职业的视频新闻记者要养成带三脚架的职业习惯。除此之外，一些必要的辅助器材也不能遗漏，如新闻灯、采访话筒、防尘罩。

2.2.2 练好拍摄基本功

2.2.2.1 对画面拍摄技术的要求

在视频新闻的拍摄中，能够熟练操作摄像机、单反相机、智能手机等摄像设备是最基本的要求。视频新闻节目的画面首先要满足基本的技术要求，即使是在特殊的紧急突发事件中，也应做到准确调整摄像机参数，使视频新闻画面的曝光准确、色彩还原正确、聚焦清晰。这需要反复训练，熟练掌握技能，养成职业习惯。

2.2.2.2 注重画面的稳定性

视频画面的"动"（指镜头技巧的运用等）是不可避免的，保持画面稳定并不排除镜头的移动变换，这里的稳定主要指镜头变换和画面显示时要确保画面稳定。如果使用三脚架拍摄，便要调整云台的半球，使摄像机处于水平状态，以确保拍摄画面的"横平竖直"。

如果不用三脚架拍摄，在徒手拍摄时，就要保证画面稳定，尽量将画面的抖动减少到最低限度。摄像记者必须练习基本功，做到熟练"驾驶"摄像机。

肩扛摄像机拍摄。拍摄固定画面时，双脚左右叉开与肩同宽，全身放松。如果拍摄时间较短，要屏住呼吸；如果拍摄时间较长，则要学会腹式呼吸法，尽量减少肩部起伏所带来的画面抖动。拍摄运动镜头时，两腿最好走直线，迈小步，腿弯曲，尽量减少由于行走带来的上下起伏颠簸，从而保持画面的基本稳定。

手持DV摄像机、单反相机、智能手机拍摄，最好用双手操作。因为如果单手操作，DV摄像机、单反相机、智能手机上的变焦操作按钮、录像/停止按钮等一些操作按钮都靠手指操作，关节的活动必然会影响手的稳定性，所以建议最好双手操作。

2.2.2.3 把握画面的方向性

在视频拍摄过程中，要注意保证拍摄方向的统一性，以便正确处理镜头间的方向关系，使观众对各个镜头所表现的空间有完整、统一的感觉。要做到这一点，就必须熟练掌握"轴线"规律。"轴线"指被摄对象的视线方向、运动方向和不同对象之间的关系所形成的一条虚拟直线或主体运动轨迹。视频新闻画面较之其他节目的画面更注重方向性和逻辑性，因此，在拍摄一组相连的视频新闻画面镜头时，规定摄像机拍摄总方向限制在轴线（被摄体）同一侧，不能越过轴线。如果越过"轴线"，就会破坏空间同一感，造成观众对画面的误解，即我们常说的"越轴"。这是视频拍摄的一个基本规律，在新闻节目的画面中尤为重要，要避免误导观众。

2.2.2.4 录制现场画面的同期声

在视频新闻的拍摄过程中，声音的拾取与画面的拍摄同等重要。在新闻报道中采用人物同期声，既有助于烘托报道现场的真实氛围，又比用解说显得真实可信。同时，由于现场录制的同期声真实地记录了现场的环境音响，如街道两旁的嘈杂声、农村的鸡鸣狗叫声、轰炸中的炮火声等，这些具有典型意义的同期声，能够使观众对现场有一个比较全面的认识，因而有利于增强新闻的权威性，同时加大新闻的信息量和客观性。所有这些，都要注意声音与镜头内容的对应，现场的同期声应该有与其相应的画面作为载体。要做好现场同期声的录制工作，摄像记者应注意以下几个方面。

（1）随机话筒始终保持打开状态

因为新闻现场突发性事情比较多，为了避免在新闻现场因一些突发事件造成外置话筒线路突然中断而无法录音，所以摄像机的内置话筒要始终保持打开状态，这样才能做到万无一失，确保现场同期声的录制。

（2）耳机监听

由于新闻现场的特殊性，无法确保现场声音录制环境的安静，随时会出现噪音的干扰或者话筒线路中断。因此，摄像人员必须始终戴好耳机，随时监听话筒声音的效果，一旦出现问题马上调试解决。

2.2.3　各类新闻视频拍摄

2.2.3.1　突发类新闻

突发类新闻是报道突出事件的新闻，如车祸、火灾、斗殴、突击检查、刑事案件的报道，这类新闻讲究一个"快"字。

拍摄时到达现场要快，有时候不用到现场就可以开始拍摄，比如在路上看见火灾，远远地就有浓烟，这些新闻信息就可以作为新闻拍摄的重要内容。

新闻信息的处理工作有时讲究按照时间线性排列，有时则需要按照记者的意图进行重新排列，这个时候新闻信息的采集工作是否到位、新闻信息是否完整就非常重要。有些新闻事件或故事的信息链由于种种原因出现断环，这些可以通过逻辑思维和合理推断重新连接起来，但是其中有些信息点是无法省略的，这些无法省略的新闻信息点称之为新闻要素。如时间、地点、人物、发生原因、处理结果，这些都不能缺少。

2.2.3.2　可预见性新闻

可预见性新闻是能够提前获知的、在既定日期或时间段发生的新闻。如大型活动中的小故事，部分社会现象的调查，日常生活中的某些生活习惯的报道。

对这些新闻，我们讲究构思和事先了解（预习采访），只有在基本掌握事件的大概发展脉络之后，才有可能在这种大型活动中以小见大，抓住动人的细节。比如因施工封闭了一段时间的某景区开放了，这是大家事先就知道的，但是游客的意见是什么，在现场有没有什么新鲜的景点、人物、现象，这些都是我们可以进一步观察和拍摄的内容。

2.2.3.3　趣味新闻

顾名思义，趣味新闻就是有趣的小新闻，可以是小狗会数数，或者有个小孩三个月大就会认字，抑或者自然界中各种难得一见的现象，如彩虹、"两个月亮""半个太阳"。这种新闻要有一种用画面说话的特点，画面就是你的"嘴"，解说词是根据画面写的，但即使没有解说词，观众仅仅看画面也应该可以看出一个有情节的故事来。这就是这类新闻的主要特点和拍摄要点。在拍摄这类新闻的时候，要学会充分利用画面特写以及视频中的声音手段，以增强新闻的趣味性。

2.2.3.4　会议新闻

会议新闻在各级各类视频台占有很大分量，所以拍好会议新闻是对一名摄像记者的基本要求，也是新闻拍摄技能训练的重要项目。与会议比较接近的场景有课堂、座谈、讨论、围坐在饭桌边的用餐等。这些场景的拍摄方法与技术处理都比较相似。

（1）会议的场景特点

从拍摄的角度看，会场场景集中，内容集中，但同时也比较单调乏味，很难拍出丰富多彩的画面。室内会场的光线照明条件恒定，变化不大，但光照可能不均匀；室外会场则容易受到天气变化的影响，光线可能发生变化，但光照比较均匀。

（2）会议摄像"通则"

无论室内室外，新闻拍摄者都必须如实记录会议议程、出席会议的领导、重要来宾、主要与会人员以及会议上表彰先进、通过决议等过程性画面。如果会议安排主要领导或重要来宾做最后发言，拍摄者必须坚持到会议结束。相对来说，会场拍摄技术问题不多，拍摄方法也比较简单。

第一个画面一般在会场中后方拍摄带会标的大镜头，然后自然走到主席台前拍摄主席台就座人员和会议主持人画面。

拍摄会场大镜头时，要尽量避开通向主席台的走道或分割观众的通道，要让画面中央充满观众，而不是一条通道，否则构图和视觉上都不能令人满意；拍摄位置可稍偏一些，会标仍然置于中间位置。

拍摄与会领导要注意景别和时间长度的匹配，主要领导的讲话镜头一定要给大、给足。给大，就是景别要小些；给足，就是时间要长些。其他与会领导和重要来宾不能漏拍。如果没必要给他们单独镜头，可从中间部位向两边摇拍或拉拍，也可以一个固定镜头包含2~3人。不要在他们有小动作的时候拍摄，要保证领导的画面形象。

观众镜头要拍够，要保证报道时不重复使用画面。要注意景别的变化，注意捕捉情绪饱满、注意力比较集中的观众画面。拍摄观众时可不考虑轴线问题，可以在走道上向两边交叉拍摄。

对重要的会议，报道的时间可能较长，可以多拍一些普通观众的慢拉镜头，但是不能只从一边拉拍，最好按奇偶数排从两边拉拍，这样画面对接起来效果会好一些。中央电视台的"两会"报道就经常这样处理。

（3）会议摄像应注意的问题

会议现场秩序井然，偶然的干扰因素少，拍摄时心情比较放松。但也有一些问题值得注意。

1）室内会议。室内会场可能照度不均，拍摄时要注意随时调整光圈；特别要注意主席台和观众席上的照度反差可能较大，要考虑用新闻灯补光。同时，室内光源色温可能不一样，要随时调节白平衡。

还要注意室内会场的大窗户，因为室外大量光线的涌入，会使室内光线条件变得复杂，由于室内外光线的色温不一样，与窗户距离不同的与会人员的肤色、衣服颜色与质感都会受到一定的影响和干扰，可在征得会议组织者同意的基础上，拉上窗帘或使用大功率的新闻灯。

2）室外会议。室外会场一般领导多、参会人员多、气氛热烈。室外光线充足、照度平均，但易受到风云等天气变化的影响。要根据天气变化和光线情况，随时调整白平衡，以保证整场会议前后色调的基本一致。

尽量避免把风的干扰拍进画面，如被风吹得乱晃乱飘的大气球，剧烈摆动的条幅、标语、旗帜，时不时飞起的沙尘，观众的乱发。但也有例外，如抗震救灾的紧急动员场面。

如果条件允许，可将会场周围的环境拍摄进来，尤其是举行某种仪式或者庆典性的集会，都可以用画面对现场环境进行介绍，以烘托气氛，增加感染力。

2.2.4 新闻人物采访拍摄

在视频新闻节目现场采访中，记者在现场对新闻人物进行采访是不可缺少的部分，有时也称之为镜前采访，这种镜前采访不但具有现场感，而且由于记者和现场的人进行面对面的交流，因而也会使观众产生一种置身现场的参与感。

在人物拍摄中，要了解每个人物的特点。应在有限的空间内展现人物的特点、社会、文化背景，从而反映现实生活环境中人物的独特之处。

运用细节表现人物的个性也是人物拍摄的出彩之处，所以要善于捕捉、发现人物的细节。如人物对事物的专注程度、工作的艰辛及情绪的变化。

人物的同期声也是拍摄的关键，采访时要注意采访对象所说的内容，能够及时转换画面。环境的选择应与人物的身份和采访的内容相匹配。

2.2.4.1 注意采访对象的背景

如果是事件性新闻采访，要选择最能体现事件本质的典型背景作为人物的背景进行采访，使镜头中体现出更多的新闻信息。如果是非事件性新闻采访，要注重对人物本身的挖掘，建议使用净化背景的方式进行拍摄，长焦距、大光圈的技术处理可以获取最小的景深效果。

2.2.4.2 采用过肩镜头拍摄

过肩镜头被誉为最好的采访镜头，摄像记者的机位设在记者的侧后方，摄像机的光轴通过记者的肩部拍摄被采访对象，使记者能够自然地和被采访对象交流沟通。

2.2.4.3 注意景别的处理

人物采访拍摄的景别处理一般有以下几种。

（1）新闻人物的近景处理

一般对采访对象的拍摄采取近景景别处理，具体方法：机位设在前侧方，要采用中焦距，以防人物变形，持续拍摄到结束。如果采访对象回答问题时间较长，景别处理就要用采访对象单独的中近景或特写。

（2）交代镜头的处理

交代镜头多半是从记者和采访对象两人的侧面拍摄，采用全景或远景，以便在后期编辑中作为过渡镜头使用。一般是记者和采访对象的远景，以看不清口型为原则。

（3）过渡镜头的处理

为了后期编辑的需要，摄像记者要在文字记者采访提问完成之后，在新闻现场拍摄一些相关的过渡镜头。过渡镜头主要包括：

1）记者的镜头。一种是"倾听镜头"，在编辑时，这种镜头在采访对象回答问题时用，以表明记者的态度。在拍摄时，把摄像机放在采访对象后面，让记者面对摄像机镜头。另一种镜头叫"反向提问镜头"，是记者提问的镜头，也是采用从采访对象后面拍摄的方法。记者表情景别一般处理成近景或特写。

2）新闻人物生活工作的镜头。如果是人物采访专题新闻，考虑后期剪辑的需要，要求摄像记者拍摄一组新闻人物的生活、工作以及学习的镜头。景别、角度要求配套。

3）新闻现场细节的镜头。话筒、台标，办公桌上的典型物品，与采访内容相关的信息，如办公电脑的屏幕等，均为细节部分，需拍摄特写镜头以备后期剪辑使用。

尽量使用三脚架。除非是事件性新闻拍摄，一般的人物采访要尽量使用三脚架拍摄，以保证拍摄画面的稳定。如果条件允许，在室内采访时要进行必要的背景处理和灯光处理，以确保画面在真实前提下的艺术性。

2.3 编辑基本技巧

2.3.1 新闻图片编辑

很多记者都会采用专业的图片处理软件对图片进行编辑处理。这就是我们所说的数字暗房。不过，新闻摄影和艺术摄影不同，它有着比较严格的拍摄任务，摄影记者通常会遵守一套严格的操作程序。暗房里的基本调整包括对比度修正、明亮度调整、色彩平衡、剪裁照片、调整清晰度、设定合适的尺寸和分辨率等，调整的目的是方便图片的最终使用。

2.3.1.1 有所为、有所不为

图片编辑在处理新闻图片时，需要时刻保持职业准则。稍有不慎，新闻照片就会陷入"造假"危机，因为几乎所有的新闻摄影照片都要受到道德伦理的限制。

那么，什么是图片编辑的"有所为"？

1）剪裁照片。

2）加光减光。

3）去除污点。

4）改变反差。

相反，什么是图片编辑的"有所不为"？

1）修改照片内容。

2）拼接照片。

3）改变视觉信息。

4）其他误导读者的行为。

2.3.1.2 恰当的剪裁

当摄影师拍照时，必须考虑拍摄什么，不拍什么，哪些是主要的，哪些是次要的。如果被摄对象太多，需要突出的主体就难以表现，会造成喧宾夺主的效果；如果画面太紧，又可能漏掉一些重要信息。即使是经过精心设计的拍摄，也不可能将每个被摄对象都恰到好处地安排在画面中的合适位置。完美的构图有时候是不可能

实现的。

于是，大部分新闻摄影图片需要进行必要的后期编辑来弥补缺陷。其实，后期的编辑在一定程度上也决定了图片的"成败"。经过有经验的图片编辑精心剪裁后，可以增强图片的视觉冲击力，但错误处理则可能将图片的缺点无限放大。

把与主体形象无关的画面剪切掉，读者的注意力就不会被细枝末节的东西干扰。小心地剪裁能给图片带来更有力的影响，但要注意防止画面因为剪裁后放大而变得模糊不清。我们总会面临这样的两难问题：图片不剪裁放大，肯定缺乏视觉冲击力；放得过大，质量又得不到保证。这时候，图片编辑就需要在牺牲质量与优化构图之间找到平衡点。为了准确地表达摄影师的意图，图片编辑还可以将图片剪裁成长而窄或者宽而高的比例，形成新颖独特的构图。

如果一张横幅的图片在版面上无法合适安排，则可以根据实际情况将其剪裁成竖幅，但是一张竖幅图片则很难被剪裁成横幅照片。

2.3.1.3 图片编辑时的要求

编辑新闻图片时要考虑下列因素。

1）技术质量。图片的精度要够，影像要清晰，不允许存在影响印刷质量的明显技术缺陷。

2）视觉表现。所选图片应符合视觉规律，图片应当能在版面上营造出视觉关注中心，引起受众的阅读欲望。

3）传播价值。独立新闻图片要确切、完整地传播信息，配文图片要有助于引导读者理解文字信息。

4）完整性。独立新闻图片必须有标题和规范的图片说明，并注明出处；配文图片必须有规范的图片说明，并注明出处。

5）版面监控、图片编辑要主动协调与责任编辑以及美术编辑的关系，寻求版面平衡。让版式可以更好地发挥图片的作用，让版式可以将图片和标题与文字的关系处理得最好。其中一个指导性原则是，在所有报道中，图片常常不会是最重要的部分，但在所有的版面上，图片是最重要的。在版式设计中，版面设计考虑的顺序应当先是图片，然后是标题，最后才是文字。

6）图片编辑要尊重摄影记者工作的专业性。

7）图片编辑要在编辑会议上就图片使用状况进行沟通。

2.3.1.4 图片编辑要将新闻图片的作用发挥到最大

（1）要懂图片

什么样的图片算是好图片？我们一般把图片分成四个档次：第一档，信息含量；第二档，形象因素；第三档，情感因素；第四档，亲切感。仅具有信息含量的新闻图片是最低一档，而具有亲切感的图片才代表了新闻图片的最高层次。

（2）图片占据的面积

图片越大，视觉冲击力越强。如果其他因素相同，图片尺寸越大，读者读图的时间越长，对于新闻事件的记忆就越深刻。同时，我们不是要一味地让新闻图片占据大面积篇幅。记者应该主动放弃那些质量不高、效果不好的图片，而让真正具有说服力的精彩照片占据较大的版面。

当然，图片尺寸越大，越能吸引读者的规律也有例外，比如说，一些涉及趣味的题材，尺寸小一点的新闻图片也会引人注意。

（3）考虑读者的喜好

根据读者喜欢看什么样的图片，图片编辑从而决定选用什么种类的图片。这种方式曾被很多人使用过，也收到了很好的效果。图片编辑应该切实地了解读者的喜好和需求，而不是根据自身的偏好来选择新闻图片。

同时，为了适应多变、复杂的读者需求，图片编辑还应该经常给他们换一换口味，寻找一些有创造性的图片或者编排手段，以吸引读者的注意力，让他们产生丰富的联想。

（4）标题和文字说明

刊登新闻图片，将会促使读者细读旁边的标题和文字报道。而这些标题和文字报道反过来又会有利于读者认识图片的内涵，形成较为牢固的记忆。新闻图片的标题最好能够一针见血，可以选择能够引起读者关注的词句作为标题。

2.3.2 视频新闻剪辑基本原则

视频新闻剪辑就是对画面进行剪辑。剪辑的原则源自积累，源自生活，它是历代影视创作人员和理论工作者的经验总结。这些基本的原则是任何一部影视作品剪辑的基础，也是保持画面组接连贯性的重要规则。而要做到画面的连贯性，就必须在上下镜头的内容中寻找建立连贯关系的因素。这个因素就是在每一个镜头里安排一个足以承前启后的东西，如一个活动，一个手势，一种形态等。那么，选择这个因素的依据是什么，这就是下面要谈到的剪辑原则。

2.3.2.1 逻辑性原则

逻辑既是一种思维规律又是一种客观规律。画面剪辑的原则，就是要按照画面所表达的内容的客观规律来组接，根据观众看视频时的思维规律来编辑，使画面的视觉形象就像生活里所发生的一样。否则，就会使观众陷入理解上的混乱。所以符合逻辑是剪辑工作最根本的基础。

（1）生活逻辑原则

我们先看这样一组画面：人物A起床；走向洗手间洗漱；换装；挎着书包出门；走在林荫道上；进入一栋教学楼；人物A面对一群学生讲课。看到这组画面后，想必我们会得出这样的结论：这是人物A从早晨起床后到教室上课的一段生活镜头。这段画面之所以能给人清晰明了的结论而不至引起误解，就是因为它符合生活本身的逻辑，展示的是一段符合客观生活的真实流程。

生活的逻辑包括两个方面：一个是时间上的连续性，一个是空间上的联系性。这就像是一个坐标，纵向上是在时间流程中绵延不断的继续，横向上则展示着事物与周围环境无法割舍的关联，叙述的基点则在纵横交织的那个点上演绎和推进。

以上面的一组画面为例，为什么起床、洗漱、换装、出门、上学、讲课的一系列镜头可以清晰地完成一段叙事，因为它体现了人物A在时间上连续展开的一组动作，它符合我们每个人的日常生活经验，因而是可以被观众理解的。如果任意颠倒其中一个画面的顺序，必将引起观众理解的混乱。同样是上面的一组画面，它还展现了卧室、卫生间、起居室、马路、教学楼这样的空间变化，为什么不致引起观众理解上的混乱，因为这一系列的空间转换体现了一组动作彼此间承前启后的联系，也展示出人物A与周围环境的关系。

（2）叙事逻辑原则

作为一门日益成熟的艺术，影视语言的表达方式也在逐步地拓展和完善，探索出了日渐丰富的表述方法。所以我们不仅可以看到符合客观生活流程的顺叙式手法，影视作品中也会穿插倒叙、插叙、悬念等手法。这就涉及叙事的逻辑。叙事的逻辑看似可以游离于生活的逻辑之外，重新建构时间和空间，可是这种建构还是基于真实的生活。比如讲述一个人的经历，其中穿插一段往事的回忆，这段回忆似乎打断了原有的叙述流程，但是对于整个节目而言，它很可能是一种必不可少的补充，正是有它的加入，才使节目变得丰满和厚实，有一种时间上的纵深感。这段经历是生活本身就有的，之所以在正常的叙述中穿插进来，也是因为它和人物现在的某种行为有一种因果联系，否则它就成了一个累赘，破坏了原有的叙述节奏。所以，不管是什么样的叙事，它都必须符合某种逻辑关系，或者符合思维的规律，或者符合事物发展本身的客观规律，否则就会使正常的叙述变得杂乱、零碎和莫名其妙，最终不能被观众理解和接受，那么这种剪辑无疑是失败的。

2.3.2.2 连贯性原则

剪辑视频新闻节目的过程，也可以说是省略和连接的过程。省略掉不必要的内容和情节，将那些有助于节目表达的镜头和镜头段落组接在一起，便是剪辑工作的任务。省略可以使结构更为严谨，节奏更为紧凑；连接则应当使叙述连贯而流畅。连贯性原则，是指视频节目叙述的连贯性，不能给人断断续续、支离破碎的感觉。连贯性包括两个方面：一是视觉效果的连贯性；二是在深层次上，应该符合心理的连贯性，就是要使精神活动也在上下镜头里平稳地继续下去。

视频新闻节目以连续的活动画面来叙事，画面与画面之间在视觉效果上的连贯性是剪辑的基本要求。但是如果画面与画面的连接只产生视觉连贯的效果是远远不够的，如果不能推动情节的发展以至最终完成某种叙事，那么这种连接即使再连贯也毫无意义。所以在画面连贯的表象之下，镜头的连接必须符合观众心理的连贯性，剪辑才会产生意义。

在一部影视片中，镜头连接是以人物或观众的视觉或思想为基础的。如果镜头中出现了一个人物，那么下面的镜头将会使我们看到这样的情景：

1）他真正看到或当时正在看的东西。

2）他所思考的，他的想象或回忆所引出的事物。

3）他力图看到的事物，他的思想倾向（例如，他听到了一个声音，摄影机随即向观众展示音源）。

4）在他的视线、思想或回忆之外与他仍有关的人或事（例如，某人在对方不知道的情况下掩蔽起来，监视对方）。

在前两种情况中，镜头间的联系是由人物自身确定的；在后两种情况中，镜头间的联系则由观众这个媒介来完成。如果出现的镜头正好和观众心中的揣测相吻合，那么剪辑就会被观众所认可和接受，更重要的，是剪辑终于能够完成某种意义的表达。

所以心理的连贯性可以这样理解：每个镜头必须为下一个镜头做好准备，去触发并且左右下一个镜头，它必须含有下一个镜头能够满足的答复（例如看到什么）或完成动作（例如一个动作姿态或运动的结果）的那个元素。在观众身上产生的紧张心理（注意或疑问）应当由后续镜头来解决。总之，只有符合心理的连贯性，并体现出视觉的连贯性，视频节目才会给人流畅之感。

2.3.2.3 剪辑点选择规则

视频剪辑中对画面的选择、编辑，实质上是一个取舍的过程，即选取主要情节，舍弃次要的部分，把不同内容的画面，选取两者恰到好处的连接地方，相互连接起来，构成一个完整的动作或概念，这就是剪辑点选择。剪辑点的选择是很微妙的，有时因为只差几帧画面，给人的感觉就很不一样。选择正确的剪辑点，对保持画面连接的自然流畅，表达出一个连续而完整的动作或一个完整的意思，是至关重要的。在选择剪辑点时通常要考虑这样几个方面：内容、动作、情绪、节奏和声音。

（1）内容剪辑点

内容剪辑点即以画面内容的起、承、转、合以及画面内容的内在节奏作为参照因素选择剪接点。剪辑时要考虑画面内容是否已经交代清楚。如果内容已经能被观众感受到，画面又没有新的信息可以展示，就要果断地将镜头剪断，否则会产生拖沓的感觉。

（2）动作剪辑点

动作剪辑点通常以画面中人物（或动物）的形体动作为基础，选择主体动作的开始、动作进行中、动作的结束点，以及动静转换、出画入画或速度、方向改变的瞬间作为剪辑点。选择动作剪接点，一般要求一个画面的长度能完整地表现人物某一动作的全过程或动作过程中一个相对完整的阶段。

（3）情绪剪辑点

上面谈到的两种情况都是着眼于镜头所直接呈现出来而且能够被观众明显感知到的方面，但有时画面的剪辑是依据人物的心理活动和情绪变化，这样就产生了情绪剪辑点。在一部作品中，情绪剪辑点的存在并不多。但是只有选择恰当的剪辑点，才可能将叙述推向高潮，并使观众受到感染，甚至为之激动。情绪剪辑点的选择通常是在人物情绪的高潮处，利用前后两个镜头在情绪上的一致性来切换镜头。这种不必依靠任何形体动作或声音，而是将不同情绪内容与镜头的造型特性相结合而作的灵活处理，可以造成某种感情的产生和情绪的渲染。

情绪剪辑点，以人物的心理情绪为基础，选择能表达喜、怒、哀、乐等外在表情的过程作为剪辑点。这是因为人物的动作等信号虽然停止了，但人物的心理活动仍在继续，人物的情绪仍在延伸，因此，原则上"宁长勿短"。如有一个电视节目在采访被遗弃的孩子对母亲的思念时，孩子一边回答说"想妈妈"，一边将手中叠成的纸船放到河中。这时本应用一个长镜头将画面拉开，让纸船带着孩子对母亲的思念漂向远方，直到在音乐声中消失在河流远处，让孩子思念的情绪随着画面延长。遗憾的是，节目的编导在纸船落入水中的一瞬间，将画面剪断，戛然而止，看到此景真有如鲠在喉之感。画面情绪剪辑点的确定，全凭编辑人员对影视片情节内容和含义的理解，以及对人物内心活动的心理感觉。情绪剪辑点处理是否得当，完全取决于编辑人员的艺术素养。

（4）节奏剪辑点

节奏对于任何一部视频来说都是至关重要的。节奏的表现就是根据内容表达的情绪、气氛以及画面造型特征来灵活地处理镜头的长度，通过运用镜头的不同长度，来创造舒缓自如或紧张激烈的节奏。节奏的形成可通过如下方式实现：情节的发展、人物心理变化、形体动作、影像造型、色彩组合、镜头运动速度和镜头长度、景别的变换、语言及音乐的运用等。对于节奏剪辑点的选择必须考虑如下原则：既要使外部节奏与内部节奏相吻合，又要保证单元段落中具体节奏与全片的总体节奏，以及视觉节奏与听觉节奏的和谐。

（5）声音剪辑点

视频新闻中的声音包括语言（解说、对白、旁白、独白）、音乐和音响三个大类。各种声音都有自身规律，但又必须结合画面内容、情绪、节奏等来选择剪辑点，才能使声音转换自然流畅。声音剪辑点是根据画面中声音的出现与终止以及声音的抑、扬、顿、挫来选择的剪辑点，它首先要考虑的是声音的真实感和完整、自然，其次是声音的处理是否符合内容与情绪的表达和节奏把握的需要。

在编辑中，要根据声音类别的不同需要做出适宜的选择。在人物对话中，应结合语言的起始、语调、速度来确定剪辑点，如同期声可采用同位法剪辑。有时也可运用人物与声音不同时切换的错位法剪辑，即以声音的延续和提前介入来串接上下两个画面。在音乐声的剪辑中，应以音乐节奏、乐句、乐段的出现、起伏与终止为主要依据进行选择，但要防止陡起陡落。在音响剪辑中，要根据内容的要求，与画面同步剪辑或提前关闭、延伸音响等均可。

剪辑点的选择是很精确的，可以说，每一个剪辑点都只是在"那一个合适的点"，哪怕只差了几帧，都有"失之毫厘，谬之千里"的可能，并且在选择剪辑点的时候又不能忽视创造性，这样才可能创作出新颖的乃至优秀的节目。

本章小结

摄影、摄像、图片视频编辑，已经成为当下记者工作的基本技能。不同于传统媒体时代，全媒体新闻采访需要记者掌握各类采访设备的使用，熟练应用这些采访设备采写不同类型的新闻稿件，以适应不同平台的新闻播发要求。所以，全媒体时代下的记者是"全能型"记者，既要会写，更要会拍、会编。通过本章学习，可以初步了解摄影、摄像、后期剪辑的基本技巧，为更好地从事采写工作打下基础。

课后习题 ➡

习题

1）拍摄新闻摄影图片时，需要什么样的摄影设备？

2）拍摄视频新闻前，要做哪些准备？

3）视频新闻剪辑应该遵循哪些基本原则？

3

记者和全媒体记者

教学目标

主要讲述记者和全媒体记者的基本概念。通过本章学习，应达到以下目标：

● 掌握记者的职业敏感、职业底线。

● 熟悉记者的种类、作用。

● 理解全媒体记者基本概念。

教学要求 ➜

知识要点	能力要求	相关知识
记者的由来	理解记者一词的由来。	最早使用"记者"的现代华文报纸。
记者的分类	（1）熟悉按照媒体类型区分记者。 （2）熟悉按照分口区分记者。 （3）熟悉按照分派地区和人物区分记者。	（1）报纸记者、电视记者等。 （2）时政记者、经济记者、社会记者等。 （3）特派记者、驻地记者等。
记者的作用	（1）熟悉记者作用——报道事实。 （2）熟悉记者作用——寻求真相。	（1）新闻事件是由谁制造的。 （2）新闻事实是怎么样的。
记者新闻敏感	掌握新闻敏感概念。	新闻敏感是记者基本业务素质。
记者的自律	掌握真实性原则。	真实性是新闻的生命。
全媒体记者	（1）理解全媒体。 （2）理解全媒体记者概念。	（1）全媒体是集合概念。 （2）全媒体记者应具备的能力。

基本概念 ➜

记者分类；新闻敏感；真实性；全媒体记者。

3.1　记者的由来

如同"新闻"一样，记者这个职业也属于"舶来品"。记者，英文单词reporter，汉语翻译为"记录的人"。

其实，中国很早就有专门从事记录的人员，例如春秋战国时期的"言官""史官"，"左史记言，右史记事"，他们把当时社会和朝廷发生的重大事件都记录下来了。但如果用现代传播学的观点来看，记者是因为新闻传播的需要，随着报纸的产生而出现的，所以中国古代的这些"言官"都不能称之为"记者"，只能被称为"史官"。

现在普遍认为，中国报纸的"雏形"是发源于唐代的邸报（亦有说法起源于汉代）。邸报名目繁多，有邸抄、朝报、杂报、进奏院状、状报等。最早的邸报是手抄的，后来，随着印刷术的产生，开始出现印刷的邸报。

邸报定期把皇帝的谕旨、诏书、臣僚奏议等官方文书以及宫廷大事等有关政治情报，传送给各地官吏或者达官贵人，是朝廷内部的信息公告和交流平台，相当于今天政府内部的"政务公报"。虽然它也经过印刷，但不会经过大众传播。因此，从严格意义上讲，撰写邸报的官员也不能够被称为"记者"。

我国真正意义上的报纸出现在近代。1815年8月5日创刊于马来西亚马六甲的《察世俗每月统记传》是近代第一家中文报刊，标志着我国近代报刊的开始。

但在很长一段时间内，我国报刊的撰稿者和采访者都不被称为记者。以1872年4月30日创刊的上海《申报》为例，记者的称谓多达10种以上，如探员、探事、友人、访友、访事、报事人、访事人、访员、文士、采访者等。

记者这个称谓属于外来词，最早见于梁启超主办的《清议报》第七、第八两期刊出的《时事十大新闻汇记》一文。此两期于1899年3月出版于日本横滨，比《申报》1905年实行业务改革首次用记者这一称谓早了六七年。二十世纪二三十年代，记者这一称谓普遍被新闻界人士接受。

3.2　记者的种类

作为新闻报道的第一个把关人，不同的记者又有不同的工作任务和内容，有时候由于工作的特殊性，一个记者还要扮演"多面手"的角色。

按照大众传播媒体类型的不同，记者可以分为报纸记者、广播记者、电视记者等；在媒体内部由于分工的不同，又有专职的文字记者、摄影记者、摄像记者等。媒体竞争日益激烈，加上通信器材的改进和通信技术的发展，很多单一型记者逐渐演变成"多面手"，集口述、写作、摄影、摄像等多项基本技能于一身。

一个媒体会有不同的分口路线，从而产生了不同的分口记者，比如工业记者、文教记者、体育记者、娱乐记者、经贸记者、农业记者等。从记者的技术职称来划分的话，可分为助理记者、记者、主任记者、高级记者。

按照分派的不同工作地区和工作任务来分，有特派记者、特约记者、驻地记者、驻外记者等类型。

特派记者，即为报道重大新闻事件或重要新闻人物，是由编辑部专门派遣的记者。与一般记者相比，他们的业务水平、活动能力以及身体状况都更强。他们负有较重的责任，到一些特殊的地区、单位去采访。

特派记者执行着艰巨的任务，为读者、听众、观众发回大量的文字、图片、声音、画面。

特约记者，是新闻单位为某项重要的采写任务约请外单位的同志来完成而给予的称号。特约记者采写的稿件一般比较重要，且有特色。由于特约记者在该新闻单位里没有编制，所以不领取该新闻单位的工资（稿费除外）。

驻地记者，是新闻单位派往某地的常驻记者，记者多的地方设置记者站。他们在政治生活方面主要受地方党组织领导，业务方面直属编辑部领导。派驻地记者的目的在于加强新闻单位同地方党组织和群众的联系，有助于及时反映当地发生的事情。

驻外记者，是新闻单位派去外国采访的记者。驻外记者的派遣有利于了解世界政治、经济、文化、风土人情的变化。

3.3　记者的作用

在拉斯韦尔的"5W"传播模型中，记者的作用即"谁说的""说了什么"。当新闻通过大众传播媒体呈现在广大受众面前时，显然已不是现实中的那个"谁"和"说了什么"。此时的新闻事实本身已经经过了专业人员的"把关"和"过滤"，这就是记者的作用。也就是说，任何新闻事件都不是以原始的本来面目呈现在受众面前的，它都经过了某些专业化的特殊处理，把新闻事实用最快的速度找出来，并按照受众最容易接受、最喜欢的样式呈现在他们的面前。新闻事件每天都在发生，但是如果它没有经过记者专业化的处理就进入传播环节，这对受众来说就没有任何意义。

就像麦克卢汉所描写的那样，如果你是一名"地球村"村民，此时你坐在一个圆弧形的大厅里，周围整个世界都展现在你的面前，包括随时随地发生的各类事件——列车颠覆、空难、地震、飓风、火山爆发、泥石流、重大政治事件、战争、冲突、股市和商品市场波动等，这是你一天看到的情景。

但是当世界呈现在你面前的时候，它们只是"镜像"，是被媒介"隔离"和"包围"后的世界图景。人们看见的不再是完整的现实，人们只能通过媒介去接触世界，去认识世界。因此，传播学之父麦克卢汉在《理解与媒介——论人的延伸》一书中，把媒介的作用理解为"人身体的延伸"，媒体变成了一副"眼镜"，它隔在眼睛与世界之间，并把世界浓缩在镜片上。

记者永远是媒介生产链条中的一个环节，尽管其处在这个生产链条的初始阶段，即解决了"是谁"和"说了什么"的问题。

是谁——新闻事件是由谁制造的？它在什么时间、什么地点、什么背景下被制造？

说了什么——新闻事件的基本事实是什么？它的发生、发展、演变的过程怎样的？造成了什么样的后果和影响？

这些是新闻记者所要解决的问题。

3.4　记者的职业敏感
——新闻敏感

　　美国新闻学者卡斯柏·约斯特在《新闻学原理》一书中的一段话，形象地阐述了新闻敏感对于记者的重要性。他说："一个不善于辨别色彩的人，不能成为一个画家；一个不懂得和谐的人，不能成为一个音乐家；一个没有'新闻敏感'的人，也不能成为一个新闻记者。"《新闻学大辞典》对新闻敏感是这样定义的：新闻敏感是新闻工作者迅速，准确地判断有价值新闻事实的能力，又称为"新闻嗅觉""新闻鼻"，是新闻工作者的一种职业敏感。新闻敏感还有"新闻眼"的说法，综合来说，就是记者敏锐识别和准确判断客观事物所蕴含的新闻价值的能力，它是一种职业敏感，是一种顿悟性的思维活动，是记者政治水平、理论水平和业务能力的综合表现。

　　新闻敏感是记者的一项基本业务素质，那么这就要求记者具有能够判断某个事实能否引起受众兴趣的能力，也就是发现新闻价值的能力；判断同一新闻事件的许多事实中，哪个最重要、哪个次重要的能力，也就是会分析材料、会取舍内容的能力；判断某个线索是否可能导致重大新闻发现的能力；判断在已发表的新闻中，哪些与记者收集到的情况有关，从而发现更重要的新闻的能力。

　　具有较强的新闻敏感，就可以见微知著，迅速抓住新闻线索，进而发现有价值的新闻；据以挖掘新闻素材，并从中鉴别最有传播价值的事实；有利于选取最佳的报道角度；能够预见新闻后面的新闻。那么记者如何培养新闻敏感？最关键的就是永远保持一颗好奇的心，多问为什么。新闻事件的发生并不能靠记者的想当然，这就要求记者保持一颗好奇的心去探索新闻背后的"新闻"。就像上文案例中提到的《纽约时报》记者，面对"演出取消"不去想想为什么、不去追问原因，自然就错过了"头条新闻"。

3.5　记者的自律
——坚守真实性

信息传递的环节越多，"失真"的可能就越大。美国著名记者福民这样形容媒体的作用："人类学家指出，每个社群都希望知道周遭到底发生了什么事。在原始社会的部落，报信者会翻山越岭查看外面发生的事情，然后迅速地跑回部落里告诉其他人，这正是今天记者所做的事情。"

正因为媒体承担着向社会公众提供真实信息的任务，在全世界，新闻媒体都给自己规定了十分严格的新闻真实性职业操守和准则。许多大的媒体都把"向受众提供真实可靠的新闻信息"作为自己的根本。

在全媒体时代，由于现代传播工具（手机短信、微博、微信）的高度发达，传播进入自媒体时代，人人都是传播者，人人都可以通过网络传播和接受自己感兴趣的信息。

由于新媒体具有病毒式传播的特征，一条信息可以呈几何级数急剧放大。人们得到信息的范围更大了，其可能性也更多了。社会上绝大多数人并没有经过新闻的专业化训练，他们传播的内容往往没有经过认真核实和检验，从而会造成新媒体中信息真假难辨，如果一个虚假或错误的信息得到广泛传播，很可能会造成灾难性后果。

3.6　全媒体记者

全媒体是在具备文字、图形、图像、动画、声音和视频等各种媒体表现手段基础之上，进行不同媒体形态——纸媒、电子媒体、广播媒体、网络媒体等之间的融合。

全媒体是媒体内容、形式、功能手段多层面的融合，可使受众获得更及时、更多角度、更多听觉和视觉满足的媒体体验。全媒体是在信息、通讯及网络技术条件下，实现各种媒体深度聚合的结果，是媒体形态大发展、大变革的必然产物。

也就是说，全媒体打破了传统媒体时代不同媒体形态间的壁垒，使得纸媒、电子媒体、广播媒体、网络媒体、平面媒体等不同形态媒体在传播方式、途径上逐渐趋同。以往的某个媒体属于平面媒体、电视抑或网络媒体，这样的形态属性判断在全媒体时代会渐渐淡化。

而所谓全媒体记者，指的是适应媒体全媒体化的需要，在报道理念、采访和发稿方式以及技能等方面都面临全新的突破和转型的新一代记者群体。

首先，全媒体记者要具有广阔的视野和眼光，熟知新媒体在传播方式下引发的革命性变革，尤其是数字化、交互式和非线性传播方式的变革。其次，全媒体记者要熟悉不同媒体的报道方式，具备采、写、编、评、摄、录、口播和网络传播的综合技能。

无论媒体的融合程度如何，作为新闻传播链条最前端的记者，报道方式必然发生根本性改变，因为记者的业务不再单一。过去的新闻媒体，记者间的分工明确。如文字记者与摄影记者，摄影记者一般不会做文字记者，而文字记者一般也不可能做摄影记者。摄影记者一般只管图片，只涉及很少的为图片配文字说明的写作需要。但随着数码相机、手机照相的普及以及网络媒体的出现，摄影已由一个"专业化职业"变成一个"大众化职业"。除了杂志的高品质图片和部分报纸的专版图片新闻以外，其他大量的新闻报道配图都由普通的文字记者承担。

再如广播记者，过去广播记者一般没有现场口播的要求，绝大多数广播节目都是由记者在新闻现场提供适合口播的文字稿，再配上现场音响，传送至编辑部门进行后期合成，主持人、播音员与记者的界限非常明确。但在全媒体时代，为了适应新闻时效性越来越强、现场感越来越强的需要，大量的广播记者开始进行现场口播报道。记者到了现场后，不再写详细的文字稿，只需要列出一个内容大纲，拨通电台直播电话后或者开通客户端直播后就开始讲，其内容完全取决于记者的语言概括能力和现场发挥。这种报道方式大大节约了报道时间，其时效性几乎达到了与网络同步的程度，而且大大简化了写稿、编辑程序。

3.6.1　一专多能

在全媒体时代，记者由一个服务对象变成了多个服务对象，一名记者至少会比过去多掌握几种职能，这对记者提出了更高的要求。

1）采访。采访的过程可能会发生变化，如边采访边兼顾发稿，又如可能会考虑把新闻现场切成若干片段，在若干片段中分开进行采访和发稿。

2）写作。在全媒体时代，对写作的技巧性要求下降了，而对新闻的时效性要求大大提升了。除了那些特稿记者，大量的全媒体记者到了新闻现场后首先考虑的是时效性，即最先把新闻报道出来。在有了一定的空余时间后，再写作具有技巧性的通讯和特稿。

3）编辑。对于某些稿件，最基本的后期处理和编辑是必需的。如音频和视频的初期剪辑、图片的压缩等都必须在新闻现场完成。

4）图片。按照新闻摄影的要求，某些后期处理是被允许的，如画面的裁剪、调整对比度和反差、润色等，都可以在修图软件上进行。网络传输时，因为像素高的图片会占用大量的传输时间所以要对图片进行压缩，按照编辑部的要求把图片压缩至合适的分辨率。

5）音频。一般的音频资料，除了现场口播的以外，其他都需要进行简单的后期处理，这就要涉及音频工作站。现场的采访，音效一般都不需要用太高级的软件，最多有四个音轨就可满足需要。使用音频工作站的好处是：在波形图下面，声音的剪辑和修饰变得非常简单容易，可以剪除那些不必要的音响，对声音质量进行提升和修正，并进行一些声音的合成和压混处理。

6）视频。目前最常用的视频处理软件有Final Cut Pro、Adobe Premiere以及绘声绘影等。一般而言，记者必须学会一些最基本的视频剪辑方法，一旦采访现场有需要，马上就可以派上用场，如对图像进行简单的对接剪辑，相当于线性编辑中的对编，即把镜头长度和时间剪辑到合理的长度内，以便远距离传输。对于更复杂的后期制作，则不需要记者在新闻现场完成，通常是把视频传到编辑部后，由其他同事（或者专职视频编辑）完成。

7）口播。口播是广播电视最常用的报道方式。伴随着口播时的现场音响和画面，口播方式可以最真实地再现新闻现场的情景，为受众提供最令人信服的新闻内容。再加上现场的同期声和口播报道，可以做到更快捷地报道新闻事实，减少后期制作环节，所以受到广播电视媒体的欢迎。以广播为例，过去，广播记者现场口播大约只占到整个节目的10%，现在占到了整个播出节目的80%以上，广播记者日益转型为口播记者。

当然，并非广播电视媒体才需要口播，在许多新闻网站上，很多文字文件都附带音频文件，人们可以一边读文字新闻，一边听现场音响，从而加深对新闻的理解和记忆。当然，也有一些专业的音频网站，可以实现网上的点播收听。

8）摄像。过去摄像的技术要求比较高，随着技术的进步，动态图像的拍摄已经变得非常普通。对绝大多数网络和手机视频而言，一般的家用DV机已经足够满足要求，加之现在的很多手机有强大的拍照和摄像功能以及单反相机的日益普及，使得人人都可以成为现场图像的提供者。

3.6.2 团队合作

在全媒体时代，记者应该一专多能，熟知和掌握各类新老媒体的报道方式，但事实上，在单兵作战的情况下，如果要求发稿的媒体为三个以上，记者很有可能会顾此失彼，或者手忙脚乱，尤其是某些特殊媒体，电视需要拍摄画面，广播需要现场音响和录音，这些音频和视频文件不仅在现场采集时较为费时费力，而且后期剪辑制作也非常麻烦。

因此，即便新闻中心和编辑部门需要达到人力效益的最大化，但在很多场合，为保证新闻的正常发稿和现场新闻采集的正常进行，仍然需要派出多人的采访队伍，实行团队合作的协同作战。

但某些技能和资源可以进行有效的整合。如随着全媒体时代图片的广泛采用和照相技术的普及，过去专业的摄影记者可以由普通的文字记者担任，网络文字可以与其他媒体的文字兼顾，等等。

3.6.3 新闻竞争

在全媒体背景下，新闻记者的归属身份会弱化。原则上，某一个全媒体派出的记者，是为特有的媒体对象服务的，但编辑部门可能并不会提供发稿保护。如果由于种种原因记者不能及时赶到新闻现场或者报道内容上出现重大缺陷，编辑部门随时都可能采用其他媒体的报道，这一点在当前媒体中表现得越来越明显。

在全媒体时代，记者需要树立全媒体竞争意识。从某种意义上来说，全媒体时代媒体的身份和界限被打破了，记者可能面对的是所有媒体的竞争，每一次重大新闻报道都是一场新闻大战，完全看其有没有"抢"的意识。在新闻界，有一句至理名言："新闻是靠抢出来的。"抢，就是看谁最早获得新闻信息，最早赶赴新闻现场，并用最快的速度发出报道。

这是一个竞争的时代，媒体也不例外。

3.6.4 时间优先原则

在全媒体时代，任何一名采访记者到达新闻现场之后，都将面临多项任务，不仅会被要求提供文字稿件，随时跟踪和报道新闻事件的发生、发展和细微变化，同时，还会被要求提供更详细的深度报道，要求提供图片文件、音频文件和视频文件等。

按照各媒体对稿件时效性的要求，记者应该以时间优先的原则，去合理安排自己的工作顺序。按照时间原则，要规划好哪些先做，哪些后做，哪些十万火急，哪些可以随后跟进等。这些都需要通盘考虑，否则，工作就会陷入混乱的境地。

网络和广播对时效的要求最高，要求达到播出与报道完全同步的程度。为了让受众最快地获取新闻信息，记者需要在到达新闻现场后用最快的速度向编辑发出快讯，供编辑部在第一时间获取新闻现场信息。如果时间允许，也可用最快的速度发出图片新闻。此外，记者也可以用手机连通编辑部门，口述新闻现场情景，为编辑部门传回音频素材。如果有电视记者在新闻现场，则可以不再考虑音频文件制作，因为电视画面附带现场音响，出镜记者的现场播报可以代替专门的音频口播报道，从而更合理地分配报道流程。

3.6.5 素材和材料

在全媒体时代，编辑部门的统合协调作用大大上升。如在很多情况下，记者可能只需要"生产"半成品或者生产产品的"构件"，由编辑部去组装加工，或者把新闻事件写成素材和材料，再由编辑部门根据各部门需要加工处理。尤其是在网络多媒体时代，一个大型新闻事件需要制作专题和专门的网页，需要动用一切手段，如文字的（消息、特稿、评论等）、图片的、音频的、视频的、动画的、互动的（专题调查、微博、微信、论坛等），记者写作的内容可以与其他记者写作的内容融合，形成一篇新的文章。除了广播电视和报纸的通讯专稿需要提供成熟稿件以外，其他的报道有碎片化的趋向，这是由全媒体时代的特点所决定的。

本章小结

通过本章学习，可以加深对记者和全媒体记者概念的理解，熟悉记者按照分口路线、媒体类型等进行分类。同时，理解坚守新闻真实性是作为记者最重要的职业操守，以及新闻记者最重要的职业素质，即新闻敏感。

课后习题 ➡

思考题

1）新闻为什么必须真实，如果不真实会出现什么样的后果？

2）全媒体记者的基本特征是什么？

习题

1）针对过去遇到的假新闻，尝试详细分析其产生的原因。

2）假设你到了新闻现场，怎么处理和协调自己媒体不同发稿平台对你提的要求？

4

新闻采访方法

教学目标

主要讲述新闻采访的基础知识和操作方法，通过本章学习，应达到以下目标：

- 掌握新闻的特性、新闻采访的基本特点、采访原则等基础知识。
- 熟悉新闻采访的基本流程和具体操作方法。
- 理解全媒体时代下，新闻采访应时代发展而产生的变化和应该坚守的底线。

教学要求

知识要点	能力要求	相关知识
新闻采访的四大原则和四大能力	（1）通过学习新闻采访的基础知识，对新闻采访有基本认知。 （2）熟悉采访的主要特点。 （3）努力掌握采访具备的能力。	（1）新闻采访的定位。 （2）新闻采访的特点。 （3）新闻采访的原则。
新闻采访的实际操作	（1）了解新闻采访的大体步骤。 （2）熟知新闻采访的具体方法。	（1）新闻采访的前期、中期和后期工作。 （2）挖掘黄金价值点。 （3）明确采访主题。 （4）营造采访氛围。 （5）提问与倾听的技巧。
全媒体采访带来的变化和应坚守的原则	（1）了解全媒体新闻时代的新工具和新方法。 （2）熟知全媒体时代下，新闻应坚守的原则。	（1）搜集信息的初等目标和高等目标。 （2）避免新闻采写跟风化。 （3）避免采访过程的闭所化、碎片化。

采访原则；采访能力；采访特点；采访步骤；采访方法；全媒体采访；全媒体采访底线。

4.1　把握采访的定位与特点

4.1.1　新闻采访的要义

新闻采访是完成新闻传播的重要且必备的过程；新闻采访的主体是新闻记者，客体是采访对象；新闻采访是以获取新闻事实为最终目的，以对话为主要形式，以观察、提问、聆听、佐证、记录为主要手段，以新闻写作或新闻视频为最终呈现方式的一种专业性调查研究。在整个新闻采访过程中，需要记者具备较高的采访水平、专业的职业素养和高尚的职业道德。

全媒体时代，新闻采访的时效性增强，报道方式发生了变革，采访工具得到了更新丰富，但采访工作的基本要求与原则是不随着时代变化的。就像新闻的真实性原则一样，新闻采访是整个新闻职业生存至今的核心，遵循采访固有的定位、特点与方式，是新闻职业立身的基础。

4.1.1.1　采访的定位

新闻采访是新闻写作的保障，是新闻传播的重要步骤，是通过走访、观察、调查、访谈等多种手段，对受到或可能受到群众关注的事件进行信息的取证活动，最终以传播新闻事实为目的的一种职业行为。

4.1.1.2　采访的主要特点

采访是记者对自然现象或社会现象认识的一个过程，在已经具备了周密的采访准备的前提下，记者必须通过观察、倾听、取证、思考等环节才能对事件进行较为全面的分析和较为正确的判断。所以，采访的整个全过程要求记者有正确的新闻价值观、丰富的知识积累、高超的采访技巧以及随机应变的思维能力。

4.1.1.3 采访需要的能力

1）眼力。要有发现问题的眼睛，要有判断问题、辨别新闻价值的能力。

2）脚力。要有"踏破铁鞋"的精神，好新闻不是等出来的，而是跑出来的。

3）脑力。要练就快速洞察事物、架构体系的本领。

4）笔力。新闻记者的笔不是普通的笔，是陈述事实、针砭时弊、弘扬正气、不惧罪恶的千金之笔。

4.1.2 抓准采访的特性及原则

新闻要追求真实、追求客观，相应的，在采访时应注意新闻采访的原则。采访过程中要严格遵守各种新闻职业原则、法律道德准则。

4.1.2.1 采访的特性

1）新闻具有真实性。真实是新闻报道的立足之本。假新闻或新闻失实，会让读者感到上当受骗。新闻必须依靠事实来采集、叙事和传播。

2）新闻具有时效性。及时发布是新闻在人类传播活动中的一大特性，写最新发生的事，尽可能快地传播，成了新闻职业的基本要求之一。正如记者职业诞生时的社会需求一样，及时有效的信息对于人们掌握了解社会环境，并根据这些信息的变化、演进、发展做出行为反馈。在媒体高度发达的今天，人们对于新闻的时效性变得越发严苛。

3）新闻具有客观性和准确性。在操作层面，做到真实、有效，快速传播，客观是前提，准确是关键。既不能避重就轻、断章取义，也不能模糊不清，模棱两可。准确的表达和描述新闻的要素，是新闻价值的具体体现。

4.1.2.2 新闻采访的原则

1）真实性原则。真实是新闻的基础，是新闻被碰触的原则和底线。新闻的采写必须有坚实的消息源为依据，一切以道听途说、捕风捉影的信息源作为依据而采写的新闻都是不合格的新闻。

2）独立性原则。从新闻报道真实性、客观性的基本特征看，独立性既指针对新闻事件本身的不受干扰、基于真相的独立性呈现；同时，也指新闻媒体的采访行为不受主题限制、不受主管部门约束，不受第三方条件限制，是对整个社会运行面貌独立、客观的揭示与展现。

3）同理心原则。这是整个采访环节人性化的体现，记者要根据采访对象的实际情况进行提问，在考虑到采访对象心境的情况下，有些问题不能问得过于尖锐。

有些记者采访的目的只在于完成自己的采访任务，有一种不达目的不罢休的精神。要知道，坐在记者对面回答问题的不是一个"机器"，而是一个有血有肉、会哭会笑的人。他的情绪需要被你接纳，他的隐私也需要被你保护。看一个记者的水平高低，不是采访对象在你面前被问得哑口无言，而是在你面前是否敞开心扉。这需要记者具有同理心。

4）中立原则。有位著名记者曾经说，"记者的职业要求，不是同意或者不同意采访对象的观点，是呈现一个人的本来面目和真实想法"。她还说，"我们尊重观众的智慧，他们会有自己的判断"。

作为记者，更多的应该是呈现，而不是去评判。这是一名记者应该具备的职业素养。

4.2　新闻采访的步骤和方法

4.2.1　新闻采访工作的步骤

新闻记者的采访行为，在电视上看似一气呵成，就像跳水运动员一样动作如行云流水。但实际上，每一个规定动作之下，都有非常严格具体的分解动作与考评规则。例如开始采访时要牢记新闻特点，抓住新闻点与新闻价值；新闻的前期、中期与后期工作要明确分工，以便提高传播速度。

4.2.1.1 前期准备工作

充分的前期准备工作在整个采访环节中至关重要，它能够提高后续采访工作的效率。而且在整理案头资料时，往往会给记者以灵感，挖掘不同的价值点。新闻采访离不开采访对象和新闻事件。在前期准备工作时，要在实际采访前写出一份采访提纲，并要做到：对采访对象的个人资料有足够的了解；对新闻事件的大体脉络、现状、前因后果、危害影响等有充分的认知；对涉及相关的法律条文有基本的掌握；对采访过程可能遇到的困难有提前的响应。总而言之，完善的前期准备工作是后续工作的"领头兵"，是保障采访顺利完成的基础条件。即使已经做了充足的前期准备工作，但在实际采访的过程中依然会存在或多或少的困难。

4.2.1.2 中期采访工作

中期的采访工作，指的就是实地的正式采访工作。它最能考验一个记者灵活应变的控场能力。采访工作是以对话形势开展的，是两个独立个体之间的沟通与交流。即使做了充足的访前准备，在采访的过程中依然会遇到很多问题，比如，采访对象身处环境复杂，拒绝采访；采访对象情绪崩溃；采访对象对事件的描述与记者了解的不一致；采访对象给记者提供了新的线索或提出了新的观点；采访对象言不由衷等一系列问题。一名合格的记者，不仅要应对突发情况，还要在这个过程中，搜寻新闻的"卖点"，掌握新闻的主题。

4.2.1.3 后期完善工作

在采访结束时，不要匆匆跟采访对象告别。要与他沟通思路，了解他想在新闻报道最终版本看到什么效果。有一些很优秀的记者会在采访结束后和采访对象一起回顾所有涉及的采访问题。除此之外，总结的过程，也是再次寻找新闻"卖点"的过程。

4.2.2 新闻采访工作的具体方法

4.2.2.1 做好访前周密准备，挖掘黄金价值点

要想取得良好的采访效果，周密的访前调查是必备条件。访前准备包括事件背景、人物背景、工作背景、政策背景、学术背景等，这些不仅能让记者在采访时从容自信，关键是能在采访前对采访对象有充足的了解，进而挖掘出独特的故事，这将成为你新闻报道中的黄金价值点。记者要对采访对象做一个比较全面的了解，他们有什么学术背景，他们此前在别家媒体中是怎样回答这些问题的，他们避而不谈的内容有哪些，这些讯息背后隐含的也许就是此次采访的黄金价值点。此外，还需要检查播报摄影设备是否正常。

下面我们来看一个案例《"见字如面"23年》，这篇新闻报道获得了第28届中国新闻奖通讯一等奖。

"见字如面"23年（节选）

工人日报（记者康劲，通讯员黄贵彬、马勇强　2017年3月18日通讯）"全忠，2月14日，咱们一家三口站台上见。"这是一本普通家庭日记本上的留言。这样的日记一写就是23年，用掉了12本日记本，留下6820多条只言片语，长达24万余字。

写下这段留言的妻子叫任亚娟，是兰州铁路局兰州客运段武威南车队队长。丈夫李全忠，是兰州客运段宁波车队副队长。虽然同在一个单位上班，但因为从事不同车次的客运管理工作，夫妻两人在家碰面的机会少之又少。1995年，两人步入婚姻殿堂不久，甜蜜的家庭生活就被忙碌的工作带走了——夫妻二人一个值乘北京列车，一个值乘乌鲁木齐列车，每隔三周才能相聚一次。

"那时候哪有手机、微信这么方便的沟通平台？我们就把家里需要办的事情都记在日记本上交代给对方，一来二去，日记本就成了我们两人之间最主要的沟通纽带。"任亚娟回忆说，他们出乘回家后的第一件事，就是看看日记本有没有留言。"看到了熟悉的文字，就像见到了本人一样。"丈夫李全忠这样形容。

翻开一本本泛黄的日记本，上面密密麻麻记录着夫妻二人23年来的点点滴滴。如今，这些留在家庭日记上的"微记录"，被同事们翻出来，赞为"最美留言"。

"亚娟，昨晚在列车上没合眼吧？一回来就趴在沙发上睡着了，看着好心疼。你最喜欢的冬果梨汤熬好了，在茶几上，醒来记得喝，我先出乘去了。"

"亲爱的，这两天武威温度下降得厉害，你的毛衣毛裤我洗好放在卧室第一个衣柜里了。记得穿上，保重！"

"全忠，女儿说什么时候咱们一家三口能坐在一起吃上你做的臊子面？我都不知道哪一天，心凉！"

"亚娟，你荣获全局十大'最美贤内助'，真替你高兴。但我觉得这个奖，颁给我也合适呢，哈哈！"

记者在兰州火车站采访时发现了一个特殊的物件——书信，他马上感觉到这个物件有可能是他本次采访的黄金价值点，于是他找到了这物件的主人——兰州铁路局的工人李全忠、任亚娟夫妇。在电子通信发达的今天，书信显得尤为珍贵，书信所抒的情更加真挚。于是记者以书信为中心，写下了这篇新闻报道，在展现这对夫妻涓涓细流的爱情和亲情的同时，也展现了铁路工人看似寻常但却十分不易的工作条件，很多读者都潸然泪下。

4.2.2.2 明确采访主题，用简洁的提纲串起你的故事线

明确采访的中心主旨。首先，必须要充分地了解采访对象，比如，如果你的采访对象是个教授，那么你必须要了解他论文里的基本观点，这样你的采访才能够问到实处。其次，在充分了解之后，要用清晰的思路列出采访提纲，尤其要清楚哪些问题是最重要的问题。在采访过程中，尽量不要偏离这些主线问题。注意两点，其一，采访提纲要有逻辑，不能"东一榔锤西一棒头"，你问得乱，采访对象回答得

也乱；其二，不能一上来就问最尖锐的问题，吓着采访对象，尽量循序渐进，缓解紧张气氛。

4.2.2.3 营造良好的采访环境，发现容易被人忽略的细节，打开受访者的"话匣子"

无论是什么样的采访，采访地点都太重要了。选择采访地点，营造良好的采访氛围能够帮助记者提高采访的质量。比如，在正式采访之前，你是否到约定好的采访地点"踩个点"，查看现场的灯光如何？环境是否嘈杂？也许会遇到什么样的问题？这都体现了记者对待采访对象态度尊重、平等的原则。

4.2.2.4 注意采访节奏，我的采访我做主

灵活应变应该是记者的基本素质。在采访过程中，经常会出现各种各样的状况。如，采访对象不配合回答问题，或者采访对象的回答不在记者议题范围之内，又或者采访对象的情绪波动很大等，这些情况都比较普遍。记者应该把主要精力放在主干问题上，注意以下要点：主干问题，不跑偏；恰当引导，不聊天；循序渐进，有层次；场外援助，找帮手；我的采访，我做主。见过一个比较极端的例子，采访对象是一位不满七十岁的老大爷，采访时才发现，老大爷衰老得比同龄人严重，双耳几乎失聪，这让记者始料未及。耳朵听不见，但却有很强烈的表达欲望，文不对题地一直向记者表达自己的遭遇。照这样下去，采访几乎无法进行。记者马上采取行动，叫来了两个帮手，一个是他的孙子，负责把记者的问题用家乡话在耳边"翻译"给爷爷；一个是村支书，坐在爷爷旁边，负责提醒爷爷别说起来没完，也负责把爷爷的话再"翻译"给记者。

4.2.2.5 学会提问，集中体现采访能力

采访的实际过程特别考验一个记者的采访技巧水平。采访技巧的核心在于"提问"和"倾听"。

在提问过程中，记者一定要注意自己的语气、语调，尽量用平和的、充满善意的表达方式与采访对象进行沟通。没有必要愤世嫉俗、义愤填膺，甚至进行评判和指责。让采访对象感到舒适、感到安心，将会是一次有效的采访。甚至有记者能用幽默的方式进行采访。所以，你要寻找到你自己的风格。对不同的采访对象、不同的话题，要采用不同的提问方法，不能"一根筋"。总结起来有以下几种方式。

第一，"剥洋葱式"，循序渐进，由简入难。

第二，"开门见山式"，直击要害，不说废话。

第三，"下台阶式"，换种方式，华山不止一条路。

第四，"激将法式"，直戳痛处，解剖矛盾。

4.2.2.6 学会倾听，提升采访软实力

在采访过程中，记者不能只关注提问，还要关注倾听。提问和倾听的共同目的，就是获取信息。

（1）别不把采访对象的话当回事

我见过太多初学新闻的大学生，在接到采访任务的时候都战战兢兢，如临深渊，如履薄冰。他们为了完成采访任务，会调查大量的背景信息，还会认认真真地写好几张纸的采访提纲。在面对采访对象、正式采访的时候，他们有条不紊地将采访提纲上的问题一一询问，十分具体，如同机器人一般。至于采访对象说的话，他们好像全都没有听进去。事后他们告诉我："当时没有脑子听，想着反正有手机在录音，回宿舍再整理录音吧。"

这是初学者常犯的错误。记者和采访对象的对话应该像打乒乓球一样，一来一去才好。

（2）不只是听，还要看，还要调动五感

《新闻调查》里有一期节目叫"女子监区调查"，杀人女犯安瑞花的儿子小建因不能接受母亲被监禁的事实，在精神略有失常的情况下离家出走。记者找到小建后，与他坐在一处台阶上，看到小建外穿一件单薄的褂子，她马上询问："你穿毛衣了吗？就这一件啊？你晚上过夜就穿的这个衣服啊？"小建点点头。记者伸手摸了摸他的外套，只有一层布。这就是调动五感，不止查看，还要询问；不止询问，还要倾听；不止倾听，还要触摸。这些环节下来，仿佛使观众也能感受到孩子的寒冷和无助。

4.3 全媒体时代的采访：变与不变

网络科技在迅速地发展，20世纪90年代中期，著名的媒介研究专家麦克卢汉，提出了这样的论断：媒介即讯息。信息技术迅猛发展，高科技电子产品横空出世，视频网站、社交网站占据主导、自媒体、融媒体时代应运而生，新闻工作的界限开始变得越来越模糊，记者的角色随之改变，全能记者的概念成为时髦。

我们往往把全媒体记者认为成全能型记者，这种想法有失偏颇，或者说很难实现。我们可以全方位地培养一名刚刚入门的记者，可以要求他们不仅能写、能拍，还要能播、能剪、能传，这种全方位的能力是一种趋势，但是往往忽视了其作为个体的专长。传统的文字记者又恰恰是一个专业性很强的工作，能够从事并擅长采访的记者大多是善于沟通、善于倾听、喜欢安静、喜欢一个人工作，擅长用文字来梳理事情脉络，洞察人心。与其说要样样精通，不如说全媒体时代更看重的是具有较强的团队合作能力和统筹报道的能力，在协同合作的同时能够发挥自己的优长。

4.3.1　全媒体新闻采访的新工具、新方式

相机、话筒、笔记本、录音笔……这是过去新闻报道中记者在重要新闻现场的标准配备。随着信息技术产品的丰富与应用以及移动互联网终端的普及，新闻传播媒介在扩容，新闻传播方式也发生了深刻变革。当下的记者成了一个集采写、拍摄、剪辑、直播于一身的"哪吒三太子"，不断升级的全媒体"采、写、录、播"工具成了记者的"风火轮"。

4.3.1.1　无人机带来"上天入地"的思考

新闻传播工具的丰富，尤其是无人机的大量使用，首先使摄影记者从地面"飞"向了天空，在新的领域寻找新闻产品。新华社天空之眼无人机队是这方面的佼佼者，它于2013年起步至2016年建成，在2016年国庆"天空之眼瞰祖国"系列报道中大展身手。在火灾、地质灾害的相关新闻报道中，无人机拍摄甚至可以完成"地面部队"无法完成的任务；在重大新闻报道中，如G20杭州峰会、国庆专题节目，无人机这个"摄影记者"，为观众打开了不一样的视野。

摄影记者可以"上天"，也能"入地"。水下运动相机，将摄影记者的视角带入新领域，水下新闻摄影也会扩展观众的视野。积极探索、勇敢尝试、不断创新，这虽然是对记者的"老要求"，但却有着"新呈现"。

4.3.1.2　VR技术让读者"亲临现场"

"VR"是英文virtual reality的缩写，是通过高科技手段将用户拉入虚拟影像之中，达到身临其境的效果，因而VR也被简称为虚拟现实。2016年，国内各新闻网站也开始尝试引入VR技术，很多摄影记者又多了VR全景相机这个"宝贝"。

VR可720度无死角还原新闻现场，带给观众前所未有的现场既视感，实现真正的沉浸式体验。新闻的直观性和真实性因VR被放大到最大化。这也是VR在新闻领域的最大亮点。

正因VR新闻的出现，颠覆了传统采访编辑的流程。传统新闻采访写作过程中，记者对现场进行还原，需要对文字、照片或视频进行加工，往往比较费时费力，一条新闻经过采访、写作、编辑、出版环节，至少需要几个小时才能完成。但在VR新闻采访中，记者赶到现场后，1分钟内即可打开VR摄影机拍摄VR新闻照片，再通过自有VR后台上传新闻现场VR图片或视频。从拍摄到发布完成，实现最短时差瞬时还原新闻现场。

4.3.1.3 方便、快捷的办公条件

在纸媒中，文字记者拿笔速记，拼的是速记能力，或者是我们说的笔速。而随着AI语音识别技术的发展，摄像功能的愈加强大，转写录音笔、图像识别软件、口袋云台相机都成了记者的助力，文字记者一只笔杆走天下的时代已经被数码设备所终结。过去，整理受访对象录音需要花上几个小时，如今的智能转写录音笔可以实现时时转译；过去，在会议现场拿到会议材料特别是内部会议材料，是文字记者很头疼的事情，如今图像识别软件能让文件内容快速转成微软文字处理软件（Word）；过去，拍摄视频必须请专业的摄像人员，拍出来的效果还不稳定，如今一台小小的口袋云台相机超轻还防抖，这些"武器"能大大提升记者的采写效率，提升新闻视频质量。

4.3.1.4 技术带来身份转型

融媒体时代，记者从幕后工作转战幕前工作，这得益于采访工具翻天覆地的革新，如运动相机、摄录终端、口袋云台相机等。记者的角色顺应时代发生了变化，不再是以前苦哈哈的"码字王"，而是变成了光鲜靓丽的"主播"，这也同样顺应了新闻传播呈现方式变化的要求。

4.3.2 利用全媒体，让传统采访与时俱进

虽然全媒体新闻报道如火如荼，但正如信息爆炸的年代，人们依然需要书籍的阅读、广播信号的覆盖以及App上文字/图片为主的新闻报道实时更迭一样，传统新闻报道仍在，甚至依然是各类新闻客户端、网站的主要形态。这就要求我们保留并巩固传统的新闻采访的固有优势，同时借助新媒体工具与平台，拓展和创新传统新闻报道的方式方法，同时最大程度地消除因采用新采访形态、新信息搜集方式而导致的信息失真、扭曲等问题。

4.3.2.1 网络采访，要有一双火眼金睛

有人说，记者都有"三寸不烂之舌"，这说明了记者与采访对象的交流方式大

多都是对话方式。但记者之前这种赖以生存的采访方式被网络科技的迅猛发展所打破。记者可以足不出户，通过网络的虚拟信息库获得全方位信息。不仅如此，记者还可以用录音、视频或者采用连线采访的形式，大大提高采访工作者的工作效率。

然而，要实现上网采、搜、编的功力，对相关数据信息进行收集与处理以及甄别能力属于基础与前提。同时，在新闻线索、信息和背景内容提取过程中，记者务必要反复去伪存真、去粗取精，认真地选取一些有效信息，务必把握新闻真实性原则，对新闻负责，对大众负责。

（1）搜集信息的初等目标和高等目标

尽可能多地搜集与你要报道的新闻相关的信息和事例。搜索信息是记者的基础能力，影响着整个新闻报道的完成度。

搜索信息的目标分为初等目标和高等目标。一般记者都能完成初等目标，即对答案的寻求。但高级的记者在搜寻信息的时候有更高的要求，就是找寻报道的创新点。也就是说，他搜索信息的目的不仅仅在于找寻别人都可能找到的答案，还在于从与别人不同的角度找寻对待同一事物的不同观点，这就是创新点。

（2）认真对待消息源

当下，网络晋升为最普遍的消息源。对于记者，网络上充斥着大量的消息源。但新闻是否真实，其消息源至关重要。所以，网络作为消息源之一，有它的"利"与"不利"。"利"不言而喻，在于它的便捷性。"不利"也不言而喻，消息源难辨真伪，人云亦云的情况颇多，为赚取点击量而扭曲事实的情况也不在少数，缺乏素养的网民无处不在。这些都为专业记者判断消息源的真实性制造了障碍。

（3）及时阅读、总结中心

在搜索信息时，常见的错误就是只下载、不阅读，更不用谈及提炼中心、寻找卖点的环节了。用现在的网络词语总结就是：放到收藏夹里去吃灰。笔者建议，不要将网上认为有用的信息直接下载归档，而是用自己的话总结下来，尤其是在阅读的时候，将信息的中心点梳理出来。这项工作其实是一种练习，练习记者阅读的速度和总结能力，以及发现卖点、梳理脉络的综合能力。

4.3.2.2 涉网新闻采访活动中应避免的问题

在利用网络平台发现新闻线索、搜集新闻信息的过程中，网络媒体因信息源背景及传播过程的复杂化、娱乐化，新闻发布"把关人"的普遍缺失，加上AI、数字技术带来的假新闻，网络上充斥着无法验证或容易误导大众注意力的资讯、信息。作为专业新闻传播者，要在这种信息环境下工作，无疑具有巨大的挑战，同时身为媒体人，也应每时每刻坚守自己的新闻底线。在网络新闻采访活动中，主动做好新闻"把关人"，成为我国网络社会文明发展的一张"滤网"。那么，网络中现存哪些问题，需要我们在采访时加倍注意呢？

（1）新闻采写的热搜与跟风化

在传统新闻采写时代，新闻线索主要来自报社、电视台的编委会或记者主动挖掘，就是所谓的"跑新闻"。在这个过程中，记者的主动性得以放大。在而网络时代，热搜、热点、热度成了新闻记者的关注焦点，博人眼球成了当务之急的大事。一旦有话题成为热搜，各地媒体争相报道。跟风、跟热点、跟潮流，记者从主动出击变为了被动吸收。

造成跟风的深层原因值得我们思索。传播者和受众之间的传播壁垒被打破，受众可以当传播者，传播者也会成为受众，这是新媒体时代的显著特征。但就是因为传播者与受众的互通性，新闻的真实性才更加成为这一时代的重要问题，记者更应该肩负起新闻把关人的角色，对消息源要严格把控，认真过滤，谨慎鉴别，小心利用，在新媒体发展的洪流中，成为净化媒介内循环的重要分子。

（2）采访过程的封闭化、碎片化

网络的高速发展对于新闻采访是把双刃剑。大量网络信息对于新闻记者而言意味着选择多样性和传播快速性，它的快速发展使之前单纯依靠纯体力的"跑新闻"成为了历史。现在，已经没有哪个记者是不利用网络资源，只依靠亲身采访的了。但网络的高速发展依然带来了许多弊端。滥用网络资源、滥用二手信息源已经成了一个普遍的通病。为了争取时效性，有些记者甚至出现了不去新闻现场，而是坐在家里，对着电脑"拼凑新闻"的情况。还有些记者失去网络，都已经不知如何去做一篇新闻了。手机里充斥着各类转载新闻，盲目追求"流量"，追求"算法"，追求"大数据"，导致其内容的低俗化，甚至是出现信息不实的重大错误。

（3）别跟机器一般见识

人工智能早在2015年就被引入新闻行业。2015年9月10日，腾讯用自动化新闻写作机器人开创了机器人写稿的历史，发布了一篇名为《8月CPI同比上涨2.0%，创12个月新高》的报道。2016年的里约奥运会，新闻机器人张小明在13天的赛日中共撰写了457篇消息简讯和赛事报道，每天的出稿量在30篇以上，几乎与电视直播同时进行。

高速发展的科技，一定会让"机器记者"更加普及。这不需要恐慌，也不用和机器去比拼对于数据处理的速度和能力。现在，新闻记者正处于一个对于科技过于依赖的阶段，有些甚至完全成为其附庸品。机器人写作首先会被推广至体育、灾难、经济等新闻领域，在这些领域，它们具有高时效性、节省人力成本、避免人员伤害、快速数据整理和分析能力等人类无法比拟的优势。

在高速信息化的今天，以技术为依托，寻求人工智能无法替代的新闻采访，才是找到通向未来的阶梯。新闻记者的宝贵财富——人文素养和专业能力是记者以不变应万变的基石。如果记者一味拼速度，求猎奇，新闻会有误入歧途。

正如雨果科幻文学奖获得者郝景芳说的，"在未来，工厂机器流水线留给机器人，人会以更加富有创造性的方式与流水线竞争。人的独特性会体现出来：思考、创造、沟通、情感交流；人与人的依恋、归属感和协作精神；好奇、热情、志同道合的驱动力。"

人和机器的最大差别不是对数据的搜索、整理能力，而是对思想、情感、价值、人性的认识和思考。因而，抓取自己作为记者最宝贵的品质背后的价值才是要务，这才是富有创造性的工作。

本章小结

　　本章主要围绕新闻采访行为，回溯了从记者诞生到全媒体记者发展的历程，探讨了记者角色随着技术进步与媒体产业发展而发生的变化。随后，本章针对新闻采访的定位、特点与原则进行了解析，结合新闻的真实性、客观性等原则，强调了新闻采访的特点与需要注意的问题。本章主要讲述了新闻采访的步骤及技巧，特别是全媒体采访的新工具、新方式以及传统新闻记者角色转型升级的路径，对新闻采访的基本要求以及为新媒体、全媒体环境下的采访工作方法提供了清晰的思路。

课后习题 ➡

思考题

1）新闻采访的原则有哪些？

2）新闻采访考验记者的哪些能力？

3）采访的具体方法有哪些？

4）请列举采访环节中"提问"和"倾听"的具体技巧。

5）全媒体时代，记者的设备有哪些更新？

6）全媒体时代，记者应该遵守哪些采访底线？

实践题

制订一套新闻采访的全媒体采访流程工作方案，并围绕特定主题进行采访实践。

5

报纸新闻写作方法

教学目标

主要讲述消息写作的基本原则和方法。通过本章学习，应达到以下目标：

- 掌握消息写作前，要做哪些准备工作。
- 掌握消息的构成要素，如何选取合适的消息结构。
- 理解消息的特点，分析不同类型的作品。

教学要求 ➡

知识要点	能力要求	相关知识
写作前的工作准备	（1）掌握写作的基本原则。 （2）掌握写作的基本方法。	（1）追求真实。 （2）确定主题。 （3）选取角度。
消息写作	（1）熟悉消息的特点。 （2）掌握如何制作标题。 （3）掌握如何写作导语。 （4）掌握消息的结构。 （5）掌握好结尾的撰写方法。	（1）直接式导语。 （2）倒金字塔结构。 （3）华尔街日报结构。 （4）直接引语。
写作尾声注意事项	（1）掌握如何维持阅读兴趣的方法。 （2）学会反复修改、琢磨作品。	（1）消息来源。 （2）图表制作。

基本概念 ➡

新闻写作原则；消息特点；标题；导语；引语；文体结构；结尾。

5.1 写作前的准备

当下，媒体融合度越来越高，良好的新闻写作能力，依然是所有媒体人从业的基础。新闻写作是脑力劳动与体力劳动的合成物，是需要大量阅读、思考、练习才能打磨出好的作品的高超的专业技能。

好的报道都是相似的，它们有着共同的优点：报道中心或者要点明确，信息使读者有身临其境之感，能引起读者的关注和兴趣。

在写作开始前，有一些基本问题要澄清。所有的新闻报道都要回答一些基本的问题：何人、何事、何时、何地、为何及如何。随着报纸读者数量下滑，加之广播电视和网络媒体的全天报道引起的激烈竞争，媒体人越来越需要思考另一个问题：跟读者有什么关系呢？对读者来说，什么是重要的？怎样才能让读者阅读以及关注一篇报道？

5.1.1 新闻写作原则

新闻写作要遵循以下原则。

（1）追求真实

当下，各种真假难辨的新闻层出不穷，"让子弹飞一会儿"成了常态，而新闻的本源——真实，成了所有新闻从业者最需要坚守的底线。新闻写作要用事实说话，遵循如实反映事实的原则，尽量缩小新闻与事实之间的差距，从而给受众比较完整的新闻报道。

新闻报道的基本使命是帮助受众了解客观事情的真实的变动状态。在新闻界，真实性是新闻报道的最高原则。因此，新闻一定要真实地反映客观实情。如何保证新闻真实呢？要坚持以事实说话，严禁主观想象，不明之处必须核实，还要标注新闻来源。

（2）保证准确

由于新闻报道不是客观事实本身，而是新闻工作者对于这一事实的反映。因此，受制于各种因素的约束，新闻报道就有可能在反映事实的过程中出现失真，甚至"变形"。要保证新闻报道准确，可从以下几方面入手：直接观察、找到权威的消息提供者、使用可靠的物证、用精确语言描述。

5.1.2　新闻写作基本思路

5.1.2.1　整理素材

巧妇难为无米之炊。通过前期扎实的采访，掌握大量文字、影印素材，写作前整理采访笔记，可以厘清新闻稿件的脉络。

首先，对采访所得材料进行浏览。核对数字、人名、地名等基本信息，按时间、地点、人物、因果关系等逻辑展开分类；不能一目十行，必须强化"直接引语"，即关键细节、关键看法，尽量原汁原味地还原采访对象的意图。

其次，在翻阅的同时，可对采访笔记进行回忆补充，结合采访录音、影像材料、二手资料消化补充。重视新闻素材中的"边角料"，即重视在采访笔记中没有被记者写入新闻作品的那一部分素材。

最后，围绕报道的目标和主题对素材进行"深加工"。报道新闻人物时，要选择体现人物特点的素材；报道新闻事件时，选择能清晰反映新闻事件真相的素材，力图将报道写得深入。

5.1.2.2　判定主题

在新闻写作中，记者面对的第一个尖锐挑战就是识别并确认报道主题，在最短的时间里，准确地找出新闻核心内容，锁定报道的焦点。

新闻主题是指新闻报道的中心思想和基本观点，也就是记者对客观事实的看法、态度和通过事实的报道所表达的主观意图。主题在新闻中起主导作用，贯穿全文、支配写作，是新闻构思、选材、表达和运用语言的依据。

尽早确定报道的主题，有助于记者收集那些支持、说明、强化报道主题的事实资料，保证所有的素材为报道的主题服务。

面对丰富的报道素材，如何确定主题呢？可以试着提出这几个问题：什么事情从来没有发生过？什么事情最能够引起人们的兴趣与关注？什么事情最容易被人们忽视，而它实际上对人们有重要意义？什么事情是人们在已往的经验中熟悉的而实际上它已经发生了重要的变化？什么事情最能打动人？

5.1.2.3　选择角度

主题确定后，选择最佳报道角度。新闻角度指记者发现事实、挖掘事实、表现事实的着眼点或入手处。在新闻报道中，常见的角度包括领导角度与群众角度、工作角度与生活角度、表扬角度与批评角度、正面角度与侧面角度、宏观角度与微观角度、对内角度与对外角度，还有可读性与可用性即宽幅传播和窄幅传播两个角度。

同样一件事，能从多种角度去报道，比如工作角度、问题角度或者群众角度、生活角度。有些新闻报道，比如介绍工作经验的报道或是宣传政策法规的内容，如果从工作角度写，往往会变成工作总结、情况汇报，显得枯燥，可读性不强。然而，如果切换到群众的角度，比如通过群众的视角去反映某些政策法规给群众生活带来的变化或从批评的角度去反映某项工作在推进过程中存在的问题，则较为生动，可读性强。

除了从群众角度出发，也可从最新点入手挖掘有新意的角度。在挖掘新闻由头时，除了要注意具有典型性的新闻事实以外，还应当注意那些具有知识性、趣味性的新闻事实。抓住这样的新闻事实进行报道，能够较好地引起受众的兴趣，授人以知识，给人以启迪。如果是很久以前发现的线索，就要下功夫捕捉与之相连的、最近出现的新情况、新变化，可以采取以"新"带"旧"、由近及远的办法。

需要注意的是，要发现新闻里的新闻，从已有的新闻中挖掘出新闻源后，还需要从新的角度，新的思路去报道，不断地创新内容、形式和手段。在选择有新意的角度时，新闻界一些老前辈的经验说明，新闻要新，必须角度新。而要角度新，则必须选好观察和接触事实的角度。

选择合适的新闻角度，是一门艺术，考验写作者的阅历和创新能力。在实际工作中，写作者要敢于创新，探索新闻表现角度的新形式，通过对材料的巧妙安排和新颖构思，写出别具一格而又能充分体现报道意图的新闻作品。当然，选好最佳角度只是第一步，要想写出最佳的新闻作品，必然要多思考，多磨炼，多推敲，这就要求记者不断积累知识，不断丰富经验。

5.2　消息写作

消息是新闻报道的一种常用文体，它是对社会新近发生或发现的重要客观变动状况所做的迅速及时、简明扼要的报道。

消息的主要任务是报道动态新闻。因此在报纸、电视、广播、网络这些以报道动态新闻为其主要任务的现代新闻媒体中，消息是新闻记者使用频率最高、在媒体上出现频率最高的新闻报道体裁。

在众多新闻体裁中，唯有消息能够及时地用滚动传播的方式报道突发事件、正在进行中的事件，承担"急先锋"任务。

消息的构成元素包括标题、导语、主体、结尾和背景、信息图表等。

5.2.1 消息的特点

长期以来，消息这种新闻体裁形成了以下特点。

（1）简明

简短、明白地概括新闻事实是消息有别于其他新闻体裁的本质特点。消息总是用尽可能经济的文字，简明扼要地反映新闻事实。在电子媒体兴起的背景下，网络、广播、电视往往成为第一时间发稿的媒体，其消息更为简短，文字干净利落，百字左右就将最新情况报道清楚；而报纸的消息往往失去了第一时间发稿的优势，出现了相对"详述"的倾向。但尽管如此，与其他新闻体裁相比，消息仍然属于概括报道，简明仍然是其重要的特征。

（2）讲求时效

消息要迅速及时地传播事物有意义的新变动的信息。消息的时效性如何，是衡量和判断其所报道的新闻之价值大小的一项硬指标。报道得越迅速及时，消息的时效性越强，其新闻价值就越能充分地显现出来。

消息尤其是动态消息，其时效性往往以日、时计，重大新闻和突发性新闻事件报道的时效性甚至以分、秒计。早一分钟，就有可能发出"第一次信息"，是人们前所未闻的事实、最新鲜的信息，给受众留下深刻的印象。

尤其在各大新闻客户端、公众号竞争的当下，时效性是各家新闻媒体在竞争中胜出的撒手锏。谁的新闻报道能最快地传递最新的事实，能迅速及时地满足受众的信息需求，谁就能在新闻竞争中赢得胜利。

（3）重心前置

消息的结构是倒叙式的，它通过导语将新闻事件的结果、新闻事实的精要首先呈现给受众。这种写法符合新闻传播规律，具有很强的生命力。

（4）更为客观

消息这种报道体裁一般不提倡记者直接抒情或议论，它要求记者尽可能地减少主观色彩，更加注重用事实说话，行文相对于通讯、特写等报道体裁来说更为客观。

在消息写作中，更突出信息的"干货"，过滤掉了情感的"水分"，让事实直接进入人们的视野，对受众造成很强的心理冲击。

（5）有"消息头"

消息有自己的外在标志，称为电头或"本报讯"，总称为"消息头"。

电头，表明电讯稿发出的单位、地点和时间，加括号或用显著字体标出，置于稿件开头。新闻通讯社早期以电报、电传、电话等方式发稿。因此，通讯社总是以"××社×地×月×日电"作为消息头。

"本报讯"是报社自己的记者或通讯员采写的消息的标志；如果是外地采访，往往也会标明发稿的地点、时间，写成"本报×地×月×日专讯（或专电）"。

消息头的作用在于可以表明新闻稿的发出单位，以承担本单位发表新闻作品的责任，显示消息的出处并接受社会的监督。消息头一般还注有发稿的时间、地点，可以表现消息的时效与来源地，借以传达一些基本信息。新闻写作可以利用消息头中的信息，使得新闻导语更加简洁。

（6）一事一报

一条消息通常只集中报道一件新闻事实，即紧紧抓住最有新闻价值的核心事实，简明扼要地加以报道。一事一报的消息尽管可能包含很多信息，但往往只有一个核心事实，记者应该能用一句话概括这个核心事实，报道中的其他信息是为了支持这一核心事实而组织的。这样，不仅能更快地争得时效，而且可以使消息更加短小精悍、易读易懂。

在写作消息时，不要贪多求全、面面俱到；同时，即使是一事一报，也要分清主次，突出重点，并注意选例的少而精。

5.2.2　消息标题制作

5.2.2.1　标题

标题是一篇文章的眼睛。对于是消息文本而言，它是其中特别引人注目的部分。

消息的标题往往是这篇报道的核心内容，通常位于报道顶部，旨在告诉读者报道的主要内容。

目前，很多媒体喜欢在主标题下面使用副标题，也叫"肩题""概述句""提要"，这种双行题可以使读者快速地获取报道的主要内容。在很多媒体上，一些重点报道都使用了双行题。下面就是一例：

浙江为"最多跑一次"改革立法

审议通过全国"放管服"改革领域首部综合性地方法规（浙江日报2018年12月1日三版刊登此消息）

作为记者，尽管无须自己写标题，但你可以按照标题提供的思路去写报道。如果难以抓住报道的核心内容，不妨先给报道想出个标题，这样对写作会有所帮助。

5.2.2.2 标题制作规律

首先，消息的一组标题可以有分工的不同，但都须有相应的标题担当起展示、点明新闻事实的任务。

其次，消息标题须简洁明快，有利于受众在很短时间内抓住和理解新闻事实。叙述事实抑或评价事实，都须用语相对简单，表意明晰。

再次，复合结构标题的各个标题应当各司其职，各尽其能，并应形成有机整体。消息标题有向精短的方向发展的趋势。信息表述形态应尽可能精短、简练、一目了然。

最后，消息标题受到媒体特点的制约。

5.2.2.3 消息标题制作的技巧技法

1）借用修辞格，增强标题的表现力。

2）运用新鲜活泼的群众口头语言，增强消息标题的鲜活性。

3）借助于标点、符号或数字，增强消息标题的情趣。

4）想方设法求新、求变。

5.2.3 导语

导语即消息的开头，它以极其简洁的文字，写出消息中最重要、最精彩的事实，提纲挈领，牵引全文，吸引读者。导语位于报道开头，旨在告诉读者报道的主要内容。一条好的导语能够吸引读者继续读这篇报道。在很多报道中，导语通常只有一句话，却涵盖了事实中最为重要的信息。

对于记者而言，以导语来引起受众的注意，从而做好铺垫让读者过渡到下文只是一个方面。更为重要的是，导语能帮助记者决定采用什么结构来组织新闻。导语写好了，稿子的其余部分就自然而然地顺理成章。

因为有了导语，新闻才成为一种特殊文体，它不仅仅是长期以来形成的一种行之有效的规范，更是一种思想传播方式。

如何寻找导语？首先要找到核心段，思考报道的要点是什么，然后提出几个这样的问题来得出导语：读者兴趣，你或者读者会对这个主题的哪个方面最感兴趣？印象最深刻的事情，最令人难忘的印象或事实是什么？以人为中心，有什么人可以用来形象地诠释矛盾或问题吗？如果你讲述这个人的故事或者展现他的行为，你能否引出核心段中的报道要点？描写手法，对场景的描写能建立与报道重点的关联吗？神秘手法，你能用一件导出核心段的惊人之事吸引读者吗？问题及其解决，你能设置一个问题，让读者去寻找解决方案吗？叙述故事，如果有一个好故事要讲，你能重新建构故事把读者带入场景中吗？

一般而言，导语有以下两种类型：直接式导语和延缓式导语。

5.2.3.1 直接式导语

直接式导语在第一句话里概括报道的主要内容，通常比较简短，只有一两句话。它直接陈述新闻的核心事实，开宗明义，在导语中就交代何人、何事、何时、何地等信息。

这类导语要求记者以概括的、直接陈述的方式写作，记者要在纷杂的材料中提炼出精华，以平实自然的语言加以概括和直接陈述。它的优点是，事实、信息的传递最为简洁明了，可谓"直线交流"，易为受众所理解。如：

记者金振娅　23日从中国疾病预防控制中心获悉，该中心传染病所研究员张永振的团队在病毒起源和进化的研究中取得重大突破——发现了1445种全新的病毒科，极大丰富了RNA病毒的多样性，并从遗传进化的角度揭示了RNA病毒发生和进化上的基本规律，其中一些病毒与现有已知病毒的差异性之大，以至于需要重新被定义为新的病毒科。（《光明日报》，2016年11月24日6版消息《1445种全新病毒科被发现》）

这类导语开门见山，直截了当，把新闻事实和盘托出，适合事件类新闻的报道。但需要注意的是，这种写法悬念感不强，容易写成程式化的语言，将真正的新闻淹没在看似全面的概括中。

在直接式导语中，一般来说，导语要完备地表述事实应具有六个基本要素，即何时（When）、何地（Where）、何人（Who）、何事（What）、为何（Why）和如何（How），也就是"5W"和"1H"。一篇消息报道应尽可能地把这六项内容都讲明白，虽然有时由于事实还没有充分显露或采访还没有充分展开，在六要素不全的情况下就要报道。但作为记者，应该把自己所能掌握、核实的要素尽可能地报道出来。如《浙江为"最多跑一次"改革立法》的导语这样写：

本报杭州11月30日讯　11月30日，浙江省十三届人大常委会第七次会议全票审议通过《浙江省保障"最多跑一次"改革规定》（以下简称《规定》），并将于2019年1月1日起施行。这是全国"放管服"改革领域首部综合性地方法规。全国人大常委会法工委行政法室主任袁杰评价说，《规定》在省级层面率先为实现"最多跑一次"提供了制度样本。

以上导语比较详细地罗列了新闻事实的六个基本要素，把最重要的事实写出来。

在写直接式导语时，你需要决定哪些内容要写在导语中，并按照什么顺序安排这些内容。判断哪个元素是最重要的——何人、何事、何时、何地、为何、如何，将你认为比较重要的内容放在报道开头的显著位置上。

5.2.3.2 延缓式导语写作

延缓式导语也是一种常见的导语类型，它不直接陈述主要新闻事实，而是运用描写、气氛渲染、解释、设问等手法先写一些相关的东西，再引出新闻事实。这类导语具有可视可感的效果，生动有趣，能以形象的画面感引起受众的好奇。另外，这类导语能以情境感染受众，让受众先有感性认识，再对事实进行理性的思考，从而强化新闻的报道效果。

延缓式导语的类型比较多，常见的有以下几种。

（1）描述式导语

这类导语的特点是消息的开头出现画面，通过一段描述来引入报道的核心内容。

描述式导语能以形象的画面引起读者的好奇，并以情境感染读者，让读者先有感性认识，再对事实进行理性的思考，从而强化报道效果。如：

本报若羌8月17日讯　若羌县城以北约50千米处，十几米高的格库铁路新疆段台特马湖特大桥如一条巨龙横卧在湖床之上。17日，随着最后一孔T型梁铺设完成，这座新疆最长铁路桥合龙贯通。放眼望去，黄白相间的裸露盐碱湖床上，除了大桥，干干净净，别无杂色。（《新疆日报》，2018年8月18日消息《台特马湖特大桥建设不留一点垃圾在湖区》）

写作描述式导语要求记者在采访中注意捕捉有形的画面，或者让采访对象间接地为你提供一些情景。同时，导语所描写的画面必须与所报道的事实有内在联系，有助于提示主题。不要游离于主题之外，不要为描写而描写。如：

本报讯　"来水了！来水了！"5日上午，来自福建晋江、穿越约28千米陆海输水管道的碧水，在金门田埔水库喷涌而入，3000多名围观的当地民众欢呼雀跃。

"金门缺水的历史一去不复返了，这是金门发展史上的一件大喜事！"专程赶到晋江龙湖观摩通水现场会的台中市金门同乡会理事长蔡少雄，兴奋之情溢于言表。

（《福建日报》，2018年8月6日消息《23年圆梦，福建晋江水流进金门》）

这一导语没有开门见山，而是用一个现场描写，在引起受众兴趣后再展开正文。这则消息如果要写成直接式导语的话，应该是这样的：

本报讯　8月5日，来自福建晋江、穿越约28公里陆海输水管道的碧水，在金门田埔水库喷涌而入。这意味着，金门缺水的历史一去不复返了。

这样的导语就显得比较死板，吸引力不够。

延缓式导语暂不告诉读者报道的主要内容，而是采用描写或讲故事的方法挑起受众的兴趣，甚至可能需要用好几个段落才逐渐进入正题。但当今的读者快速阅读的倾向仍然存在，最好有报道要点的段落能够早些出现，而不要花费太长的篇幅才涉及报道要点。

（2）橱窗式导语

橱窗式导语是由典型事例构成的导语，像橱窗里展示样品一样，通过导语讲述"样品"的故事，读者可以推而广之想见其他，进而由感性认识转入理性思考。

如《安徽日报》2017年4月10日刊发消息《35名贫困村第一书记申请留任》，导语写道：

4月9日，迎着蒙蒙雨雾，石台县七都镇河口村贫困户钱泽民开始了一天的采茶工作。"以前收入只能靠茶叶，现在还有光伏扶贫、大棚蘑菇。今年脱贫不成问题，但我还想致富，希望能继续得到第一书记的帮扶。"老钱在茶园里跟记者聊起了心里话。

走进河口村，满眼葱绿。一场产业扶贫现场会正在这里举行，省民委选派河口村第一书记李朝阳身披雨衣，动情地说："我经过深入思考，已向组织申请留任。如果组织上能给我机会，我愿意再干一任。"

省扶贫办相关负责人告诉记者，截至9日下午，全省已有35名贫困村第一书记向组织递交请战书，申请能再工作一个任期，带领贫困群众实现稳定脱贫。

这个橱窗式的延缓式导语以贫苦户的口吻开场，表达了他们想致富的愿望，这也为后面第一书记留任做了铺垫。

写作这种类型的导语，关键是注意故事的典型性、人情味和趣味性，可以注意写一些细节，细节往往可以发挥用事实说话的作用。

（3）悬念式导语

这种导语用让人惊讶的元素把读者吸引到报道中，导语的第一句话成为引入不寻常事情的一个悬念。

以设悬念或者提问的方式写作导语，有助于受众把握新闻要点，调动读者的阅读兴趣。同时，也可以促进记者抓住要害，明确消息主体的写作方向。写作提问式导语的关键在于设计好要提出的问题。

导语的设问，必须扣紧主题，服务于报道主旨，同时，还必须揣摩读者的"兴趣点"，即问出读者感兴趣又乐于接受的问题。

5.2.4　消息主体的建构

消息导语之后的部分称为主体。如果把导语比作新闻的"头部"，主体便是新闻的"躯干"。消息要有一个精彩的导语，以便吸引受众；同时，还必须有一个丰满的、均衡的主体，否则也不能算作合格的消息。

导语的作用主要是将读者的目光吸引过来，而很难让读者完全了解事件全貌，也很难回答受众关心的所有问题；对于记者而言，仅凭导语也难以提示新闻的主题、实现报道意图。因此，主体就承担起对新闻事实做进一步交代、回答受众疑问以及表现新闻主题的重任。

建构主体的过程从本质上来说是按照某种关系来组织信息材料的过程，记者需要不断地设想读者到底想要知道什么以及需求的次序。主体要帮助读者理解新闻的焦点、冲突、背景和解决方法。在长期的实践过程中，主体的建构形成了多种结构模式，记者需要根据自己掌握的材料来选择到底采用哪一种结构模式。

5.2.4.1　主体

主体又被称为"新闻躯干"，是一篇消息展开新闻内容、阐述新闻主题的关键部分，新闻事实主要在主体部分交代和展开。

消息通常有导语，但有的短消息，尤其是"一句话新闻"或简讯可以不写导语。有些消息可以不交代新闻背景，很多消息都可以没有结尾段落。但无论哪一篇消息，都绝不能没有主体部分。

主体通常具有两部分内容：

一是呼应导语，展开阐述，即对导语中提到的主要新闻事实做进一步的具体阐述或回答，起到支持导语的作用。

二是围绕主题，补充引申，即对导语中没有涉及的新闻内容进行补充，提供必要的背景材料，以说明新闻事实的来龙去脉、前因后果，扩大消息的信息量。

主体部分通过引语、描写、补充背景等方式提供更丰富的内容和细节，让受众进一步理解新闻。新闻主体的构建，就像设计建筑物蓝图一样，设计报道顺序，主要有以下几种形式。

（1）倒金字塔结构

倒金字塔结构是最基本的报道形式，它按照重要性递减原则组织信息，即从最重要的开头到最不重要的结尾。这种结构通常以直接式导语开头，导语包括基本新闻要素——何人、何事、何时、何地、为何、如何。

倒金字塔结构起源于美国南北战争和电报的运用。在战争期间，电报业务刚开始投入使用，记者的稿件通过电报传送，但由于电报技术上的不成熟和军事临时征用的原因，稿件有时不能完全传送，时常中断。后来，记者们想出一种新的发稿方法：把战况的结果写在最前面，然后按事实的重要性依次写下去，最重要的写在最前面，这种应急措施产生了新的文体——倒金字塔结构。

在选择这种结构时，记者应该从受众角度出发，思考哪些信息会对受众造成最大影响，导语提出了什么问题需要立刻回答。

倒金字塔结构最上层是描述式导语，接着是支持性材料、观点，最后结尾。这样写作有利于编辑安排版面；如果版面空间不够，也不会影响全篇报道的完整性。

网络新闻也以倒金字塔结构为重要形式，因为网络信息量非常大，这种结构可以帮助读者迅速判断他们是否对这则报道感兴趣。当然，网络新闻不像报纸那样受到版面限制，受众如果对某个报道感兴趣，可以通过超链接阅读其他相关报道。

（2）时间顺序结构

讲故事的人喜欢从故事的开头讲起，一直讲到结尾，把故事的高潮放到最后。在一些新闻报道中也可以采用这种叙述方法。在一些法律类新闻的报道中，较为常见。

这种写法是按照事情的开始、发生、发展、高潮、结束的顺序写的，新闻事实最重要的内容放在文章的结尾。虽然没有倒金字塔结构那么简洁，但是却很引人入胜。

按时间顺序排列的结构也有缺点，即信息最重要的部分读者很难一目了然，可能会淹没在长篇叙事中，所以读者必须耐心地阅读全文，才能了解事件的真相。因此，作者必须注意写作的生动性，并从一开始就努力吸引读者。

（3）沙漏式结构

沙漏式结构在开始时与倒金字塔结构很相似，在报道的开头，给出最重要的信息，然后按重要程序递减的方式组织几个段落。不同的是，当核心信息报道完毕后，主体余下的部分就按时间顺序叙述。

使用沙漏式结构的时候，新闻事件一般有戏剧性的情节，并且这个情节可以按时间顺序来叙述。

沙漏式结构与时间顺序结构不同的地方在于，时间顺序结构从主体开始就按时序行文，而沙漏式结构则是在主体中部才开始按时间顺序写作。

（4）列举式结构

列举式结构不受事物发展时间顺序的限制，围绕一个大主题，将同一主题下的若干个点有序地组织起来，采用平行的方法进行铺排。

一般来说，处在报道末尾或中间的列举就是报道中最显著的部分。在会议或者新闻发布会时，列举的方法经常被用来逐条列出那些与导语无关的事项，列举通常用"另一方面"或类似的叙述方法来引出。

（5）华尔街日报体

华尔街日报体是美国《华尔街日报》惯用的一种新闻写作方法，主要适用于非事件类题材的叙述。其基本特征是，首先以一个具体的事例（小故事、小人物、小场景、小细节）开头，然后再自然过渡，进入新闻主体部分，接下来将所要传递的新闻大主题、大背景和盘托出，集中力量深化主题，结尾再呼应开头，回归到开头的人物身上，进行主题升华。这种写法从小处落笔、向大处扩展，感性、生动，符合读者认识事物从具体到抽象的过程，颇受读者青睐。

5.2.5　消息源与引语

消息源是决定新闻公信力的重要因素。你从哪里得到的消息？这是谁告诉你的？读者凭什么要相信你的话？消息源可以回答上述问题。对任何表明观点的说法，都应注明消息源。

报道中所有的直接引语都应该有出处，引文一定要完整准确，在报道那些没有亲眼看见的事情时也要注明出处。当然，在报道常识性问题或无可争议的内容时，不必写明消息源。

5.2.5.1　使用引语的情景

在一般情况下，消息源不应该在导语中出现，以免使导语显得累赘。那何时使用直接引语呢？下面这些建议可以帮助你判断在什么情景下适合使用引语。

1）引语是否有趣并且提供了信息？

2）引语能否对导语、核心段或报道的观点起到补充或支持作用？

3）如果你不用看采访笔记也对某条引语印象深刻，那么它可能就是一条好引语。

4）引语是否与过渡句重复？引语和过渡句二者中间是否有一个可以不要？这其

实是"重复说明",是应该避免的。

5）如果你能用自己的话更好地表述引语中的信息，那么就将引语改写。

6）包含戏剧性、趣味性以及新的信息的引语或者同期声是否能使报道更加出彩？

7）你使用这条引语或同期声是为了你的消息源还是读者或观众？这是最重要的问题，读者和观众的兴趣永远是第一位的。

5.2.5.2 引语使用原则

如果你想恰到好处地使用引语，就应该遵照以下几个原则。

1）一定别忘了在引号中加入叹号。

鸡街乡肖家塘村的5公里硬化路，修得不比岩头村轻松——4户人家整整干了6年，为此家家几乎"砸锅卖铁"。带头的小组长侯寿高今年38岁，他感叹："修路比修长城还难！"

2）如果标点符号与引用的内容有关，那么问号和其他标点符号应该放在引号之内；否则就放在引号之外。

刘老师问："这个学期什么时候结束？"

是谁说"我希望它能快点结束"？

3）不同的人所说的话应该单独成段。

"多亏卞康全的帮助，才找到二伯的安葬地。"今年清明节，扬州江都的寇卫东老人来到五条岭凭吊寇福贞烈士，圆了全家几代人的心愿。

"卞康全一腔热忱收集盐南阻击战史料，完善烈士生平资料，丰富了盐阜地区的红色文化。"市委党史办副主任吴建新说。

4）没有必要多次写出引语的出处。如果在一个段落里引用同一个人说的两句话，也只需注明一次说话人。

"你们必须仔细学习咱们学校的教材"，张老师说道，"下周二我们将就教材前100页的内容做一次测验"。

5）如果在同一段落中有两三句引语，那一定要在第一句之后写明出处。千万别让读者等到看完一整段后才知道话是谁说的。

6）不要对引语作过长的解释。如果引语本身表达不够清楚的话，就用转述。

7）可以用过渡句来导入引语。

当赵四的农场发生火灾时，他恰巧在朋友王五家里。

"我是从电视新闻中知道这件事的。"赵四说。

8）上述"赵四"等称呼，尽量用实名，尽量避免使用匿名消息源。

9）少用省略号，因为这一堆小圆点意味着部分引语已经被省略掉了。

10）所有引语都必须写明消息源。对于大数新闻来说，在写消息源时，用"说"一词是比较合适的。尽管有许多词语可以代替"说"，但它们总是不如这个简单的"说"字易于读者阅读。

11）尽量避免使用"说"的代替词，比如"哈哈地笑""大笑"或"哽咽"。因为在"哈哈地笑""大笑"或"哽咽"的同时说话几乎是不可能的。如果你想表达说话人的情绪，可以用以下这种写法。

"我打算在脱口秀中试验一下这个段子。"她说，随后哈哈大笑起来。

12）当你的消息来源于没有生命的出处时，就要用"据……""据调查显示"这样的说法。尽管"据主办方透露"是比较常用的说法，但这样写毕竟不是上策。因为人们总是会说话的，当消息源是人时，最好用"某某说"，因为"据……"的含义比较模糊。

5.2.6　结尾

消息结尾，是指为了深化新闻主题、强化新闻价值或扩大新闻的信息量，记者根据新闻内容，精心设计的消息的收尾部分，它通常是消息的最后一段。

一般而言，消息的结尾应该包括以下内容：预测或预告未来的行动；以陈述句或引语总结全文但不重复前面的内容；补充更多的细节。消息的结尾千万要避免重复已经说过的内容，如果你没有更新的信息告诉读者的话，就应该及时结束这篇报道。

值得注意的是，消息的结尾往往提供的也是一个事实，即使是评论性的内容，也是借口评论来呈现事实，不要来一通套话空话，也不要重复前面的内容。

5.2.6.1　循环式结尾

如果使用华尔街日报体报道的话，则结尾一般又回到导语，对导语中提到的人物或场景进行进一步补充，以取得首尾呼应的效果。

5.2.6.2　用引语结尾

消息最普遍的结尾方式是用引语结尾，寻找一条能够总结报道基调或者主要观点的引语，将其放在最后，能让受众进一步加深对报道主旨的理解。当使用引语作为结尾时，一般把消息来源放在引语之前；如果用两句引语作为结尾，消息来源就放在第一句引语后面。不要让"他说"成为读者记住的最后一句话。

5.2.6.3 用未来行动结尾

许多报道以一个事件的下一步发展情况来结尾。如果报道本身具备未来元素，这种方法是一种很有效的结尾方式。它可以采用陈述的形式，也可以采用引语的形式。

5.2.6.4 用高潮结尾

这种结尾更适合故事性比较强的报道，它往往采用的是时间顺序结构，让读者把悬念一直带到结尾。2019年8月29日《中国财经报》刊发消息——《兰考"焦桐"意外长成"摇钱树"》，其结尾是这样写的：

目前，用兰考泡桐制作的民族乐器产业已成为该县的特色产业。对这个意外形成的特色产业，兰考县政府从多方面进行了积极扶持，让特色更特。2017年以来，重点从信贷、工业用地、品牌扶持、科技创新等多方面进行了支持和激励。

兰考县民族乐器行业协会会长汤二法告诉记者，全国95%的高档民族乐器的板材都采用兰考泡桐。目前，兰考县约有600万棵泡桐树。为了源源不断地提供桐木资源，近年来兰考已流转1万亩土地种植优质泡桐，未来3年，还计划流转土地2万亩。

世世代代的庄稼户，放下镰刀，拨起琴弦；一棵树，成就一方产业，成为农民的"绿色银行"。棵棵泡桐正谱写出兰考新时期发展的美妙乐章。

5.2.6.5 用背景事实结尾

在很多时候，尤其是采用倒金字塔结构的报道，按重要程度降序排列事实的话，结尾很可能就是背景事实了。以背景事实结尾自然而然地收束全文，就像火柴燃尽一样戛然而止。有的时候，背景事实选择得好，还能给结尾带来意味深长的效果。比如2019年5月16日《人民陆军报》刊发消息——《"90后"士兵杜富国以雷场壮举作答时代之问》，其结尾这样写道：

家国安危事，军人肩上责。面对危险，杜富国说得最多的是"你退后，让我来"。在天保口岸雷场，他和战友唐世杰发现一枚处于战斗状态的火箭弹，随时可能发生爆炸。他命令唐世杰撤回安全区，自己趴下身子搜排出4枚火箭弹和20多枚爆炸物。3年多来，他千余次进出雷区，蹚过16个雷场，搬运炸药15吨，排除2400余枚爆炸物，处置20多次险情。驻地发生特大泥石流，正在站岗的他第一时间报告，第一时间组织人员搜救，带头从危楼上救下12名学生，蹚过急流背出21名老人和护工。

5.3 写作建议

5.3.1 写作尾声时的建议

写第一遍初稿，如果遇到困难写不下去了就在旁边做上标记"稍后修改"。在写草稿过程中不要苛求逐字逐句都完美无缺。

文无定法，无论选取哪种结构，最后目的是要服务于内容。当你完成草稿后大声朗读你写的报道，你会听出节奏并捕捉到写作中的问题。

用列表的方法可以帮助读者快速阅读报道。

不要殚精竭虑写出一个完美的导语。多写几个导语并接着写报道，然后再选一个你喜欢的导语。

检查报道结尾，看看最后一段是不是写得太多太啰唆了或者戛然而止太突兀了。用手遮住最后一段，看看倒数第二段能不能作为更好的结尾。

尝试自由写作。如果在组织报道时遇到困难，抛开笔记，只写那些你记得的内容，然后再把笔记中的事实和引语加进去。

5.3.2 维持读者阅读兴趣的技巧

对于很多记者来说，没有什么比让读者记得自己的报道更让人开心的事了。为了让读者能从头读到尾，主体部分需要精心写作和构建。这里有许多方法来维持读者对主体部分的阅读。

某个采访对象的姓名在第二次被提及时，读者还会记得吗？实际上，仅仅过了一两分钟，读者就很可能已经忘记了他是谁。遇到这样的阅读障碍，很多读者会感到混乱并放弃阅读。报纸通常的做法是在第一次提到某人时用全名，在第二次提到时，就只需要写出消息来源的姓名便可。如果报道只涉及一两个消息来源，这么做并无不可，但如果报道涉及三个以上的消息来源，就需要使用消息源各自集中的技巧了。

当报道中有三个或三个以上消息来源时，你可以对每个消息来源只使用一次或者把同一个消息源放在连续的段落中，把他的所有评论都集中于一个版内，不要让消息来源一会儿出现在前面，一会儿又出现在后面，除非消息源少于三人。

若必须在报道中的另一个位置再次使用某个消息源，你应该再次介绍此人的头衔或者相关资料以便读者能记住此人的身份。当然也有一种例外的情况，那就是众所周知的人物，如总统、市长、某位名人或者报道的中心人物。这类消息源的名字可以放在报道的任何位置而不会使读者混淆。

5.3.3　增添细节

在消息的主体中，如果全是高度概括的事实，那么受众读起来一定是索然无味的。细节指新闻事件中那些细微又含义深刻的小地方，如果在消息中穿插一些与新闻事件相关的场面、环境、人物语言、动作等细小的内容描写，能使报道生动逼真，富有真实感和情趣。在2017年5月11日的《珠江晚报》上刊登这样一则消息——《创造港珠澳大桥的"极致"》。其中写道：

港珠澳大桥海底隧道是世界最长的海底深埋隧道，沉管总长度5664米，由33节混凝土预制管节和1节12米长的"最终接头"组成。其中，"最终接头"所采用的"小梁顶推"技术和装备为自主研制并属世界首创。

4日晚8时43分，执着的大桥建设者经过34小时的奋战，将"最终接头"的线形偏差成功缩小到东侧0.8毫米、西侧2.5毫米。

"这就是我想要的结果"，一天没上厕所、连续34个小时没合眼、指令发出上万次的林鸣终于笑了。"在我参与的15座沉管隧道建设中，这个是最棒的，没有之一，港珠澳大桥是世界造桥技术的最高体现。"乔尔感慨万千。

5.3.4　使用直接引语和对话

在可能并且适当的时候，可以把直接引语和对话用于报道当中。它们可以让报道有戏剧的感觉，能增强现场感，让读者读起来觉得更为信服。如《长江日报》刊登于2019年12月22日的消息——《96家院士专家工作站被摘牌》中，如是写道：

长江日报今年7月曾披露，一位院士不到两年建了89家院士专家工作站。按照中共中央办公厅、国务院办公厅文件要求，每名未退休院士受聘的院士工作站不超过1家、退休院士不超过3家，院士在每家工作站全职工作时间每年不少于3个月。

科协系统在加强院士专家工作站管理的同时，中国科学院、中国工程院今年均发出通知，要求院士严格规范参与院士专家工作站建设。12月3日，中国工程院院长李晓红与新当选的院士交流时，希望院士们"不为虚名所扰，不被功利所惑，一定要像爱护眼睛一样，爱护我们的院士形象"。

"该撤！"中国科学院院士曹文宣对湖北加强院士专家工作站管理表示支持，"一些院士工作站打着院士名号申请经费，其实是徒有虚名。"中国科学院院士张俐娜认为，规范管理院士专家工作站，该撤销的要撤销，批准新建站也要慎重，要用制度来规范。

5.3.5　恰当处理枯燥但重要的材料

许多报道需要解释或背景，而这些解释或背景可能会很枯燥。在写作中，不要把所有枯燥的信息都放在很长的一个大段中，把它们分解到各个小段落中并放在合适的地方是一个比较好的选择。

5.3.6　使用信息图表

逐条列举信息，尤其是研究成果或者是政府报告的要点，是保持阅读流畅的一个好方法。你也可以考虑制作信息图表，将之作为表达统计数据和引起读者兴趣的一种途径。这种方法在公众号时代更为常见。

5.3.7　制造悬念并解开

消息的悬念通常是由导语来制造的，而主体部分往往是来解开悬念的；但如果所报道的事件一波三折，在主体中仍然可以继续制造悬念，吸引读者往下阅读，直到最后再抖开"包袱"。

本章小结

通过本章学习，可以加深对消息写作的理解，掌握更多消息写作的技能。

消息最重要的结构特点是"重心前置"，即首先通过导语将新闻事件的结果、新闻事实的精要呈现给受众。

影响导语写作的最重要因素是事实的性质，一般来说，记者需要通过写作把新闻价值外显化、事件化。

消息的主体承担对新闻事实做进一步交代、回答受众疑问以及表现新闻主题的重任。建构主体的过程从本质上来说是按照某种关系来组织信息材料的过程，记者可以灵活使用多种结构。

消息主体写作提倡多段落、短段落；消息以事实结尾，事实讲到哪里，消息就在哪里结尾，无须添加议论或抒情的文字。

课后习题 ➡

思考题

1）动笔前，有哪些工作要想明白？

2）影响导语写作的因素有哪些？

3）消息主体的不同结构各有什么优缺点？请结合实例说明。

4）如何使用引语？

练习题

1）解构一则新闻：以你们本地报纸、校报或网上的一则新闻为例，从下面的几个方面进行分析。

a. 导语：这是一则概括性导语还是一则特写式导语？

b. 核心段：指出其报道要点是什么。如果一则消息用的是特写式导语，那么它是否有一个明显的核心段？如果有，那么它又在哪里？

c. 导语中的引语：是否在报道开头部分就有某个消息源的引语？

d. 背景信息：这则消息是否有支持中心思想的背景信息？

e. 消息源：此则报道中是否包含两个及两个以上的消息源来详细论证报道的中心思想？

f. 结语：此则报道是否用一条与中心思想相关的引语或者关于未来发展态势的预测和评论来结尾？

2）校园附近的农贸市场频繁发生盗窃案件，就此写一篇新闻报道，试着列出至少10个相关问题，找到5个信息源。

3）高中同学聚会，如何以记者的视角写一篇消息？

6

新闻选题与主题深化

教学目标

主要讲述新闻选题和主题深化的基础知识和操作方法，通过本章学习，应达到以下目标：

- 了解新闻选题的分类、特性及原则。
- 熟悉新闻选题的具体搜索方法。
- 掌握新闻选题深化的方法。

教学要求 →

知识要点	能力要求	相关知识
新闻选题的分类 新闻选题的特性 新闻选题的原则	（1）通过学习掌握新闻选题的基础知识。 （2）能够举例经济类新闻、公共卫生类新闻、政治和法律类新闻、社会领域类新闻和国际关系类新闻都有哪些。	（1）新闻选题的重要性。 （2）新闻选题的分类有哪些。 （3）新闻选题的高需求性和可策划性。 （4）新闻选题的四大原则。
新闻选题的来源 新闻选题的具体搜索方法	（1）掌握新闻选题的具体实操性方法。 （2）能够运用6.1和6.2的知识，独立选择三个合格的新闻选题。	（1）新闻选题的"两会"。 （2）善用发现的眼睛看世界。 （3）善用对比思维。 （4）关注细节。 （5）关联"热搜"。
新闻主题的概念 新闻主题的特性 新闻主题的深化	（1）掌握新闻主题的概念。 （2）了解新闻主题的特性。 （3）能够熟练运用新闻主题深化的具体方法。	（1）新闻主题是客观性与主题性、单一性与丰富性的统一。 （2）新闻主题源于事实并高于事实。 （3）主题深化展现的方式。 （4）主题深化的点睛之笔。

新闻选题原则；新闻选题特性；选题来源；选题搜索方法；新闻主题特性；新闻主题深化的方法。

6.1 选题，高价值新闻的指南针

6.1.1 新闻选题的重要性

从马克思哲学认识论中对人类认知行为的分析来看，新闻选题是对社会现象的充分认识，并在总结经验以及认知规律基础上对总体事物发展的判断与选择。

从新闻学定义及有关要素来看，新闻选题应更多地关照有新闻价值的事件和人物，深入挖掘新闻点，获得预期的新闻传播效果。

新闻选题行为的一个特点，就是始终保持对社会重要问题的高度关注。这种对重要社会问题的把握，从主观上说，是一个新闻人策划好日常新闻的起点；从客观上说，是一个新闻人新闻敏感性的集中体现。

一句话，新闻选题太重要了。

从记者角度上讲，好的选题是优秀新闻作品的母体，选好题，更容易写出好作品，实现阅读价值。

从媒体角度讲，好的选题能成为好的新闻，好的新闻就是在激烈的媒体竞争中生存与胜出的"杀手锏"，它是实现媒体价值、新闻价值和商业价值的基础。

从社会角度讲，媒介扮演了公众外部事物环境、国家社会、世界趋势的桥梁，那么恰当的新闻选题，就是媒体人每天准备给受众呈现的世界的真实面貌。对于公众而言，新闻选题就是价值引导。媒体给公众提供了怎样的新闻题材，公众就会怎样认识这个世界。

如何理解选题与公众之间的关系呢？大家试想，如果一天的新闻选题充斥着大量的凶杀案、诈骗案，公众就会认为社会不安定；如果今天的选题充斥着战争或是灾难，公众就会认为世界不太平。所以，选题的适当、恰当、得当是十分重要的。

6.1.2　新闻选题的分类

从宏观上来说，根据经济学家汪丁丁老师的文章《何谓"新闻敏感性"》，在当代中国，新闻选题可以列出如下最重要的领域。

（1）经济领域

经济领域，包括劳动、土地、住房、自然资源、货币、汇率收入分配、教育及人力资本等方面。

（2）公共卫生领域

公共卫生领域，包括医保、医院、医疗等关键性服务的公共政策等方面。

（3）政治和法律领域

政治和法律领域，包括劳资谈判与劳工自由结社的政治权利、政治民主、反官僚、反腐败、规范政府行为、新闻自由、立法和司法的独立性等方面。

（4）社会领域

社会领域，包括生育、抚养、家庭问题、底层社会、文化遗产、绿色运动等方面。

（5）国际关系

国际关系，主要包括由中美、中日、中俄、中欧等方面构成的博弈格局的变动，以及在人类前途与世界秩序等根本问题上的长期对外政策的具体化和清晰化。

总体而言，我们可以说，从宏观层面看，选题可以从时政新闻、法治新闻、军事新闻、财经新闻、科技新闻、民生新闻、娱乐新闻、体育新闻等社会生活领域挖掘；也可以从国际性新闻、国内性新闻、地方性新闻进行区分；还可以从突发性事件、持续性事件、周期性事件中寻找。

6.1.3　新闻选题的三大特性

从新闻采编、传播的过程来看，选题是新闻报道的首要环节，是新闻报道的前期准备工作之一，是采访环节的主题支撑，也是新闻报道最终呈现的先决素质。正所谓"巧妇难为无米之炊"，记者好比"巧妇"，选题好比"米"。但是做出来的饭好不好吃，还取决于米是不是好米。

媒体采前会、编前会是媒体人对新闻选题的共同思考与甄别，这个过程是媒体当天新闻价值兑付的关键过程。选题是否有新闻价值，能否上热搜，能否被门户网站推送，是当今新闻大战胜败的关键。

问题在于，如何判定这是一个精彩的选题呢？由于事物是复杂的，对于事物的认识也是多维度的，搜寻新闻线索和提炼新闻价值的过程取决于记者的能力和水平。记者要判定新闻选题是否是高品质的选题，可以从新闻选题的三大特性进行考虑。

（1）新闻选题应具有价值性

选题是否具有突出的新闻价值，是选题能否真正成为新闻作品的重要标准。新闻价值包含真实性、显著性、大众性、时代性等多种基本要素。新闻价值的基本要素是判断新闻选题价值的重要衡量标尺。

（2）新闻选题应具有高需求性

媒体受众呈现广泛性和多层次性两大特性。媒体受众在性别、年龄、工作性质、地域分布、民族甚至国籍上都有不同，这是广泛性的集中表现；在文化素养、知识背景、道德修养、社会阶层上也有不同，这是多层次性的集中表现。这共同决定了媒体受众对新闻报道、新闻栏目期待和需求的差异性。但考虑到媒介经营，用什么样的选题最大限度地抓住媒体受众，是越来越重要的一个环节。

（3）新闻选题应符合可策划性

人们认为，新闻是对已经发生的事实的客观反映报道，是不可以策划的。不过，从选题工作到完成新闻报道，记者根据新闻选题发生的原因、背景、意义、影响等因素，在报道技巧、报道角度、主题深化等环节，进行策划、提炼、提升，这个过程是可以策划的。

一些新闻事件本身就具有较强的新闻性，记者只要完成采访报道，就能实现新闻价值。例如，苏炳添在东京奥运会以9秒83的成绩进入决赛，成了第一位站在奥运会田径男子百米决赛的中国选手。但一些主题类新闻采访是"软性"的，其报道的角度是多方面，一些重大活动、会议、人物事迹集中采访的新闻选题，可策划性就很强。例如，建党一百周年这一重大主题报道，中央媒体、地方媒体、主流网站与客户端，在新闻选题的把握上，就需要通过策划，实现这一选题报道的自身特色，而不是人云亦云。再例如，教育部针对学区房侦测做出了重大调整这一新闻选题，有的媒体选择了聚焦学区房对个体购房人的影响，有的媒体则从行业出发，分析政策对楼市的影响。这些都体现了新闻选题的可策划性。

6.1.4　新闻选题需要把握的原则

（1）大局原则

新闻媒体为党和国家工作大局服务，为人民的实际利益服务，为社会发展遇到的实际问题服务，这是新闻选题的大局原则。无论是国家层面的媒体还是地方层面的媒体，在选题方面都应以符合习近平新时代中国特色社会主义思想为核心原则，以大局为重、独立自主、合法合规地进行新闻报道。

（2）独立原则

选题应有独立意识，判断能力。对于网络的热点，应有起码的判断能力和选择性，不可人云亦云。例如，网络热门新闻"吴亦凡案"，娱乐媒体、客户端、微博等媒体热衷于炒作花边新闻。对于这类新闻，主流新闻媒体应把握正确的舆论导向，不能跟风炒作，应该关注事件本身的司法问题、追星问题、女权问题等，体现新闻媒体的公共性价值。

（3）合规合法原则

我国新闻媒体有明确的新闻主管部门，各级政府党委宣传部、网信办主管部门对于新闻报道有着明确的新闻纪律和规定，各级各类新闻媒体、门户网站、客户端的新闻选题，应在法律规定的框架下，遵守主管部门的新闻要求和纪律，对涉嫌违法、规定不能报道、不宜报道的选题，应该主动规避。对于涉黑、涉黄、涉毒、涉赌等选题，应该坚持正确的舆论导向，不能抱着猎奇的初衷传播、误导公众。选题不可打擦边球。

（4）可操作性原则

选题的可操作性体现在：其一，研判是否有能力进行报道；其二，媒体所处社会环境是否允许进行该报道；其三，新闻要素是否全面，信息是否可靠等。

每天的新闻选题包罗万象，媒体一天的采前会能有上百个选题之多，但成为最终的新闻报道呈现出来的也就只有40～50个。新闻选题能否成为真正的新闻，不仅要看其新闻价值性和高需求性这两个充分条件，还要看它能否具有采写和报道可行性，这是新闻选题的必要条件。例如采访渔业生产的新闻报道，近期遇到休渔期或者台风临近，这一选题就会先搁置；再如战地新闻报道，涉毒、涉黑新闻报道等采访中，记者可能面临采访风险、法律风险甚至较高的人身风险，超出了报社对记者新闻采访活动的保障范围时，这类新闻选题也会搁置。因此，如果说新闻是新近发生和当下发生的事实，那么新闻选题需要做的是，在这些新近和当下发生的事实中，把握那些可操作的事实进行采写报道。

6.2 新闻选题的指导方针和实际操作指南

6.2.1 选题应既仰望星空，又脚踏实地

选题对于新闻报道而言，是开端，是过程，也是结果。这样说，一点也没有夸大选题的重要性，传统媒体被新型媒介严重挤压和打击，不仅面临同质媒体间的竞争，还需与新媒体客户端争夺"注意力"。新闻选题是记者、编辑深入思考的精神产物，在完成选题的过程中需要不断深化与提炼。正如前文所言，大到一家媒体，小到一个记者，在"宏观"与"微观"世界中，要精准实现新闻价值，就要精准定位选题，实现新闻价值的最大化。

这里就涉及新闻选题的两种视野：宏观与微观。

从宏观上说，无论新闻记者个体，还是一家大型新闻媒体，日常新闻选题能够契合国家战略方针、地方政府决策部署、最新部门政策，就找对了"选题"的一半，这些政策如果能够结合各地的生动实践，实现"落地"，就完美完成了新闻选题的规划。

从微观上看，一个记者每天可能会遇到很多选题，有些是主管部门通知报道的，有些是新闻部主任安排的，有些则是记者自己安排的。记者都有自己的一个"问题单"，这个单子上所陈列的问题，有些是长年累月积攒下来的，有些是自己日常思考的结果。在不知不觉中，这一天、这一周的新闻选题就会出现。因此，选题正是"仰望天空，脚踏实地"才能行的。

6.2.2 新闻选题的实际操作

选题主要来源于两部分：其一，单位的指派；其二，记者个人的搜索。下面我们就来讲述新闻选题从搜集到完成的"心路历程"。

6.2.2.1 采前会与编前会

即使很多媒体构建了自己的"中央厨房"，可以根据时时发布的新闻线索调配采访力量，完成最新鲜事实的24小时滚动报道，但"采前会"与"编前会"机制依

然没有过时，甚至是一个媒体每天新闻报道成功与否的关键。在这两个会议中，记者和编辑能畅所欲言，互通有无，积极思考。

如上文所说，采前会选题是对新闻媒体当天各类新闻前期采访准备的总体部署，包含民生新闻、时政新闻、财经新闻、科技新闻、文体新闻等选题的选择与策划，新闻部根据新闻选题的价值性、需求性、可操作性等争取选题报道机会，并进一步与编辑、记者一道"头脑风暴"，对每个新闻选题进行策划分析，帮助记者带着问题去现场，快速捕捉到新闻价值点，丰富采访内容。

编前会更像是前期记者采访的选题的完成情况汇报，以及编辑对当天已经发生的国内国际新闻报道题材的选择。新闻选题能否最终从选题到被采用进行报道，编前会是最后一道"关口"。选题达成质量、报道过程中的突变因素，例如受访对象拒绝采访、希望报道中止，选题过程出现新闻热点发生变化以及突如其来的新闻禁令，都是新闻选题是否最终采用的讨论因素。

因此，新闻选题的这两个会议，是一家媒体新闻价值、新闻风格以及新闻去向的"指挥棒""风向标"，记者可以从不断的选题汇报互动中，找到自身如何进行选题的行为法则。

6.2.2.2 记者寻找选题的实操方法

在新闻选题的微观层，记者、编辑在日常新闻选题时，需要自己保持新闻敏感性，在日常生活中留意发现每一条线索，为记者带来一个精彩的选题。

可通过以下七种方法，来组织建构，形成自己的"问题单"与选题价值"图谱"。

（1）带上法律、政策的"拐杖"再出门

政策、法律是一面镜子、一杆标尺，有时可以让习以为常的社会现象突然不同寻常。比如，一座闹市区新落成的过街天桥，可能没有配备国家要求的无障碍设施。

（2）把自己当成人民的公仆，人民的儿女

随时随地都想着——这件事对老百姓会有什么影响。例如菜价涨价、学区房价跌、就医困难、农民工住房等，这些选题看似小，但题系民生，背后都有看头。如与民众息息相关的菜价、物价问题，就有一大批民生新闻得到大众的普遍关注，出现了大量的网络热词，如"蒜你狠""豆你玩""姜你军""糖高宗""苹什么""药你命""煤超风"等。《京华时报》曾发表过一篇题为《揭秘"蒜你狠"背后投机炒作》的报道，对菜商赌行情的情况进行了展现，引发了民众的热烈讨论。这类民生新闻就是在新闻选题时关注细小的生活细节，关注民生，关注生活。换句话说，就是关心老百姓过得好不好，遇到了什么困难。

（3）用善于发现问题的眼睛看世界

记者要有一双敏锐的眼睛，有质疑一切的精神，有追踪源头的毅力。很多突发事件，看似又是一场"平淡无奇"的事情，但如果追踪溯源，打破砂锅问到底，可能就会发现新闻点。比如，如果你听说有人带孩子去做小儿推拿，花了几千元，病情不但没好，反而更加严重，你有什么感受？可能对于普通民众而言，这就是简单的聊天，但是对于记者而言，他就会对这件事情产生疑惑，并准备去一探究竟。为什么幼儿发烧不去医院，而去诊所推拿？为什么推拿几次就要花几千元？推拿的价格是谁定的，物价局还是医疗机构？为什么推拿几次都没有效果，医师的医疗水平由谁来认定？这就是有记者的质疑精神。

（4）善用对比思维

凡事留意，查找资料，看看当前发生的事件，过去是否发生、怎么发生的，有无关联、有无相似等，这些往往都能让新闻选题"别开生面"。

（5）细节是金

有人能看到细节，有人就不能，这取决于一个人的洞察力和感知力。记者往往具有较高的洞察力和感知力，无论是对新闻事件，采访对象还是新闻现场，他们往往都能发现更多的细节，这些细节都能与主题相挂钩，挖掘更多的新闻点，起到锦上添花的效用。

（6）善用专家库、事件库、线索库

一个记者再能跑，也只有一双眼睛、两条腿，发动广大"人民群众"提供线索和选题，不失为上上策。自己报道过、关注过的新闻事件，往往是点到为止。但事件本身可能还在继续发展，构建自己的新闻线索库、事件库，持续关注，也是获取新闻选题的好方式。

（7）关联热搜

新闻热搜榜单上的新闻可能是重大事件、国家大事或是文体热点、社会突发新闻，能够与自身生活引发关联的概率其实很小。但新闻热搜榜单却能够启发记者，找寻与热点相关且可能落地的本地化新闻，如甲地遇洪水，乙地如何防洪；甲明星陷入治安丑闻，乙地同类型治安案件的判决与案例等。因此，新闻人应时时刻刻关注新闻。这不仅是了解同城媒体、同行在关注什么，也在为自己寻找新闻线索做准备。但关联热搜也存在很多问题：比如存在人云亦云、不重视现场采访、新闻失真、难有新意等问题，这就会让新闻报道流于平庸。

6.3 新闻主题深化的要义："灵魂"与"重构"

6.3.1　新闻主题

新闻主题是一篇新闻报道的中心思想，也被称为主旨、主脑、主意。清代大学者王夫之曾说："意犹帅也。无帅之兵，谓之乌合。"放在新闻主题上理解，意思是没有主题的报道，如同没有将军的兵。把主题比喻为报道的"灵魂"并不为过。

虽然新闻报道要坚持客观、真实，但这并不妨碍每一篇新闻报道找到、找准自己的立意与主题。

新闻主题，是指新闻报道的中心思想和基本观点，也就是记者对客观事实的看法、态度和通过事实的报道所表达的主观意图。主题在新闻中起主导作用，贯穿全文、支配写作，是新闻构思、选材、表达和运用语言的依据。

新闻主题贯穿、萦绕于整个新闻报道。一篇新闻报道包裹着记者对事件、人物、社会乃至世界的全认知、全态度。从受众的角度看，主题是受众对一篇报道新闻价值点的共鸣。

在电影中，一句台词的出现，往往就是电影主题的点睛之笔。比如电影《一个都不能少》这个片名，就是14岁的女主角魏敏芝作为小学老师的一句呼喊，面对自己不满十岁的学生辍学打工，她的这句台词就是电影的灵魂。

在新闻当中，这样点睛主题的台词同样存在。

主题解决的是报道要表达什么，反映什么的问题。一句新闻受访对象比较极端的话语，往往是深化主题最好的"药剂"，同时也是新闻主题客观性与观念性统一起来的"桥梁"。

从这一点说，当我们把握新闻主题的概念后，就要开始把握新闻主题了。

6.3.2　新闻主题的三大特性

（1）新闻主题是客观性与主题性的统一

客观是新闻报道的生命，这要求记者们在采访中，对新闻采访工作须常怀敬畏之心，时刻保持高标准严要求。

（2）新闻主题源于事实，高于事实

当一篇新闻包含着新闻记者对这篇采访报道中所反应的事物的基本要素、记者的认识理解以及采访细节和当事人、主管部门、专家学者、业内人士的观点态度时，记者也会根据自己的经验、知识、观点，结合时代性、新闻热点、读者需求来深化新闻主题，让新闻报道的"意义"高于事实的"朴素"。

（3）新闻主题既有单一性，也有丰富性

这既是对客观事实的反映，也是新闻记者发挥主观能动性的体现。例如一场重大会议报道、体育赛事报道，文艺演出报道，其事件的主题已经确定，各路记者人马到场报道，主题大同小异。但同一个新闻事实，根据不同记者的见解与采访，有着不同的视角，这并非是扭曲了新闻，而是不同记者对新闻事实价值点的把握与提炼不同。

仅仅有了好的主题还不够，好的新闻作品不仅建立在高价值的新闻事件基础上，记者还要充分地把握主题、深化主题，让新闻主题的特点突出，从而让新闻作品的价值脱颖而出。

6.3.3　新闻主题深化的操作指南

1）主题的报道、深化一定要建立在真实性、客观性的基础之上，不可避重就轻，也不能断章取义。有些记者为了深化主题、体现人物的精神，避重就轻、断章取义的情况不在少数。但新闻的真实性和客观性是任何时候都要捍卫的底线。不要以为只要我报道的事情都是真实的，采访对象说的话都有出处就是真实的，有意识地舍去采访内容，诱导新闻报道朝向自己主观设想的方向，是错误的。记者有时在策划选题的时候并没有想到调查结果竟然与自己之前的设想大相径庭。这就涉及主题先行的问题。主题先行有时是不可避免的，但是在调查的过程中要随时更正。不能为了达到自己的报道目的而避重就轻，甚至歪曲事实。

2）主题深化的展现是要有层次地剥笋式展现。

3）主题深化还要有悲天悯人的情怀。从宏观方面说，记者是一群有着"为天地立心，为生民立命"抱负的群体；从微观方面说，记者是一群极富正义感和同情心的群体。记者对弱势群体和不平之事有着一种特殊的关怀，一篇优秀的新闻报道能让人感受到"人情味"三个字，往往离不开记者悲天悯人的情怀。

4）主题深化往往要有点睛之笔。

5）主题深化要有高超的写作功力

"七分采访、三分写作"，新闻注重采访，但这并不意味着写作不重要，而要写出令人神往和发人深省的新闻报道，没有优秀的写作功力是万万做不到的。新闻报道要做到"凤头、猪肚、豹尾"，开头吸引读者，中间干货充实，结尾短小精悍但却发人深省。

本章小结

新闻选题是新闻采访活动的灵魂，是新闻事务环节的重要内容。本章节主要围绕新闻选题在新闻采访活动中的地位、特点及分类，进行了宏观解读与微观解析，强调了新闻选题的特征与原则。在具体新闻选题业务上，本章聚焦实操层面的选题甄别与记者选题网络的搭建，并提供了新闻选题的重要方法，强调了选题流程的合理部署、选题经验的积累与活用以及记者的选题发现和甄别能力的养成与提升。

课后习题 ➔

思考题

1）新闻选题有哪些分类？

2）新闻选题的原则是什么？

3）如何寻找新闻选题？

4）什么是新闻主题的深化？

5）新闻主题深化有哪些具体方法？

实践题

从新闻实操层面，组织"采前会"和"编前会"，体验新闻生产活动的重要环节，认真体会新闻全流程实现的可行性。

7

电视新闻采写特点

教学目标

主要讲述电视新闻的基本采写方法和特点，通过本章学习，应达到以下目标：

● 掌握电视新闻的分类以及各类电视新闻的定义、类型和特点等基础知识。

● 熟悉电视新闻采访的准备工作和具体的采访类型，并在实际的采访实践中熟练运用。

● 理解电视新闻的写作特点，掌握电视新闻解说词的写作要求。

教学要求 ➡

知识要点	能力要求	相关知识
电视新闻的分类	（1）通过学习电视新闻采访的具体分类，对电视新闻的类型有基本认知，熟悉每类电视新闻的主要特点。 （2）努力掌握每类电视新闻的制作能力。	（1）消息类电视新闻。 （2）专题类电视新闻。 （3）系列（连续）报道。 （4）评论类电视新闻。 （5）新闻访谈节目类。 （6）新闻直播类。
电视新闻采访的特点	（1）了解电视新闻采访的准备工作。 （2）熟知电视新闻采访的具体类型。	（1）电视新闻采访的采访准备。 （2）采访对象的选择。 （3）采访时机和场所的选择。 （4）电视新闻的采访类型。
电视新闻写作的特点	（1）了解电视新闻写作的具体特点。 （2）熟知电视新闻解说词的写作方法及要求。	（1）电视新闻解说词的特征。 （2）解说词的口语化。 （3）解说词的准确性。 （4）解说词的协调性。

消息类电视新闻；专题类电视新闻；系列（连续）报道；评论类电视新闻；新闻访谈节目类；新闻直播类。

7.1 电视新闻的分类

电视新闻的种类划分标准现在并不统一，按不同的国界、媒体、内容等有不同的划分方式，按不同的界定范围有不同的分类方法。根据不同的划分标准，电视新闻的类别就不同。目前，我国新闻界普遍依照中国新闻奖的评选分类方式，按照新闻的时长和体制类型的不同来划分，这是一种简单明了、比较科学的分类方法。它适合实际情况，具有较强的实用性。本节以中国新闻奖的评选要求为主体，简单介绍电视新闻的分类。

7.1.1 消息类电视新闻

消息类电视新闻是采用声画合一的电视传播方式，对国内外新近或正在发生、发现的新闻事件进行快速、广泛、简短报道的一种新闻节目形态。此类新闻观众面广，信息量大，具有快捷、短小、鲜活的特点。它旨在以真实、客观为基点，迅速、广泛、简短地报道国内外新近或正在发生、发现的事实，是电视新闻中最基本、最普遍、最大量采用的报道形式，是电视新闻中的"轻骑兵"，在电视新闻性节目中处于主体、骨干地位。

消息类新闻表现形式多样，主要可分为口播新闻、字幕新闻、图片新闻与图像新闻。

短消息一般在一分半时间内，主要侧重于事件（What），它以"一个事件、一个现场和一个主题"为特点，要求视角新颖、主题鲜明、视觉冲击力强。长消息时间长度一般在四分钟以内，它的特点是以非事件性报道为主，要求在短消息基础上在时空上有一定拓展和延伸，有一定的立意和深度，同时运用多种电视表现元素，不但要报道新闻的事实，还要研究事件的前因后果，反映出事件的整个过程与社会意义。

7.1.1.1 消息类电视新闻的分类

（1）字幕新闻

字幕新闻是在电视屏幕上打出字幕，以最简洁的文字，向观众传播最新的新闻事实。这是电视新闻最简洁、最迅速的消息报道形式。字幕新闻运用灵活方便，传播新闻消息简洁明了，也是争夺时效性的一种最简易的处理方式。

字幕新闻的运用按照不同的技术处理，分为动态和静态两类。

静态字幕：是指把文字打在空白底色上，加上播音员的播报。静态字幕就是在新闻中，不用任何视频或者图片呈现，仅仅是将文字打在空白屏幕上，通过播音员的播报来加深观众对于这条新闻的理解。观众在认真阅读新闻的同时，播音员用标准的读音来使观众更加了解新闻所呈现的内容。

动态字幕：指文字以上下滚动或左右移动的方式出现在正常播出的节目画面的下方，也被称之为滚动新闻。动态字幕新闻多属标题新闻或一句话新闻，内容相对简单，点明新闻的核心要素，将最有新闻价值的信息以最经济的文字呈现，且不让人产生歧义。

字幕新闻又扩展了电视新闻的范围下限，它以实实在在的信息"快车"形式给观众提供了了解新闻的另一种可能。电视不仅是可视、可听，也是可"读"的媒体。

字幕新闻一般使用独立的底色以与画面相区别，有利于观众"读取"。如凤凰卫视资讯台即采用了黄色为底色，CCTV新闻频道、北京新闻频道为黑底白字。现在北京新闻等频道在动态字幕新闻里经常插播一些服务性信息，交警提示等与百姓的生活密切相关的信息。

（2）口播新闻

口播新闻是主持人或主播在电视屏幕上出图像播报新闻文字稿的报道形式。主持人出图像播报新闻稿，没有现场图像，是以声音语言传递信息的报道形式。口播新闻，适合播送难以用图像表达或没有录像资料或"刚刚收到的"最新消息。有时播音员背景部分切入与所播内容有关的画片、图表等。

电视新闻运用最早的就是口播。尽管有人认为这种方式缺乏电视特点，但是，据中央电视台统计，口播新闻每年在中央电视台播出的条数约占电视新闻播出总数的40%。口播新闻的优势是以最快的方式把新闻简要播出，制作方便，成本低廉。

口播新闻是先经过编辑加工处理的通讯员来稿、记者采写的新闻稿和选编的报纸、通讯社的新闻稿，再由播音员口头播出的一种广播新闻形式，有时也由记者或主持人在话筒前直接播报。这是一种单一运用有声语言的广播新闻表达形式，又称口语报道或文字报道。

口播新闻就是播音员坐在播音室出画面报告新闻。它以有声语言作为最主要的表达手段，辅之以体态语言和环境语言。体态语言包括手势、动作、神态、表情、语气等；环境语言包括空间环境、氛围等。

一般口播新闻播报的内容分两大类，一类是文件类：公告、决议、命令、新闻发布稿等，特别重要的政令公告常采用整屏字幕加画外音播报方式播出；另一类是简讯类：对有价值的新闻，但一时又没有形象画面的新闻，采用口播形式作简要报道。

电视口播新闻在语言表达上要做到如下几点。

语言朴实，表达流畅。播送一篇新闻稿件，时间、地点、人物、事件、原因、结果，这些最基本的新闻因素一定要实实在在地播出来，不能含糊。新闻播音的朴实对应声音状态主要有两个方面的要求：首先，声音要大方，要用自如状态下的实声，不能"虚""轻""喊"；其次，气息要下沉、通畅，发声不宜靠后和偏低，也不能端起架子、高声起调、故意渲染。这两方面若没处理好，都会影响语言的朴实，干扰信息的传递。

语言朴实，离不开语言表达的流畅。要做到流畅，首先要求播音员在备稿阶段，尽量做到上口试播，扫除字词障碍，力求顺畅自如。为了做到语句的连贯和流畅，播音员应从稿件整体上把握新闻内容，不能仅看到一字一词就开口。就整篇新闻稿而言，稿子不同部分的播报要求略有不同。导语播送时，要注意抓住稿件的新鲜点、兴奋点，播出新意，先声夺人。主体部分播送时，要注意新闻事实的内在逻辑脉络，对上下文有一个全盘把握，做到瞻前顾后；同时，要注意到语意的连接、语气的转换。结尾部分播送时，要注意全篇的呼应，同时要有结束感。

态度鲜明，分寸得当。态度鲜明、分寸得当，是对新闻播音的语言感情色彩的基本要求。播音员鲜明的态度来自对所播报的新闻事实有正确的认识和立场。

当然，不同稿件有不同的感情色彩和播音态度，播音员应时刻把握好分寸火候，根据具体的稿件来认真分析，或严谨，或尖锐，或热情，或诚恳，或沉稳，或冷静，或平实，或据理批评，义正词严。

节奏明快，语势稳健。新闻稿件的时效性特别强，它不仅要求记者抓得快、抓得紧，迅速及时、不失时机；还要求播得快，满足受众"先听为快"的心理。也就是说，新闻播音的速度比其他体裁稿件的播音速度要稍快，播音员应反应敏捷，看准了就果断地播，毫不犹豫，犹如"玑珠落玉盘"，声声相连，字字相接，节奏明快，充满活力。

（3）图片新闻

图片新闻是运用成组的新闻摄影图片或漫画，结合新闻文字稿报道新闻事实的报道形式。它是在无法取得现场新闻视频的前提下，借用了报纸、杂志的新闻图片报道形式。如果是多张图片的话，一般通过后期编辑的手段，给图片添加适当转场效果，让图片在视觉上有运动的效果。这样就弥补了缺少新闻现场动态图像的不足，增强了新闻的观赏性。

现在因为拍摄工具的便捷性和普遍性，屏幕上单纯的图片报道形式较少使用，它只是作为一种新闻报道的辅助手段而出现。

（4）影像新闻

影像新闻是新闻现场的画面、实况音响、同期声配以新闻文字稿传播新闻事实的报道形式。它是电视新闻最基本、最常见的传播方式。也是本书着重介绍的内容。

影像新闻强调声画合一和声画对位，要将声音和画面等主要的组成元素，系统、和谐地在电视新闻中加以展示。它能传达新闻现场，所包含的信息量大。

7.1.1.2 消息类电视新闻的特点

消息类电视新闻是电视新闻节目最常见的形态，以其快速、短小、活泼的特点，简洁明了地网罗天下大事，是电视新闻报道的"轻骑兵"。2019年中国新闻奖的评选标准规定：消息类作品要求新闻性强、时效性强，语言文字简明扼要，表述准确，逻辑清晰，有完整的新闻要素。

（1）快速

消息类电视新闻所报道的对象多为动态事件，因此对时效性要求很高。在信息爆炸时代，赶时效、抢首发是电视新闻媒体发挥传播优势、抢占新闻制高点的有效武器，也是共识。电视消息要在第一时间抓住观众对新闻事件的兴趣点，以最合适的报道手段，确定最方便的播出方案，以最快的速度传播出去。但在追求时效性的同时要注意到新闻的真实性。

（2）短小精悍

按中国广播电视新闻奖评选标准，短消息≤1分30秒，长消息1分30秒至4分钟。美国三大电视网（CBS、NBC、ABC）平均新闻时长约为1分30秒。

如此短的时间内，消息类电视新闻要有效报道新闻事件，除精选主题外，还要精选题材、巧选报道角度。

（3）活泼

消息是一种迅速及时、简明扼要地报道新闻事实的体裁，是电视新闻节目中最广泛并经常采用的新闻体裁。

CCTV-1综合频道2021年05月11日一则短消息"福厦高铁碧峰寺隧道顺利贯通"：昨天上午福厦高铁碧峰寺隧道顺利实现贯通。该隧道位于福建省福清市和莆田市境内，全长8.4千米，它的贯通为福厦高铁通车奠定了基础。福厦高铁是我国首条跨海高铁，北起福建福州，途经莆田、泉州，南至厦门和漳州，全长278千米。沿线共设有车站8座，是国家一带一路建设重点工程。预计2022年通车之后，福州到厦门之间将形成一小时交通圈。泉州、厦门、漳州将形成更加便利的半小时交通圈，促进当地经济发展。

短小的篇幅清楚交代了福厦高铁的全长、途经城市以及福厦高铁建成之后带给人们的便利。

7.1.2 专题类电视新闻

专题类电视新闻是指对新近或正在发生、发现的重大新闻事实进行充分、完整、深入的报道和广泛而迅速的传播。它要求全面地反映新闻事件的概貌及其细节。不仅报道"是什么"，还要说明"怎么样"和"为什么"，通过详细系统的解释、分析、展现事件的来龙去脉及其内涵。专题新闻通常是当日或近日重大新闻动态报道的延伸、补充和深化，既具有动态新闻的时效，又具有专题报道的深度。

7.1.2.1 专题新闻的基本要求

电视新闻专题类是就某一新闻题材所做的深度报道，这种报道比较详尽且有深度，是对新近发生的重大事件的充分报道。在时效上，它和消息最为接近，是报道刚刚发生或正在发生的事。内容上它是消息类新闻简要报道的延伸、扩充，是较为详尽、全面的报道。这是一种综合运用各种电视表现手段与播出方式，深入报道某一重大新闻事件或某些具有新闻价值又为广大观众所关心的典型人物和典型经验，或新出现的社会现象，以及表现某一行业、地区新面貌新气象等内容的新闻报道形式。

2019年中国新闻奖的评选标准中明确规定：广播电视新闻专题要求主题鲜明，材料典型，事实准确，结构合理。

1）消息类作品要求新闻性强、时效性强，语言文字简明扼要，表述准确，逻辑清晰，有完整的新闻要素。文字消息作品应有规范电头。

2）评论类作品要求观点鲜明，论点正确、有新意，论据准确，论述精辟，论证有力。网络评论要求具有鲜明的网络特色。

3）报纸、广播、电视的系列（连续、组合）报道类作品要求主题鲜明，结构完整，报道全面、有深度。

4）广播、电视、网络新闻访谈要求选题恰当，时效性强；嘉宾有代表性、权威性；谈话主题集中，脉络清晰，结构完整；谈话内容与节目定位、播出时段相适应；语言简洁生动、流畅准确；主持人提问、转承自然得体，对现场节奏把握适度；背景资料运用得当。网络访谈要求有网络特色。

5）广播、电视新闻现场直播要求主题重大，策划周密，能够全面迅速准确地采集与传播新闻现场的重要信息，导播调度合理，主持应变机敏，音质画面清晰（对重大突发事件的报道可适当放宽）。

6）广播、电视新闻节目编排要求主题集中，重点突出，内容丰富，编辑思想明确；内容选择与节目定位、播出时段相适应；节目形式新颖，编排合理，转换流畅；字幕准确，制作水平较高；主持人驾驭节目能力强。

7.1.2.2 专题类新闻的基本特征

（1）专题类电视新闻必须具有新闻性

具备新闻的基本要素，必须围绕现实生活中真实存在的新闻事件和新闻人物展开节目的构思，并采用现场拍摄（采访拍摄）的纪实手法报道新闻事实，不允许扮演、补拍、摆布，以"实"为本，唯有真实才可信，可信才有冲击力。

因而，新闻性是专题报道的根本属性，也是电视新闻专题报道区别于其他专题节目（如社教专题）的一个重要特征。

（2）专题类电视新闻具有一定的深刻性和丰富性

专题报道是消息的延伸、拓展和深化，它以专题节目的篇幅来报道新闻性题材。由于它时空跨度大，报道篇幅长，可充分利用声音和画面展示新闻事实，交代新闻背景，分析新闻内涵，预测发展前景，使新闻事件和新闻人物的报道具有更丰富、更深刻的内涵。

专题报道通过对某一主题的深入报道与阐述，能挖掘出一定的思想深度，由现象到本质，由典型至全局，显现出思辨的品格，也给观众留下更为广阔的思维空间。

第28届中国新闻奖获特别奖的是电视专题"将改革进行到底"（中央电视台）。为了迎接中国共产党第十九次全国代表大会的胜利召开，深刻反映党的十八大以来全面深化改革取得的巨大成就，中央组织拍摄了十集大型政论专题片"将改革进行到底"。该片是迄今为止，首次对全面深化改革进行权威、全景报道，既体现了较强的思想性和理论深度，又讲述了人民群众身边生动的改革故事。节目以高远的立意、磅礴的气势和精美的画卷，全面展示了以习近平同志为核心的党中央深化改革的坚定决心和高度智慧，完整梳理了五年来中国社会推进改革发生的巨大变化和取得的丰硕成果，生动反映了人民群众投身改革所产生的伟大实践和幸福收获，在社会上产生强烈反响，极大地激发起了全党全国各族人民为实现中华民族伟大复兴的中国梦而团结奋斗的强大力量。

随着节目的播出，"将改革进行到底"成了人们街谈巷议的热门话题和广为使用的走红句式，也成了国内各个舆论场上发出的时代最强音。该片播出后引起全党全军全国各族人民的普遍关注，社会反响强烈，为党的十九大胜利召开，营造了良好舆论氛围，受到中央领导肯定，被称作一堂由亿万观众网友参与的"全民改革公开课"，唱响全面深化改革的时代最强音。

（3）专题类电视新闻具有一定的艺术表现性，专题报道并不是一般新闻的简单延长

较之消息，专题报道具有较为完整而精当的构思，在画面、解说、音乐、音响等电视手法的运用上都比消息更为灵活，更为讲究，也更具表现力和感染力。专题报道在综合运用电视语言的同时，亦可适当运用对比、联想等艺术手法，在不失真实原则的前提下，尽可能调动相宜的表现手法与播出方式，增强可视性，从而鲜明、生动、深刻地传达主题意义。

我国的电视新闻专题报道，较长时间主要是一些先进经验、成就及先进人物的典型报道，报道形式也比较单一。近年来，在坚持正确舆论、多出精品的编播实践中，电视新闻界十分注意拓宽专题报道的选题和选材，只要是被观众所关心和感兴趣的题材，无论是先进个人、集体还是众所瞩目的重大、重要的新闻事件以及社会问题、社会现象等都属于报道的题材范畴。报道形式也不断更新、突破，由单一的画面加解说的方式，发展到今天多种形式并用。

传统的电视新闻专题报道，沿用新闻记录电影的结构格式，用画面配解说的方式对新闻事实作客观报道。随着电视创作观念的更新，以纪实手法的全面运用为突破口，新闻类节目都在探索新的电视语言、新的表达方式，以适应广大观众对现代节目的收视要求。

第三十届中国新闻奖特别奖获奖作品"祖国知道我·冰河忠魂"是由湖南广播电视台刊播的电视新闻专题报道。该片主要讲在中国与哈萨克斯坦边境上，有一群默默驻守边疆、挑战生存极限的人，他们就是祖国最西北的白哈巴边防连的战士们，极寒的天气下，战士们每年都要定时定点进行边境巡逻。

记者用镜头记录了他们去四号界碑的一次例行巡逻。军马员王鑫和他的军马担负着整个连队巡逻的重任，进到山区，积雪越来越厚，翻越山丘，踏过刺骨冰河，战士们骑行八小时才到住处。此时，战士们和记者还没正经吃上一顿饭，战士们找来铁丝、简易锅，在附近雪堆上舀来"雪水"，在零下20℃的野外吃了一顿丰盛的"方便面大餐"。这一次，记者和战士们同吃同住两天一夜，虽然磨破了脚，腰疼得站不起来，但却是一次永生难忘的巡边记忆，以实际行动践行了"脚力、眼力、脑力、笔力"。

作品内容真实感人，节目播出后，得到人民日报、光明日报、人民网、新华网、国防部官网等十多家网站的转载，在芒果TV、芒果云、腾讯视频、优酷视频等多家新媒体的视频点击量超过百万，取得了很好的传播效果。

7.1.3 系列（连续）报道

连续报道类电视新闻节目分为连续报道和系列报道两种类型。这两种类型被视为消息类新闻节目的一部分，但因其并非单条新闻，在播出上会有一定的时间跨度。二者在题材选择、时效性、报道序列和传播功能上有比较明显的差异。

7.1.3.1 连续报道

它是对正在发生、发展中的新闻事件及所追踪的事态进行及时、持续的报道。连续报道的题材往往是重大新闻。它的特点主要体现在对报道的时效性有比较高的要求；报道有较强的连续性，连续一般是纵向的；报道在总体结构上具有完整性；从报道层次上看是逐渐递进的；报道具有一定的广博性；报道在声势上具有强烈的悬念感。

7.1.3.2 系列报道

它是围绕同一主题从不同角度、不同侧面进行多次系列报道，是我国电视新闻界的创造。它以集中的强大声势宣传党的路线、方针、政策和成就，引起社会舆论的关注，产生良好的宣传效果。系列报道的主题具有同一性，传播具有系统性和信息密集化。

系列报道、连续报道就其单条报道而言，其篇幅或时间长度与消息差不多。但它们以数集、十几集甚至数十集的篇幅连续播出，或与事件同步进行，或对事件做全面报道，以其整体组合的优势和连续作用的强势效果，冲击人们的视听感官，引起社会的普遍关注，从而起到引导社会舆论的巨大作用，其影响力和社会效果是一般消息难以比拟的。因而，系列报道、连续报道是电视新闻节目中用以做深度报道的节目形态。

第30届中国新闻奖一等奖获奖作品"我们走在大路上"是由中央广播电视总台刊播的电视新闻系列报道。该片以习近平新时代中国特色社会主义思想为指导，把70年来中国共产党带领全国各族人民进行社会主义革命、建设、改革取得的辉煌成就和宝贵经验作为主线，坚持"政论情怀、故事表达"的风格歌唱祖国、礼赞时代，深入反映共和国筚路蓝缕一路走来的感人故事和重要事件，倾情呈现亿万人民在社会主义道路上不懈奋斗谱写的壮丽史诗，充分展现中华民族从站起来、富起来到强起来的伟大飞跃，是广大观众全方位了解新中国发展的一部优秀作品，也是庆祝中华人民共和国成立70周年的一部扛鼎之作。

该节目播出后翻译成俄语、法语、葡萄牙语、西班牙语、英语等多国语言，在国外主流媒体播出，形成世界影响力。

这是一部用心用情用力打造的新中国影像志，是一部兼具国家高度与学术品格、坚守艺术品位与人文关怀、用纪实影像向全世界讲述中国故事的现象级大片。

同为电视新闻连续报道的还有：第29届中国新闻奖一等奖获奖作品"上海老式里弄试点'抽户'改造"，这是由上海广播电视台刊播的系列报道。

上海中心城区高楼林立，也有成片的石库门里弄，由于年代久远、设施简陋，居住于此的老百姓依旧过着"拎马桶"的生活。既要保留历史文脉，又要千方百计改善旧区居民居住条件，难度可想而知。为此，上海始终在旧改工作中创新探索，因地制宜、分类施策。

记者在日常新闻采访中了解到，黄浦区的石库门里弄承兴里正在试点"抽户"改造，这在全市也是首创。记者随后开始近半年的蹲点记录拍摄。采访过程中，记者忠实记录了老百姓的心路历程，他们既有改造意愿，但又对"抽户"改造这一新做法心存疑虑，因为此前并没有先例可参照。而政府部门也是摸石头过河，不断突破专业技术难点，并在人情法理间不断寻找平衡点，最终走出了一条精细化治理的"留改"新路，那就是为留下的每一户制定个性化改造方案，并通过一次次沟通协调，打开居民心结，换取他们理解支持，使"抽户"改造工作得以顺利推进。

记者在近千小时素材中精心选取精华，从模式创新、啃"硬骨头"、一线工作者等多个角度入手，立体化呈现了上海"抽户"改造探索背后的故事。

该系列报道在电视、新媒体客户端播出后，引发了热烈的社会反响，不少观众都留言感谢一线工作人员的付出与努力，体现了主流媒体的影响力和舆论引导力。更为重要的是，承兴里"抽户"改造探索，是上海中心城区因地制宜推进"留改拆"工作的创新样本，为今后城市更新模式提供了新思路和新经验。

7.1.4 评论类电视新闻

评论类电视新闻，是电视媒体就新近发生的事件、当前社会生活中存在的现象或思想倾向以及公众普遍关注的问题等发表意见，阐明观点、立场的一种节目形式。它综合运用了画面、字幕、实况音响和论述语言等表现元素，具有声画兼备、视听结合等特点，具有引导舆论、教育公众、监督社会运行等作用。

评论类电视新闻对当前现实生活中具有普遍意义的事件、问题或社会现象，明确表示意见和态度，并对事态的演变、发展做出解释，进行分析推断。评论是电视媒体的旗帜和灵魂，集中体现媒体的宗旨、立场、主张，是媒体引导舆论、影响社会最直接、最有力的方式，是电视媒体履行党和人民"喉舌""耳目"职责的重要方面。

从播出方式上来说，一般以两种形式出现。

1）与消息类电视新闻一起播出，在传播上可以造成较为强烈的声势。

2）新闻评论紧跟消息类新闻播出，让所讲观点和道理，更加有理有据，更让观众信服，也使新闻报道的声势更为强大。

评论类电视新闻将新闻的时效性和评论的意见性结合在一起，结合新闻选题话题，阐明新闻事实的现实意义，并把所蕴含的意义揭示出来，表明立场、观点、态度。

在当今的融媒体时代，电视新闻评论栏目也在变革，《新闻1+1》拓展了播出平台，在电视直播的同时，央视新闻的新媒体也在同时直播。

评论类电视新闻将新闻的客观性与说理性结合起来，摆事实讲道理，以动态图像和音像为主要表现手段，可以展现大众、专家等多方观点，并最后提炼总结进行正确的舆论引导，表明了鲜明的电视特性。

7.1.5 新闻访谈节目

新闻访谈节目是主持人与嘉宾就新闻人物、新闻事件和热点话题进行讨论的谈话作品和新闻人物访谈作品。是以采访者与受访者之间谈话、访问的形式展开叙述视角，就某一新闻事件展开交流的电视新闻节目形式。

新闻访谈节目一般分为人物专访和谈话节目两种类型。

（1）人物专访

人物专访是采访者通过与新闻事件中的焦点人物进行面对面的深入交流，把新闻事件与新闻人物融为一体，以人物为视角来解读新闻。所有话题都围绕主题，采访者的倾向和观点依靠被采访者体现，有比较明确的目的性。访谈类节目中的人物谈话不同于消息类新闻中的人物采访，必须独立而完整，具有时空的一致性，而不是答问的片言只语。

（2）谈话节目

谈话节目一般由主持人、嘉宾共同参与，观众也会通过现场或在线的形式共同参与，是就社会热点事件展开平等的对话交流，为各种意见和观点提供沟通平台的节目类型。

7.1.6　新闻直播类

新闻直播是与重大新闻事件或突发事件的发生和发展同步采集现场信号并播出，集现场报道、背景介绍与事态分析等于一体，以新闻现场音像信号为直播主体。它将新闻现场传送的新闻事件的图像和声音直接播出，记者的报道、电视台的播出和观众的收视都是在同一时间里进行的，报道与播出是同步的。

它的特点在于通过电视镜头对突发或者重大新闻事件真实、实时地还原，为观众提供第一时间的新闻事实，是新闻时效性最突出的体现。

对于信息传达而言，它呈现"此时此刻"的新闻事件，通过电视镜头代替观众的眼睛，充分体现新闻的现场感，并通过镜头的选择、场景的选择等手段让新闻事实能达到一定深度和广度，给观众提供优质的内容和极致的视听觉体验。

传统的电视新闻直播，是利用有ENG设备的转播车，在新闻现场摄录图像和声音，在转播车上由新闻导播切选画面，然后通过转播车上的微波设备或卫星发射系统，把画面与声音信号传回电视台发射出去；或者将现场声像讯号直接传送到电视台播控中心，由直播导演选择切换画面，观众的收视与新闻事件的发生、发展同步。但转播车一般体型较大，需要较为空旷的室外场地，所以，转播车被较多地运用于室外大型活动的报道。

当前，新技术层出不穷，直播手段更便捷化、简单化，电视新闻直播的概念更加泛化。有了更大的外延，"电视+网络"直播成为常态。

从直播的手段上来看，随着新技术的发展，"电视+网络"或"电视+网络+新媒体"的直播方式，取代原来的单独电视直播，成了新宠。从电视到"电视+"，这是基于新媒体环境下媒介生态的现实需求，也是电视媒体新闻直播生产的一次结构转型。以宽带技术、无线通信技术、点对点（P2P）技术为主体的新媒介技术变革最先碰撞上传统广播电视技术平台，影响着广播电视节目的采录与编辑、转码与存储、传送与发射、播出与接收等生产环节。

近年全国"两会"报道中，中央电视台展开了"电视+网络+新媒体"直播。以央视网、央视新闻客户端为主力平台，融合了央视直播的品牌优势和全媒体直播报道的优势，拓展时政新闻的报道深度。央广网这几年打造"两会"直播节目，有《做客中央台》《央广辩论会》《直通北上广》《企业家说》，并与腾讯新闻客户端合作，在手机客户端直播页上同时直播。

2018年全国"两会"期间，央视除了在综合频道、新闻频道、中文国际频道等推出了12场特别直播节目、19场新闻发布会记者会直播，还直播了5场"代表通道"、3场"委员通道"、5场"部长通道"，同时在央视新闻移动网累计发起72场"两会"直播，累计观看人数4亿人次。同时，将裸眼3D与VR直播应用到"两会"新闻报道中。

2019年10月1日，中央广播电视总台在中国70周年阅兵庆典直播时，采用了91个讯道（其中包括40个特种拍摄系统）+34卫星拍摄讯道，布置了90多个机位、30多个特殊视角无人值守机位、共1600多个镜头。同时全4K超高清直播及8K制作、特种设备丰富镜头语言、5G/微波4K超高清传输、三维环绕立体声呈现、AI视频剪辑等多方面都做了技术及应用创新，实现了多屏多渠道融合报道。

电视新闻现场直播带来了时间的同步性，同时利用新技术，使现场感和浸润感更强，充分展示了其他报道方式无可比拟的优势。现场直播在第一时间让观众知晓新闻进展，没有任何人工延迟，其报道过程就是播出过程，也是观众的收视过程。这种时间的同步性，将时效性推向了新的高度。同时，新闻直播报道克服转播的间接性和记者编辑等"把关人"对新闻的再加工，观众直接"走进"新闻事件的第一现场，摄像机的镜头就是观众的眼镜，观众通过镜头耳闻目睹了全部事实真相，也将新闻的真实性极致。

除了电视直播，现在还有一种直播是"移动直播"。

总之，新闻直播类报道是为了高效率的报道新闻，不只检验了电视媒体的新闻敏感，也是对记者、导播、技术人员等的能力测试的最直接体现。

7.2　电视新闻采访的特点

电视新闻的采访手段较之报纸、广播新闻的采访要复杂得多。电视记者采访包括了文字记者、广播记者的所有属性，需要笔和笔记本就可进行采访，也需要录音机收录声音，还需要自己的特殊工具——摄影（像）机来记录画面。电视记者借助现代化电子新闻采集设备，声画同步地"再现"新闻事件，"记录"记者的采访过程。

电视新闻是"听"与"看"的结合，作为电视记者，要一直具有形象思维，一直将形象思维贯穿于选材、摄影、编辑、制作的全过程。在采访时，拍摄角度的选择、景别的使用、摄像机的运动都离不开形象思维，"为听而写、为看而写"必须贯穿记者采访的整个过程。

电视记者在采访过程中要运用形象思维方式来构思报道，强化屏幕意识。屏幕意识是电视记者所特有的对电视表现手法的认知、思维等各种心理过程的总和。电视新闻通过画面来还原现场、刻画细节，电视新闻的构成基础是镜头和文字。因此，在采访过程中，一方面要尽力捕捉具有形象价值的画面，同时，要运用形象思维，在头脑进行"现场编辑"，对电视新闻的画面、声音、文字等各类表现元素作通盘考虑，以增强报道的力度。

镜头前的采访，是电视新闻采访的独特形式，也是与其他新闻媒介采访形式的最大区别之一。其采访形式的特殊性体现在，对电视记者在采访环境的选择、问题的设置及自身的采访形象等诸多方面都提出了更高的要求。

7.2.1　采访准备

采访准备是指为保证采访活动顺利进行而做的各类准备活动，是采访实施的前奏。

7.2.1.1　知识准备

理论准备。采访活动所涉及的学科领域是多种多样的。记者在日积月累中，掌握与采访相关的理论，对于全面、准确、高水平地反映客观事物是有效的。

政策准备。记者要不断学习掌握国家的大政方针和时事政策，才能在采访活动中不陷入误区，把握采访的主动权，把报道落到实处。

7.2.1.2 资料准备

新闻背景材料的来源主要依靠记者对有关资料的长期积累储存。记者应该掌握自己所负责报道范围内的全部资料。关注相关行业的知识和相关资料。记者不可能成为精通各类知识的专家，但应当具备业务领域内的有关常识和相关术语。

7.2.1.3 法律法规准备

法治社会，必须依法依规办事，不能以无冕之王名义侵害采访对象，滥用职权。

7.2.1.4 器材准备

领取设备务必认真检查调试，确保摄像机、话筒、灯光、电池、存储器等万无一失。

7.2.1.5 呈现现场情景

记者拿到选题后，要对采访的现场进行预估，利用手机、网络等查找相关信息，提前筹划采访对象、现场情景，如何记录，拿出应对方案。

7.2.2 采访对象的选择

采访对象选择得是否恰当、合理，直接关系到采访的效果，影响报道的质量。因为采访对象对问题的回答是构成新闻报道的重要基础。在采访中，记者是通过访问从采访对象那儿获取报道所需要的方方面面的信息，提供的信息是否具有价值是衡量采访对象合适与否的标准。因而，采访对象的选择首先应该是具有信息源价值的人物。

这些人物主要有三类：一是对某一事件最有发言权的人，如当事人、事件的参与者、目击者等；二是某一方面的专家、权威人士；三是与受传对象地位身份相近似的"自己人"，即各阶层的普通百姓。上述人物是最有效的信息源，体现了采访对象选择应具有典型性、权威性和代表性的基本原则。

中央电视台采制的获得第28届中国新闻奖二等奖的电视新闻"我国实现世界首次洲际量子通信"，报道了由我国科学家自主研制的世界首颗量子卫星在轨运行一年之后，在2017年取得了突破性的重大科技成果。片中运用了31的同期声（消息总长度为1分45秒）揭示了我国在量子通信领域的国际赛道上继续保持领跑地位，选择了京沪干线项目首席科学家、中科院院士潘建伟作为采访对象。通过他发布的消息，显得更有权威性和可信性。

采访中潘建伟还指出：我们所有的视频传输等，都是跟传统的手段一样的，是在一个公网上进行传输的，那唯一的不同，是在这个视频传过来之前，先用量子密钥进行加密，加密完之后在公网上传的话，你看到的是一堆乱码，然后到了我们这个终端接收端，我们就可以用我们的密钥来进行解密。该采访阐明了我国在2017年取得的最具世界影响力的重大科技成果，传播了振奋人心的正能量，也体现了这条新闻的价值所在。

这条新闻之所以能在观众中引起较大反响，获得较好的社会效果，很大程度上取决于采访对象的正确选择。可见，合适的采访对象不但有助于说明事实，更可以通过他们的采访回答，揭示新闻的深层含义，开掘新闻报道的深度，并以他们身份的权威性、代表性，赢得观众的信赖和认同，获得良好的传播效果。

此外，对于电视采访而言，由于有现场采访的特殊性，所以电视记者在采访对象的选择上还应适当考虑采访对象自身的条件：一是采访对象是否具有较强的语言表达能力。如果采访对象面对镜头，或结结巴巴，语言不流畅，或前言不搭后语，语言缺乏条理，都会破坏理想效果。二是采访对象是否具有诚实可信的形象。如果长相猥琐或说话阴阳怪气，这种形象的不可信性会令观众对其采访产生怀疑。反之，采访对象态度诚恳，落落大方，观众自然会观其形而信其言。当然，上述因素是对有多个可供选择的采访对象而言的，有时口才和形象不太理想的人也能起到一些特殊的效果，毕竟紧紧围绕报道选题确定采访对象才是第一位的。

电视新闻采访就整体而言，属于一种协同作战的工作方式。这一点与报纸、广播记者以独立工作为主的采访有很大区别。电视采访因其表现元素丰富多样，采集手段相对繁杂，故进行采访时要求多人分工协作，各司其职，避免采访中的顾此失彼。一般而言，电视新闻采访小组由记者、摄像、灯光师、音响师、技术人员组成。这种分工协作的工作方式，要求记者既要能胜任自己的工作，又要能发扬合作精神，以保证采访小组协调一致，高效率地工作。

多人协同工作的方式使得电视采访由过去的"采摄合一"过渡到"采摄分离"，使电视记者能手持话筒走上屏幕进行采访提问、交谈和现场评论。"采摄分离"对于电视采访来说，意义重大。它使电视采访达到了声画同步，不但引出信息，而且促进了记者与采访对象面对面的直接交流和互动。

7.2.3　采访时机和场所的选择

适当的采访时机和采访场所也是保证采访成功的重要因素。

7.2.3.1 采访时机的选择

采访时机的选择不当，往往会因为采访对象感觉不太方便，或拒绝接受采访，或随便应付几句了事，使采访不能顺利进行，影响报道的质量。那么，应该怎样选择采访时机呢？一般说来，选择采访对象认为方便的时机最好。所以，我们提倡，除突发性新闻事件的采访外，采访前应该和采访对象预约时间。

7.2.3.2 采访场所的选择

访问场所的选择对电视新闻采访尤为重要。由于电视现场采访是以特定背景作衬托的，所以电视采访不仅向观众传达着某种信息，还传达着某种印象，观众可以从采访地点、环境的展示中获得许多从属信息，加深某种印象，以加强对主体信息的理解，并有助于阐明主题。2018年8月18日，《新闻周刊》本周人物《沈义扬：科室来了"洋医生"》，在采访洋医生沈义扬时，采访地点选在了他的办公室，而在采访就诊的患者时，采访地点则选在了病房内。采访"洋医生"沈义扬时，地点选择了他的办公室，那是他平时工作的地方，他在那个地方为一位位病人诊断病情，接触病患，履行着他身为医生的职责。通过这个画面，我们直观地感受到他平时的工作环境和背景，再配合他的叙述，那一幕幕他曾经救治病人的场景仿佛就在眼前，这样通过视觉传达出最直观的信息，让观众更加清晰地了解这个人物，以获得最直观的感受。

而采访就诊患者时，选择在病房采访，同样是利用病房的背景衬托人物，直接将人物身份通过背景表达出来，包括让观众看到病人在病房中接受治疗，从而使观众脑海中更易于形成对病人立体的印象，通过画面语言使人物形象更加全面和丰满。由此可见，根据不同的采访对象，选择不同的采访场地，有助于受众加深对新闻内容的印象，加强对新闻主旨的进一步理解。

让采访对象置身于真实的现场环境中，往往会使他们因"境"而忆事。因"境"而叙事，其言谈举止才更显真实，更富于感染力。因而，在采访前，应根据不同的采访对象，选择不同的采访场地，这样不仅有利于采访氛围的形成，谈话也会更具体、更深入些。

7.2.4 电视新闻的采访类型

（1）等候采访

等候采访是记者赶赴即将发生新闻的现场等候新闻人物，进行突入式采访。要求尽可能接近现场，需要有超乎寻常的耐心。

（2）预约采访

记者根据节目内容，事先约请几位内行人物，交代好与每个人的谈话要点、注意事项。

（3）即席采访

即席采访是对记者观察力、判断力、应变力和日常口语表达能力的综合检验。即席提问不要贪多求全，要用最简短的话语阐明最尖锐的问题，让答问者去发挥。

（4）现场采访

现场采访是记者置身于事件性新闻的现场环境中，伴随着事态发展进程同步进行，边观察、边叙述、边提问、边倾听的采访类型。这是现场报道重要形式。

（5）跟踪采访

跟踪采访是记者完整跟踪时间跨度大的新闻事件，抓住不断变化的新闻线索，一直了解到事件终极结果。

（6）卷入采访

卷入采访是记者在对事件进行采访的同时，亲自尝试、参与同采访内容相关的事情，以加深自己的采访体会和屏幕的可视性。

（7）调查采访

调查采访一般为监督类报道。调查开始时，一般先从外围了解情况、积累证据，然后再正面突击采访当事人。这就要求记者要有毅力和勇气，敢于以社会职责为己任，同时接受职业道德的约束。

7.3　电视新闻解说词

作为电视新闻的表现元素之一，解说词的作用不仅仅是补充背景、介绍知识和信息、整合画面、表现细节、调动想象和联想、抒情、深化画面，完成对画面的解说和补充，更重要的是要服务于新闻主题、担起对画面有着串联、提示、丰富的责任，使听觉信息与视觉信息有机结合。

解说词与电视画面配合，延伸和深化画面内涵，从而拓展视觉的深度和广度，以便观众能更好地理解画面。它不能独立地完成对电视新闻事件的全面报道，也不能独立塑造电视艺术形象，它必须与电视的视听手段相结合，尤其是与画面配合起来，才能最终完成对新闻事件的全面报道和对形象的整体塑造。它以"为听而写，为看而写"为最终的诉求，最终为表现新闻主题服务。

7.3.1 电视新闻解说词的特点

解说词与新闻画面紧密配合，互相拓展，互相补充，完善和丰富各自的内涵。不能脱离画面而独立存在。严格地说，电视新闻的解说词是不能离开画面而独立存在的，它缺乏独立性，难以完美地表情达意。所以，解说词的优劣，不能简单地从文章谋篇布局、遣词造句的好坏来评价，最重要的是其与其他表现元素的配合协调。

7.3.1.1 解释画面

解释画面为看而写，是电视解说词的基本特征之一。解说词与画面都是电视新闻的视觉元素，互相配合作用于人的视觉器官。要充分考虑到画面元素以及与之互相的配合关系。解说词直接解说画面，补充画面表现不了的内容，使画面更精确，从而为观众提供更多的信息。

例如，中央广播电视总台新闻新媒体中心主办的第二届"你好新时代——中国永远在这儿"融媒体作品大赛获奖作品"请回答1949—2019，罗湖一家人的记忆图鉴"中的解说词：

画面	解说词
白云朵朵，树木葱郁，绿皮火车旁的一对年轻人手提行李，面带笑容，直指前方。	20世纪80—90年代，全国各地的年轻人怀揣梦想抵达"深圳火车站"，罗湖，便是他们梦开始的地方。

解说词依据画面，从内容上补足了画面语言难以涵盖的部分，如年轻人所处的年代、地点、目的等，使画面形象更加具体化，新闻要素的表现更完备，让观众在视听兼备的具体形象中获得了全部的信息。

7.3.1.2 升华画面

画面比较直观，但画面信息单薄，难以表达深入的主题和思想。解说词根据主题的需要，提炼画面含义，发掘画面内涵，升华画面内容，反映主题思想。解说词的写作要贴切，到位，应该力求紧密配合画面。这种配合，不是简单地看图说话式的图解画面，讲述画面已一目了然的内容，也不是对画面亦步亦趋地被动追随，而应根据画面所展示的视觉形象，具体、准确地挖掘画面无法表现的视觉深度和广度，使观众能更深地感受画面的情境和气氛。画面与解说交相辉映，相得益彰，既迅捷地传播了信息，又构成了一幅和谐统一、令人称道的画面。

电视新闻是画面加图像的结合，利用文字语言的特殊作用来拓宽电视新闻的报道面，把无法用画面表现的镜头，用语言文字如实地传播给观众，是解决电视画面只能是现在进行时的最好途径。

仍以"请回答1949—2019，罗湖一家人的记忆图鉴"中的解说词为例：忆往昔岁月，罗湖这片改革开放的热土上，诞生了许多"中国第一"。我们在这最好的时代出生、成长，留下了美好的童年和青春记忆。

配音解说是电视专题片中的重要组成部分，配音解说与画面结合得当，能起到画龙点睛和锦上添花的作用，使音像浑然一体、相辅相成，达到更好的欣赏效果。因此，我们说解说是一门艺术，配音解说的质量直接决定着每一部作品的整体质量。从专题片稿本到电视专题片的解说，绝不仅仅是把僵死的文字变成有声的语言，而是一种再创造。

7.3.1.3 简洁凝练

画面强烈的现场感和色彩多变的特点，使观众把注意力主要放在画面上。在对解说词注意力相对下降的情况下，解说词必须简洁、精炼、概括，以便能在瞬间给观众留下深刻的印象，并为观众腾出理解和思考画面的余地，以达到最佳传播效果。

那些嘈杂啰唆的解说，不仅破坏观众对解说词的理解，而且也影响观众对画面的注意。例如，浙江电视台的新闻"G20峰会志愿者"中，在不到两分钟的时间里，关于志愿者自觉参与服务活动的解说就出现了三次，这在一定程度上影响了新闻效果。

一般来说，新闻中诸如新闻现场环境、气氛、新闻人物的外形特征等已由具体可视的画面展示出来。解说词没有必要再去描绘叙说与画面重复的内容，而应着重用简明扼要的语言填补画面难以表现的内容。

另外，解说词写作不宜过满，要避免播音语言同画面争地盘、抢时间，既造成听觉负担，也破坏收视效果，要为观众腾出理解精彩画面，感受现场氛围的空白时间。毕竟，解说词是为了促使观众看画面，引导、帮助观众理解画面，思考画面而写的。

比如，"〈供给侧结构性改革样本〉乐凯：瞄准中高端创新赢市场"（河北新闻联播，2016年7月2日）中，解说词没有一贯到底，只在开头和结尾处用了两段言简意赅的解说，除中间穿插了寥寥数句必要的解说外，没有多余的解说，留出了声音处理上的空隙，充分发挥了画面与同期声的作用，使观众能全神贯注地"身入"新闻事件现场，感受现场气氛。

荷兰纪录片大师伊文思曾说过，"当动人的场景、画面出现的时候，解说员应立即退出银幕，让画面的形象直接去感染、影响观众"。这应该成为解说词写作的一条不可背离的原则。

7.3.2 解说词的口语化

为听而写，就是要求解说词语言要清晰明快，朗朗上口，不含糊，不朦胧，不呆板，不晦涩，让人易听、易懂、易记。解说词写作要深入浅出，让人一听就明白，不用拐弯抹角地令观众费心思考。解说词既带有画面的感性色彩，又带有语言的理性部分，很容易打动人。

解说词的口语化要求明了自然，富有生活气息，如运用一些富有感情的语气词，这样观众听了会产生一种亲切的感觉。对于电视新闻来讲，首先要让观众容易听懂、容易接受，如果是深奥拗口的稿子，观众会因听起来费劲而放弃理解，放弃收看整部新闻，也就失去传播意义。因此，电视解说词写作者在写完一篇稿子之后，至少要念来试听一下，其目的在于检验稿件和语言文字口语化程度。总体要求是念起来顺口，听起来顺耳，看起来醒目，明白流畅，深入浅出，让人一看就明白。

简单来说，就像我们平时和朋友在一起聊家常。如果播音员的声音生硬、机械，那么将会影响观众的"听"新闻和"看"新闻，从而达不到电视预期的收视效果。对同一新闻的报道，电视与报纸新闻稿的写作是有很大区别的，试比较下面两段文字。

报纸体：彭主任告诉记者，这两年来，村里发生了很大的变化，有不少其他地方的干部都慕名而来。作为塘约村的村主任，彭主任除了每天处理村里的日常工作之外，还要承担起接待的任务。

电视体：老彭告诉我们，这两年，村里变化很大，不少其他地方的干部都慕名而来。作为塘约村的村主任，老彭除了每天处理村里的日常工作，又多了一项接待的任务。

从上面两段稿件的写作手法上可以看出电视新闻稿在直截了当地把内容表达出来的同时，语言比较简短，贴近口语化，尤其适合播音员朗读，这正是电视新闻稿与报纸新闻稿在语言风格上的差异。

7.3.2.1 多用口语词

在写作时，要尽可能将不易听得懂的书面语改为口语词。如"缄默"改为"沉默"，"函"改为"信"，"即"改为"就是"等。

7.3.2.2 要尽量少用生僻的行业词、科技词

在新闻报道中，尤其是在行业成就性报道、科技报道中，往往会碰上生僻的行

业词、科技词，在难以回避的情况下应尽可能用浅显易懂的语言解说清楚，让专家不觉得外行，而老百姓也能听得懂。

例如，在"磁悬浮里有'悬'妙"（《焦点访谈》，2016年5月8日）中关于磁悬浮列车辐射值的解说："列车经过时仪器记录了列车经过时的辐射最大值，表上显示的是1.46微特。这个测试值对普通人来说还稍有些专业，记者和测试团队又找了一把电吹风，进行了一次比较测试。电吹风的辐射值是47.03微特，磁浮列车距离人身体5米时辐射值为1.46微特，电吹风辐射值大约是磁浮列车的50倍左右。"

又例如，"在新疆的塔里木河畔，19名老师和500多名学生开荒造田，半耕半读。天当房，地当床，田野当课堂；手拿笔，肩扛锄，大地写文章"。（《焦点访谈》，2018年11月27日，"散发着泥土味儿的大学"）

解说词语言优美，富有节奏。在传递信息的同时又给人以听觉感官上的享受，令人回味无穷。

7.3.2.3 数字的表达应选用合适的视听元素

数字是比较枯燥的概念，观众对单纯的数字难以留下深刻印象。因此，在运用数字时，必须考虑观众对数字的承受力。一般来说，在运用数字时，应注意以下几点。

第一，报道数字，宜粗略不宜精确。粗略简单的数字能使观众在瞬间内理解所用数字的意义，便于记忆。同时，简化数字也是为了更适合口头表达。比如，将3621万写成3600多万，把1.9%写成近2%，这样写，就简单、易读、易记。

第二，开拓数字的可视因素。比如，"目前，在潜江已形成集科研示范、良种选育、苗种繁殖、生态种养、加工出口、仓储物流、餐饮旅游于一体的虾稻全产业链条，带动就业10万人，帮助1242户贫困户脱贫"。（《焦点访谈》，2018年9月29日，"下好乡村振兴这盘棋"），运用形象化、具体化的方式描述数字，能使观众直接感受到数字本身所蕴含的意义和价值。

第三，采用对比的方法，加强观众对数字的理解。比如，"中华人民共和国成立时，消防队伍实行民警编制，1965年起实行现役制。转隶应急管理部之前，由公安部领导管理，列入武警部队序列。这支队伍从建国初期仅有1万多人，一千余辆消防车，发展到现有指战员17万余人，执勤车辆4万多台"。（《焦点访谈》，2018年11月20日，"打造应急救援国家队"）通过中华人民共和国成立初期与现在的消防队伍的人员数量和车辆数量的对比，既直观展示出当前我国消防队伍的强大实力，又加深了观众的印象。

当然，在报道中，有些数据确有意义，有必要让观众了解和记忆，通常做法是借助于视觉元素，用字幕的形式将精确的数字逐一显示在屏幕上，供观众阅读、理解和记忆。

总之，电视新闻解说词语言应少一点故弄玄虚，多一点明白易懂。

7.3.2.4 字数少、段落多、句子短、铿锵有力

电视新闻解说词语言既要利于播音员口头表达，又要让观众感觉易听、好听。要上口、要悦耳，解说词就得生动活泼，明快有力。此外，解说词还要铿锵有力，措辞严谨，掷地有声。

在写作时，应避免使用那些修饰成分、联合成分比较多，结构层次比较复杂的长句子。那种拖泥带水，马拉松式的长句子，只会令播音员读着拗口，观众听着别扭，不利于新闻传播。

7.3.2.5 讲究节奏

强调解说词语言的节奏，除了要配合新闻主题及画面内在、外在节奏外，在写作时，可以适当地运用一些层递、对偶、对比等修辞手法，以增强语言的节奏感和韵律美。强调解说词语言的节奏，除了要配合新闻主题及画面内在、外在节奏外，在写作时，可以适当地运用一些层递、对偶、对比等修辞手法，以增强语言的节奏感和韵律美。

7.3.3 解说词"接地气"

一部电视专题片只有到观众的认可，才能引起观众的兴趣，拉近与观众的距离，这个距离的"连接点"就是朴朴实实的语言。在撰写解说词时，作者最好将自己摆在同观众平等的位置上，采取与观众拉家常、说心里话的方式娓娓道来，让观众感受到亲切自然。

形象化的语言用在电视专题片解说词中具有很强的鼓动性，最容易打动观众。《新闻前哨》杂志曾对电视新闻专题的形象化表达做出评论：一部好的新闻专题片，一定是真实性和艺术性形象化地完美结合，在真实客观的基础上追求形象化、艺术化，让片子更具有可视性。有句话说得好，新闻性是吸引受众眼球的重要因素，而思辨性、艺术性是留住眼球的制胜法宝。的确如此，一篇好的电视专题片解说词与鲜活的画面互为补充、相得益彰，能产生很好的效果。电视专题片既是画面艺术，又是语言艺术，是视听语言的具体应用，只有将美的语言融为一体，才能创作出感人之作。

电视新闻是大众传播，因此，即使是地方电视台播发的新闻中，也应在解说

词中避免使用方言、土语。因为方言、土语不是通俗的语言，它不仅会影响传播效果，也会给文化造成混乱。

7.3.4　解说词的准确性

一篇优秀的解说词，除了应当很好地表达主题、传递信息外，更需要真实可信，这就需要有准确性。

电视专题片或纪录片都取材于真实的现实生活，都是以现实生活中的真人、真事、真景为拍摄对象和表现内容，都以真实性作为创作的生命，都需运用纪实主义的创作方法。真实是电视专题片的基础，解说词也应遵循这一原则，在写作时应具有准确性。解说词不准确、不真实，新闻就没有生命力和说服力，就会失信于观众。解说词要想具有准确性，创作时必须以事实为依据，只有这样，才能做到言之有据、听之可信。然而，这种准确性并不排除运用文学的手段和修辞方式，诸如比喻、象征、对比、夸张、双关等艺术手法，但在具体运用时，也应以真实生活为依据，避免华而不实，过分夸张。

总之，解说词是电视新闻片中的重要组成部分，它以画面内容为基础，根据画面内容编写而成，电视新闻解说词的写作要为眼睛而写，为耳朵而写。语言的运用要简短明晰、节奏明快、感染力强，决不能拖泥带水，让观众费解，失去收看耐心。

7.3.5　解说词的协调性

解说词和画面是相伴而行的。解说词塑造新闻形象的手段不能仅凭语言自身独立完成，而是要根据电视画面的特点，与画面及其他表现手段共同配合才能完成对新闻形象的塑造。好的解说词总是同特定的画面紧密配合，浑然天成，互相开拓，以丰富各自的内涵；而一旦脱离画面，解说词则常常显得残缺不全，东一榔头西一棒槌，难以完美地表情达意。因此，严格地说，电视新闻的解说词是不能离开画面而独立存在的，它缺乏独立性。所以，解说词的优劣，不能简单地从文章谋篇布局、遣词造句的好坏来评价，最重要的是在于其与其他表现元素的配合协调。

电视专题解说词一直是依附于电视画面而存在，虽然是从属地位，但并不代表不重要。一部完整的电视专题片必然需要解说词的配合才称之为完整，没有解说，完全依靠画面和其他声音元素组合的专题片在传播时会遇到障碍，在信息缺失的情况下，受众在理解上就会发生困难。同时，解说词不仅仅是传递必要信息、贯穿片子的逻辑线索，还应当起到深化内涵、升华主题的作用。

本章小结

　　本章节主要围绕电视新闻的基本知识展开，先是从电视新闻的分类着手介绍了电视新闻的大致内容，随后本章又结合电视新闻的特点对电视新闻的采写技巧进行了解析。其中，在采访技巧的介绍中具体讲述的是电视新闻采访的几种主要类型，而在写作中着重介绍的是解说词的写法，这有利于为电视新闻的采写实践打下基础。

课后习题 →

思考题

1）电视新闻主要分为哪几类？

2）评论类电视新闻有什么作用？

3）电视新闻采访要做哪些准备工作？

4）在电视新闻采访中要如何选择采访对象？

5）电视新闻解说词的特点有哪些？

6）在电视新闻中如何使解说词口语化？

实践题

选择一类电视新闻节目进行策划并简单制作。

8

短视频新闻及融媒体传播

教学要求 ➜

知识要点	能力要求	相关知识
短视频新闻制作原则和特点	（1）通过学习短视频新闻制作的基础知识，对短视频新闻有基本认知。 （2）熟悉短视频新闻制作的主要特点。 （3）努力掌握制作短视频新闻的能力。	（1）短视频新闻的制作原则。 （2）短视频新闻的制作特点。
融媒体策划创新及要素	（1）了解融媒体时代创新传播与策划的新方法。 （2）熟知融媒体时代下，新闻策划的要素。	（1）提升新闻记者的专业素养和业务能力。 （2）全媒规划、策划先行。 （3）遵循新闻传播规律，全媒体发力。 （4）明确新闻报道内容。

基本概念 （→）

短视频新闻；融媒体制作；数字化技术；竖屏拍摄。

8.1 短视频新闻制作

在如今的新媒体语境下，主流媒体仅仅依靠内容的时效及深度去吸引受众已远远不够，还需要通过创新表现形态去"匹配"受众，达到与用户的"亲密连接"，拉近与受众的"屏幕距离"。因此，短视频新闻作为新闻报道的一种新形态，其所具有的选题视角独特、人物典型鲜明、时间节点突出，将内容与形式相融合等特点，符合了新媒体的传播规律，因此使得主流新闻媒体能够更好地赢得用户的注意力。

短视频的新闻形态创建了一种"互动体验"式的媒体环境，一改过去相对刻板的传播方式，更加注重运用新媒体传播手段为内容增加社交传播的动力与"可互动性"，激发了用户参与的积极性。这种故事与技术的融合有利于使新闻报道在社交媒体平台上扩大传播范围及影响力，能够在短时间内迅速成为爆款视频火遍网络，而这正是以往的传统新闻报道所难以实现的。

短视频作为一种新闻报道新形态，其出现与发展是主流媒体在新媒体语境下的有益探索；短视频新闻报道中体现出来的"智能技术+创新理念"多重融合模式，也是主流媒体今后应该继续探索和挖掘的正确方向。

从第30届中国新闻奖开始，增加了"短视频新闻"（其中包括短视频现场新闻与短视频专题报道两大类）获奖作品的比重。以第30届中国新闻奖短视频类获奖作品为例，短视频新闻的时长大多控制在5分钟之内，比较符合新媒体语境下的传播需要以及碎片化时代受众的阅读习惯。

其中，5分钟以内的短视频作品多为现场新闻报道的体裁，而专题报道类（含微纪录片）的短视频作品时长多为5分钟以上、10分钟以内。在24则短视频类获奖作品中，总时长在10分钟以上的作品共有3则——《AI剪辑大阅兵》《VLOG：小姐姐的"两会"初体验》《中国有故事》，这3则作品均为系列视频作品，其中包含多段该主题下的同类型短视频，因此总时长相对较长。

8.1.1 短视频新闻制作原则

短视频符合用户的实际消费习惯，充分利用了大量的碎片化时间吸引用户使用短视频，以此增加流量。制作的短视频并不是在时间上短就可以，短视频的优点在于用户的使用时间短，短短四五秒钟就可以使用户获取一个重要信息。因此，在制作短视频时也要根据短视频时间短这一优点来综合优化短视频的其他方面。

8.1.1.1 高价值信息的输出

作为专业内容提供平台，传统媒体通常身居一线，所以更能深入地关注与大众紧密相关的信息。虽然利用短视频的方式来满足用户碎片化的时间非常零散，但在本质上体现着垂直细分领域的各项逻辑规则。

因此，在制作高质量融媒体新闻短视频时要确保高价值信息的输送，尽管娱乐性的短视频同样是填补大碎片化时间的重要构成部分，但在各大平台上，财经、生活、军事等相关领域所提供的有优质信息的融媒体短视频吸引了众多流量，在细分化的媒体市场上通过提供不同优质信息来满足不同需求的用户。

8.1.1.2 保证在情感上可以引发共鸣

高质量融媒体新闻短视频在制作中除了专业方面的影响外，还需要确保传递的内容可以引发大众思考，在情感上产生共鸣，使短视频能够拓展其广度和深度，被大众所信任。

8.1.1.3 编辑叙述故事化

在视频节目的编辑当中，前期结构的搭建思维要善于设置悬念，甚至可以参考电影的叙事方法，根据事件呈现的需要设置各种悬念。而在后期的剪辑制作中，也可以利用蒙太奇等镜头语言，弥补叙事扁平化的缺陷，缓解观众的视觉疲劳。

8.1.1.4 编辑角度细节化

视频新闻编辑的愈发活灵活现，生动形象，就越有竞争力，而编辑角度细节化就是制作中的关键。只有细节，才能真实地还原新闻现场，才能最独特地体现新闻的深刻性。

举个例子，地方媒体广西新闻频道《新闻在线》曾播出一期电视新闻专题调查节目，面对记者"是否在非法加工棉花"的问题，当事人予以否认，但此时，画面编辑上给到的画面却是摄像在当事人衣襟上拍到的棉絮镜头。孰真孰假，观众一看便知。编辑角度的细节化，能让新闻现场呈现出不一样的震撼。

因此，在利用故事化叙述方式来编辑时，要充分注重细节编辑，充分呈现"窥一斑而知全豹"的效果。

8.1.1.5 编辑节奏动感化

事实上，视频新闻专题可以结合新闻叙事情节、所选用的背景音乐，利用编辑画面的不同时长组合实现节奏的调控。

例如在基调较为激昂的新闻专题中，可以适当压缩单个画面的时长，加快切换速度，令人目不暇接；而在新闻故事讲述类的专题上，可以适当拉长单个画面时长，形成温情脉脉的编辑基调，传递故事本身的温暖。一些新闻关键要素在画面中表现不明显时，往往需要观众反复多次回看才能看清，而"回看"这一功能在网络短视频进行远比在电视新闻专题直播中简便。

为了让观众在观看电视新闻专题时第一时间抓住关键要素，画面特效标注以及音效提示是必不可少的。只有在特效和音效的处理方面，表现出足够的细致化和人性化，才能达到事半功倍的效果。

8.1.2　短视频新闻制作特点

8.1.2.1 小切口、新角度

融媒体新闻短视频，特别是时政专题类产品，应该远离严肃的风格。在满足"有用"的情况下，选择新角度，做得有温度、接地气。

第30届中国新闻奖一等奖获奖作品"中国24小时"系列微视频均以1天为维度、1小时为刻度、以24小时里的时间演进为逻辑主线，以系列化的形态架构起新中国成立70年来的整体风貌，呈现了中国在各领域取得的发展成就，描绘了祖国的山河魅力，展现出中国人民意气风发的精神风貌。

2019年4月6日，山东广播电视台《问政山东》节目问政山东省农业农村厅主要负责人。面对病死猪乱丢弃的问题，主持人李莎用8次连环提问，层层递进追问当地负责人。当晚短视频"李莎八问"推出，在网上引起强烈反响。

编辑精选直播问政中的经典镜头，以真实调查素材为背景，以主持人的犀利问政为主体，配以花式字幕，采用适合互联网传播的方式，制作推出短视频"李莎八问"。短视频呈现了问政现场真实、紧张、尴尬的氛围，聚焦形式主义、官僚主义突出问题，助推舆论监督，助力工作落实。

第30届中国新闻奖短视频专题报道二等奖《抢手的王老师们》，是由南京广播电视集团制作、反映南师大马克思主义学院思政课特色的作品，报道主题重大、立意巧妙，用小切口、新表达的形式和新媒体剪辑、特效、逻辑，生动风趣地展现了

"六位王老师"的故事，很好地反映了习近平新时代中国特色社会主义思想，有效回答了时代命题。节奏明快，人物性格突出，讲述逻辑清晰。

"六位王老师"都来自南京师范大学马克思主义学院，他们之间的年龄跨度超过35岁，但每位老师的思政课都广受同学们欢迎，许多课程甚至需要通过在校园网上"抢课"，可谓"一席难求"。有的同学通过课程感受到信仰的力量，申请入党；有的同学甚至在上了他们的思政课后，明明考试合格了还选择了重修。本视频不仅记录了六位王老师为上好思政课付出的努力，讲述了发生在他们之间、他们和学生之间的生动故事，也展示了课程的精彩内容和与时俱进的创新，更表现出王老师们通过思政课对学生成长所带来的积极深远的影响。这篇专题报道以创新的立意对思政课进行报道，突破了比较传统的主题报道，带来了新气象。

8.1.2.2 无解说形式

在"中国24小时"系列短视频制作过程中，主创团队尤其注重画面、文字与背景音乐的打磨，精雕细琢各个视频元素之间的衔接与配合，追求"每一帧都是屏保""每一帧都有力量"的质感。

在画面方面，追求视角多元、细节丰满，既有俯拍远景画面用于勾勒祖国波澜壮阔的气质，又通过大量细节特写镜头引发受众在细微处寻得共鸣。在剪辑过程中，更加注重画面的逻辑性，保证动作的连贯性与情节的完整性。在文案方面，通过对字词的反复锤炼与推敲，追求语句表达的准确达意、凝练简洁与丰富优美，使网友在观看视频的同时，也能感受到文字的美感与韵味。在背景音乐方面，在讲究音乐的风格、节奏的同时嵌入巧思，通过嵌入某些耳熟能详的旋律，搭起短片由"景"入"情"的桥梁。

视频在镜头层次、剪辑节奏、音乐风格、画面质量、文字美感等各个方面都精益求精，力求为网友带来极致的感官感受。系列微视频在保持统一风格的同时，还根据各自的主题进行创新式的呈现。

如《中国军人24小时》进行了竖屏微视频的探索，并融入电影海报式的艺术风格，将一天中的整点时刻定格成一张张精美的热血海报，更加突出中国军人的血性豪情与中国军队真打实练的崭新风貌。

8.1.2.3 善用动画包装呈现风格、字幕字体、人名条等细节，能起到四两拨千斤的作用

在契合短视频"气质"的前提下，适当的系列包装会提升视觉效果，同时强化主题与风格。例如，中国新闻奖部分获奖作品，在充分策划和架构主题之后，选择

讨巧的动画展现特定主题，将常规的二维图片三维化处理，或者用虚拟抠像与实景结合的形式讲述故事。这些动画包装为融媒体新闻短视频打破刻板印象、创新展现形式提供了更多可能。

第30届中国新闻奖短视频现场新闻二等奖——《这一夜，我们为她点亮太空！》，在人民网上刊播。中华人民共和国成立70周年大庆前夕，人民网策划组织了点亮人民红网聚中国心——"向祖国表白"全国城市灯光秀活动。此次城市灯光秀涉及26省份48个城市，覆盖人数过亿，活动烘托了节日气氛，产生了强烈社会反响。

2019年9月20日起，全国26省份48个城市84个地标建筑集体持续点亮，从北到南，从西到东，"人民红"闪耀夜空，点亮中国，献礼大庆，人民网记者在84个地标现场用图片、视频的形式进行实时报道；9月21日，整合各地灯光秀现场视频推出现场汇总视频《这一夜，我们为她点亮太空》；9月27日起，编辑对现场视频进行二次加工，分别以"暖情篇""燃情篇""浓情篇"为主题，推出"向祖国表白"灯光秀混剪短视频三部曲，以不同风格回顾展示了本次灯光秀的经典场景。

系列城市灯光秀推出后，《人民日报》进行了图文报道，央视《新闻联播》分别在25日、26日、28日播出了人民网灯光秀画面，济南日报、新时报、舜网、西宁晚报等多家地方媒体也大篇幅推介了人民网这一活动，人民网法人微信公众号的相关报道获得10万多阅读量。多个企业、地方政府不断通过各种途径与人民网联络，希望参与活动。灯光秀成为70周年大庆宣传报道中，一次广泛开展群众性主题宣传教育活动的成功实践。该活动烘托了节日气氛，产生了强烈社会反响，取得了良好的社会效果。

8.1.2.4 善用小景深捕捉细节

基于融媒体短视频的内容特征与传播特点，细节丰富、情感细腻的镜头相较常规镜头更显重要。

无论是对场景环境的交代，还是人物情感的刻画、物品形态的展现，由大光圈和长焦组合所捕捉到的小景深画面，可以提供更锐利的视角，充分体现质感。特别是利用长焦拍摄塑造压缩感较强的画面，可以在短时间内强化主题，甚至能将部分看似"无用"的花絮，变成凸显主题与情感的放大器。

8.1.2.5 巧用运动镜头

巧用提升张力运动镜头、第一视角等特殊镜头，是短视频提升张力和感染力的重要手段。近年来，各类平台稳定器，如大疆如影Ronin-S、灵眸Osmo Pro相继问世。这类平台兼具便携性与操控性，在创作运动镜头方面优势明显，可大幅提升短视频画面的流畅度。GoPro、Action等运动相机也日趋普及，其引领的视角可上天入海，极大地丰富了融媒体新闻短视频创作的想象力。

利用升格降格镜头渲染情绪，一方面升格镜头所呈现的慢动作画面，为短视频进行情感铺垫与抒情升华提供重要保障。降格镜头，或说延时摄影，则是压缩时间的手法，在展示时间流转方面更为灵动、震撼。另一方面，航拍也是当下各类视频制作的标配，其在宏大叙事方面直接有力。随着无人机技术的升级，大疆御-2等机型已可进行延时摄影，相当于将流动斑斓的延时摄影搬到了空中。此类镜头在调节视频节奏、提高画面精彩程度方面亦可发挥巨大作用。

8.1.2.6 捕捉细节，增强短视频镜头的张力

不管是对人物情感的刻画，还是物品状态的呈现，利用长焦组合以及大光圈对小景的深层画面有所捕捉，可以创造出更为突出的视角，以呈现出整个视频的质感以及精巧的构思。

另外，还可以通过灵活应用运动镜头提升融媒体新闻短视频的张力，也可采用特殊的镜头，如第一视角镜头、运动镜头，它们可以在整体上提高短视频画面的流畅度和感染力。高质量融媒体新闻短视频需要在不同层次上对情感进行抒发和铺垫，在制作过程中可以利用升格镜头，使视频的画面呈现慢动作，达到情感渲染的效果；而降格镜头，即一种延时的摄影方式，通过对时间的压缩，使画面更加灵动。

8.1.2.7 谋篇布局，确保短视频传递优质信息

时间的有限性是融媒体新闻短视频的显著特色，从一些浏览量较高且关注度较高的短视频案例来看，其最明显的一点是开篇留人法则。在碎片化的阅读中，为了能够吸引用户浏览，大部分视频都会将具有强烈视觉冲击力和新颖的标题放置在视频的最前端。

对于大部分的短视频内容生产者来说，在五秒内能否抓住观众的眼球是决定融媒体短视频成功与否的关键要领之一，在视频开头的位置可以相应设置具有悬念或者是矛盾点的内容，将用户在短时间内快速留住，进而在根据整个故事的主题脉络进行阐述，或者是对开头设置的悬念进行一一解答。

8.1.2.8 引发情感共鸣，触动用户心灵，以情感驱动短视频大量转发

2017年感恩节期间，号称"全球第一支互联网自发传播2亿+"的广告《总有人偷偷爱着你》产生了现象级刷屏。

这个约四分半钟的短视频，通过精心塑造五个人物故事，以一段网络问答为主

线，先呈现出一个冷漠的世界，戳中观众泪点，随后剧情反转，将冷漠逐个击碎，慢慢治愈，唤起观众共鸣，成为产品价值体现从功能走向情感的一个案例。

2018年10月17日，第五个国家扶贫日之际，津云新媒体重磅推出短视频作品《糁子书记》。该短视频讲述天津大学"80后"青年教师宋鹏，为了帮助甘肃省陇南市宕昌县沙湾镇大寨村早日脱贫，积极挖掘地方特色，以沙湾糁子为切口，利用"互联网+扶贫"带领村民打造全链条式电商产业，因地制宜走出一条"带不走的幸福路"。2018年10月，宋鹏被授予全国脱贫攻坚奖"创新奖"。

该短视频通过津云客户端、北方网等平台推出后，30多家中央新闻网站、省级网站和商业网站进行转载。综合计算，该视频累计曝光量达到一亿多。

该短视频主题重大、立意高远、挖掘深入、情感真挚、制作精良，影响广泛。作品通过"沙湾糁子"的小切口反映了精准扶贫的大主题；通过"糁子书记"这样的典型人物，折射出扶贫干部在全面打赢脱贫攻坚战道路上不懈奋斗的大情怀。作品有力度、有温度，展现了党和国家对扶贫工作的真切关怀，展现了贫困地区群众积极向上、奋发进取的精神面貌，同时也展现了主流媒体在舆论引导中的创新精神和价值担当。

《上桥！今天和"溜索"说再见》采用短视频新闻、移动直播、新媒体创意互动、新媒体报道界面、融合创新等报道形式。通过微电影的形式，讲述了对坪镇一个在金沙江畔生活的乡村教师邹金萍最后一次走"老路"过江的故事，并在讲述故事的这一过程中巧妙地穿插了以前溜索、渡船等出行不便等与她的生活息息相关的细节，情感真挚细腻，并由此刻画出了一座桥的建设牵动着她生活和心理的转变。

创作者对于代表性人物抓取准确，细节刻画生动，全片不用画外配音，而是用主角自诉娓娓道来的方式讲述故事，仿佛是一个身边朋友的切身经历，拉近了观者和故事主角的距离，真挚的情感刻画让观者对故事主角更加感同身受。

表达形式上，巧妙地在转场等环节中采用了社交媒体流行的表达方式，最终展现了"溜索改桥"工程带给老百姓实实在在的改变和福祉，体现了建起一座桥，给大山一个和外界连接的通道，给山里孩子一个实现梦想的机会，给山里老百姓一个全新世界的深刻主题。

8.2 **融媒体传播**

8.2.1 融媒体传播的策划创新

在融媒体发展背景下，记者创新能力的培养需要从多个方面进行。广大新闻从业者需要从理念更新、新闻视野等方面，不断提升和充实自己。电视新闻记者与新闻生产方式的积极转变，给新兴媒体带来更多的发展。因此，应提升新闻记者的专业素养和业务能力，使广大新闻记者成为推动融媒产业发展的强大动力。

融媒体时代改变了信息传播环境，带动了摄影技术的现代化发展，同时对新闻记者的综合素养提出了更高的要求。新闻媒体记者应当恪尽职守，积极学习各项先进摄影技术，通过新闻图片的高效利用与文字搭配，向群众提供高质量的新闻作品，体现新闻行业的权威性与先进性。除此之外，应当逐步向全能型摄影记者方向发展，不断提升自身的职业伦理与技术素养，为摄影工作的创新发展助力。

8.2.1.1 创新新闻捕捉能力

记者要积极探寻融媒体发展背景下呈现出来的"多元化"信息交互局面，在新闻宣传中树立积极正面的舆论导向。要尽可能挖掘更具政治敏锐性、社会舆论性和价值导向性的新闻，把新闻采访工作热点聚焦在和国家、人民切实相关的报道上，让新闻报道更加真实、全面、贴切、立体，更好地满足广大新闻受众的心理需求，以敏锐的新闻捕捉能力创新舆论导向的发展。

8.2.1.2 创新融媒体视域

记者需要保持对媒体融合的活力，熟练掌握各类数字化媒体编辑工具，在短时间内实现对媒介信息的资源整合。要从根本上摒弃同质化的采访手段，以敏锐的新闻嗅觉和创造性加工新闻，更加迅速地为新闻受众提供更加个性化、创新化、差异化的新闻作品。

实现"立体化"的新闻采访工作，利用技术创新融媒体采编路径，在推动媒体融合发展的同时，加快网络信息技术和信息内容的结合，形成强大的新闻核心动力，促进新媒体技术的融合发展。

8.2.1.3 创新信息运营模式

融媒体时代下，各媒体不断推进品牌传播，以独特的品牌优势，让更多的用户能够接纳融媒体形式。在媒介融合角度下，围绕数字化技术，强化电视新闻记者对于网络电视、IPTV（交互式网络电视）、手机电视、卫星移动电视等新兴媒介的助推和发展。

广大电视新闻记者要在现有的技术基础上，深入基层，强化技术资源配置，通过积极参加业内培训，制订更加全面的新媒体技术解决方案，在新媒体传播驱动和传播方式上深耕细作，成为更加全能的新闻采编人员。

8.2.1.4 创新拍摄手法

融媒体时代的动态图片逐步取代了传统媒体时代的静态图片，甚至出现多角度图与全景图，对此，摄影记者应当学习并熟练应用先进摄影技术，丰富图片表现形式，带动传统媒体向现代化发展。

首先，掌握全景拍摄手法，引入3D立体相机、无人机、GoPro（运动相机）等先进摄影设备，为全景图的拍摄提供技术支持。同时，参与技术培训，熟练掌握并灵活应用先进摄影设备，从而为新闻内容搭配更加生动形象的图片。其次，掌握动图拍摄手法。相比文字信息与静态图片，动图新闻的生动性、可读性更强。最后，注重作品的图文并茂，图片搭配文字能更好地传递新闻信息与内涵，提升内容传播的准确性与生动性。

8.2.1.5 拓宽传播渠道

在融媒体时代移动智能终端设备不断普及的背景下，人们获取新闻信息的渠道更加广泛，速度更快，对现场状况的了解更加全面与及时。对此，传统记者需不断拓展新闻渠道，强化新闻内容的多元性、立体性。

首先，需要熟练运用社交软件，开通新媒体的官方账号，积极向群众推送新闻信息，确保新闻传播的专业性、及时性。其次，充分利用直播平台优势。记者应当充分利用直播平台进行新闻报道，通过与网民的互动反馈，对创新起到积极的推动作用。同时，能够对不属实的网络舆论起到积极的引导作用，以此带动新闻报道与摄影工作的多元化发展。

8.2.2 新闻策划的要素

8.2.2.1 全媒规划、策划先行

在新闻报道中，新闻策划是重要环节，对采访效果与传播效果产生直接的影

响。融媒体时代，新闻工作者要想做好新闻策划工作，就要熟悉新闻采编流程，掌握不同采访方式与报道形式，提高新闻敏感度，做到全媒体一体规划、选题策划先行、按新闻要素集体采访、按媒体平台特点生成新闻产品，然后次第播发形成复合传播力。

8.2.2.2 遵循新闻传播规律，全媒体发力

传统媒体与新媒体在发展过程中的传播渠道具有较大的差异。新媒体在传播新闻信息过程中，速度相对较快，传播途径以及受众范围相对较广，能够充分保障新闻传播的时效性；在新闻策划过程中需要结合受众以及传播目的进行适当的调整，突出移动优先、全媒发力优势，保障新闻传播的真实性、时效性和可靠性。

8.2.2.3 明确新闻报道内容

首先，明确报道内容。随着科学技术的快速发展，自媒体数量不断增多，新闻工作的入门门槛不断降低。主流媒体的新闻工作者必须遵循自身的职业道德，为公众提供更加真实可靠的新闻内容。

其次，明确报道体裁。融媒体时代，各个媒体平台所选用的新闻体裁具有较大的差异性，所以在新闻策划工作中需要充分考虑不同的新闻受众以及新闻传播平台的需求，科学合理地选择报道体裁，为后续报道奠定良好基础。

最后，明确报道标题。大部分读者观看新闻时，是根据标题判断是否继续观看的。因此，在确定报道标题时，不仅要考虑到吸引受众，还要注意充分符合报道内容，避免出现"标题党"。

本章小结

本章主要围绕短视频新闻的出现、发展、制作以及未来的发展趋势，介绍了短视频新闻作为新闻报道的一种新形态，符合新媒体的传播规律，使得主流新闻媒体更好地赢得用户的注意力。主要讲述了短视频新闻的制作原则与特点，同时还讲述了在融媒体环境下广大媒体工作者应该不断地提升自己的专业素养和业务能力，从而更好地适应这个正在兴起的融媒体时代。同时也为媒体工作者做好转型与新闻的策划提供了有效思路。

课后习题 (→)

思考题

1）短视频新闻制作的原则有哪些？

2）短视频新闻制作的特点有哪些？

3）记者创新能力的培养需要从哪些方面进行？

4）新闻策划的要素有哪些？

实践题

策划一期融媒体特别报道，选题自定并写出策划方案。

9

新闻结构

教学要求 ➡

知识要点	能力要求	相关知识
进度计划编制	（1）掌握新闻结构的定义。 （2）熟悉新闻结构的分类。 （3）理解新闻结构的意义，并且进行实践和练习。	（1）新闻结构的含义。 （2）分类的标准。 （3）各自的优缺点。
进度计划实施与检查	（1）阅读和分析。 （2）写作训练。	（1）通过阅读，进行评价和分析。 （2）几种结构的写作技巧。

基本概念 ➡

新闻结构；文体；华尔街日报体；新闻的叙事性；倒金字塔结构。

9.1 新闻结构

9.1.1 新闻结构的分类

我们一眼就能看出的标题、导语、新闻头、新闻主体、新闻结尾等属于形式意义上的结构成分；内隐在文章中、不仔细阅读分析就把握不到的结构模式，如倒金字塔结构、华尔街日报体、沙漏式结构、板块组合结构等属于内容意义上的新闻结构。体裁是作品的表现形式，新闻结构必须符合所用的体裁特点。

文章体裁不一，在反映生活的容量、角度、表现方式等方面都不同，就形成了各具特色的结构形态，有着不同的结构"特点"。

新闻结构也受新闻体裁"规矩"的制约。在撰写新闻报道时要根据不同体裁的不同特点，分别采用恰当的结构形式。新闻体裁的选择要与新闻内容相适应，在报道事实已经选择确定的情况下，首先要考虑选择何种新闻体裁。

消息结构的基本特点是开门见山，即把最具新闻价值的事实部分或材料放在最前边，头重脚轻。而通讯则通常采用"凤头、猪肚、豹尾"结构，把最重要的最有力的事实往往放在后面。记者在考虑新闻结构时一定要尊重新闻体裁的特点及其对新闻结构的要求。

新闻结构符合体裁特点规律实质体现了结构的守恒性，但结构的守恒性不能扼杀结构的创新性。

我国古人主张"文章要有法度""文有文法，诗有诗法"，但又主张不可拘泥于成法，而要识"活法"。"所谓活法者，规矩备具，能出于规矩之外；变幻莫测，亦不背于规矩。"就是要灵活对待"规矩"，灵活运用法则，不墨守规矩。

一篇好新闻，从内容到形式都应该有它的特点，表现出报告事实的个性。安排新闻结构，必须从"千差万别"的文章内容着眼，而不能把目光放在死板老套、一成不变的"程式"上。这样的新闻结构才会富于变化，才能产生引人入胜的魅力。

9.1.1.1 直观可见的新闻文体结构

直观可见的新闻文体结构其实就是我们通常所说的文体形式。它表现为不同的文体式样是由特定的段落构成的，是指由文章的标题、开头、主体、结尾组织而成的一种段落格式或基本框架。

形式结构往往是读者一眼就能看出来的，比如公文体，开头大都有主送机关，形成独立段落形式；个人书信往往没有标题，开头就有称呼的独立段落，结尾处有敬祝语和落款；消息往往有电头，之后是导语、主体或背景，这已经形成了消息的固定样式。读者看到这样的文章，即使没有细读，并不熟悉文章的具体内容，也能判断它是一份公文、一封书信还是一则新闻稿件。

这类结构完全是从形式意义的角度进行区分，特定体裁的文章都有千孔一面的外表特征，不同体裁文章的结构有着明显的外在形式区别。形式意义上的新闻结构具有稳定性，它主要表现为有固定的结构形式，其标题、开头、主体、结尾都含有段落共性，为新闻界和受众所共识。

形式意义上的新闻结构还包括句式的长短、段落的大小等内容，这类结构是非固定模式的形式结构，并不受任何既定框架的约束，其稳定性主要表现在"散文体"特征十分鲜明。

形式意义上的新闻结构有其积极意义，它便于读者迅速地把握作品的体裁，并进而有益于理解作品传达的信息。

新闻作品的撰写大都要求句子简短，段落简短，整篇新闻报道也要尽可能简短。一句话只说明一个内容，表达一个意思即可。非用长句不可的时候，要注意使用标点符号进行合理的分割。

另外，新闻写作中长短句的交替使用可以产生节奏感。短句子能使人振奋、紧张、不停地思考，一连串的长句子往往造成比较松弛的气氛，使读者变得懒散。这样一来，在保证多用短句的前提下，可以将长句、短句和不长不短的句子综合起来运用。

总的来讲，形式意义上的新闻结构是比较容易理解的，诸多新闻写作理论著作也对此进行了充分的论述。但一味地关注形式结构并不能真正揭开新闻结构的面纱，如果只停留在这个层面上去理解新闻结构，那么我们就不能真正掌握谋篇布局的方法和技术，我们就不知道如何组合事实材料才能使新闻作品得以有效架构。这样看来，内容意义上的新闻结构就显得更重要了。

9.1.1.2 新闻写作内在的逻辑结构

任何一类写作都应遵循一种逻辑结构，新闻也不例外，长的新闻文章可能在不同部分依据情况使用不同的逻辑结构。斯科特·弗朗西斯提出了六种常见写作逻辑结构，对新闻写作也同样适用。

内容意义上的新闻结构可以简称为内容结构，是指为表现不同类型的事实材料的主题而形成的内在层次关系。记者将根据这种关系来选择合理的组织事实材料的方法，"它包括了记者对新闻事实的基本逻辑关系和特殊逻辑关系的理解、发现和运用"。不用仔细阅读，就可以比较容易发现和把握住形式意义上的新闻结构，而新闻的内容结构就大不一样了，恐怕很少有人能一眼就看出一篇新闻稿件中有个"倒金字塔"结构。

当我们以"新闻"为研究对象时，新闻结构包含的新闻事实材料类型、层次及结构方法都是新闻内容的"表现形式"。当我们以"新闻结构"为研究对象时，框架格式、句子形式以及段落是"形式"，新闻事实材料类型、层次及结构方法则变成了"内容"，这一部分的新闻结构就是新闻的内容结构，是内容意义上的新闻结构。

只有掌握了内容结构的规律，记者才能合理组织事实材料，才能进一步提高新闻传播效果。

常见的写作结构有范畴式结构、评估型结构、序时结构等。其中范畴式结构也可以称为直截了当结构，范畴式结构并行地处理一系列同等重要的主题。政治演讲，比如竞选演讲，甚至国情咨文，都是范畴化写作的好例子。你可以在求职申请的求职信中使用类似的结构，你可以描述所有能让你成为该职位理想候选人的特质。

评估型结构，在评估结构中，引入一个问题，然后对该问题写下权衡利与弊的内容。在写电子邮件时，你可以使用一种评估结构来征求密友的建议。

序时结构则是焦点叙事，是按时间顺序安排材料，特别强调交代时间。当你的焦点更多的是故事的实际讲述而不是最终结果时，采用序时结构比较合适。大多数短篇故事和小说都是按时间顺序写的。

比较型结构，这种结构类似于评估，但它是在有更多层次被权衡时使用的。如果你正在为辩论队写一篇演讲，你可以用一个比较结构来解释为什么你觉得自己的观点比对手的观点更强。

顺序式结构是新闻中很常见的一种。这种结构类似于序时结构，但是在描述一个逐步的过程时，通常与操作方法一起使用。如果你要写如何制作巧克力夹心蛋糕或者如何享用你在乡下发现的丰盛的早餐，你会按顺序写，用"第一""下一步""然后"和"最后"这样的词来阐明。

因果结构。这种结构乍看起来可能类似于比较型结构，但它的不同之处在于它不涉及权衡利弊。而是按顺序讨论某个特定主题或问题的原因和影响。如果要写一篇关于事情是如何发生的文章，比如造成空气污染的因素，可以使用这个结构。

9.1.2　新闻结构的内在逻辑性

9.1.2.1　遵循事实客观逻辑

新闻事实本身的条理性、规律性，决定着具体的新闻结构。事实是新闻的本原，事实本身的客观逻辑也是新闻结构的本原，是新闻结构的基础，是对新闻结构有着"绝对决定"意义的东西。

不管新闻事实多么丰富，不管它怎样变化，新闻事实自身都存在着客观的条理性、规律性。一件事情，总有其发生、发展的过程。发生就是"开端"，中间是"发展"，然后进入"高潮"，最后是"结局"。这实际上也成了新闻"情节"开展的客观依据，并构成了一个完整的结构形态。

新闻作品的结构必须正确体现新闻事实的客观的条理性、规律性。

当然，这并不是说，新闻结构就是客观事实内部联系及其发展规律的"翻版"，就是客观事实自身条理性、规律性的"临摹"，就是刻板地照抄生活。

记者完全可以也应该在不违背事实客观逻辑的前提下，能动地安排新闻结构，例如对于事件性新闻，大可不必把事件从头到尾，一桩桩、一件件流水账似的写出来。

根据新闻事实本身的客观逻辑来安排新闻结构，最主要的是必须抓住事实的本质，认识事实之间的内在联系，在把握事实发展的客观逻辑基础上，充分发挥主观能动性，设计出有创意、有特色的新闻结构。

新闻结构是为表现新闻事实服务的，对于具体的新闻报道来讲，只要不违背事实本身的客观逻辑，新闻结构的创新反而显得比对新闻结构模式的遵循更为重要。

9.1.2.2　满足报道主题需要

新闻写作要围绕主题展开，新闻结构要服从表现新闻主题——核心新闻事实的需要。满足新闻主题需要是决定新闻结构的直接动因和直接标准，满足表现主题需要的程度，是判定新闻结构优劣的尺度。

新闻结构上突出什么或不突出什么，新闻应该怎样开头、怎样结尾，层次如何确定，段落如何划分，何处该详、何处该略等，都应该依据表现主题的需要来定。

越是有利于表现主题，越是能满足表现主题需要的结构，越是好的新闻结构。

满足主题需要规律，还表现在对于同一素材的报道，主题不同，结构也会有所不同。比如列夫·托尔斯泰的《复活》，作者在写初稿时确定主题是反映道德问题。作品以男主人公聂赫留朵夫为中心来组织材料，采用顺叙的方式来展开情节。后来把主题转向批判与暴露专制制度的罪恶，作品的结构也发生了相应的变化。女主人公玛丝洛娃成了小说的中心，故事紧紧围绕玛丝洛娃展开。聂赫留朵夫为给她减刑的事四处奔走，内容也就触及社会的各个方面，深刻地暴露了沙皇制度的黑暗。这里虽然讲的是文学作品的例子，但其中的道理对新闻作品的结构也是适用的。

一般来说，新闻结构不好的作品，一般都缺乏明确的新闻主题。记者传播新闻信息的前提是受众接受新闻，新闻结构必须适应受众心理需要。受众并不是一个被动的存在，受众接受新闻有一个心理反应的过程，只有引起受众注意和阅读兴趣，读者才有可能接受新闻。

9.1.2.3 适应受众心理，确保传播效果

新闻结构是吸引受众的一个重要手段。有时，即使新闻的内容符合读者需要，但如果结构不当，也会削弱甚至破坏受众对新闻的兴趣。相反，有的新闻作品却因为结构奇巧，而能够激发出受众的兴趣。

组织新闻结构一定要考虑受众的接受兴趣、接受习惯和接受能力等。对于一些不好理解的复杂的事实或问题，就要加以解释、补充或者直接加背景段进行说明。为了减少和消除受众心理上的压力，长篇新闻报道一定要分节讲述，要加小标题。

另外，新闻作品开门见山的写法，无非也是让受众在一瞥之中就注意到它，从而激起阅读兴趣。

适应受众心理还包括必须适应受众的审美心理要求。满足受众的审美心理需要，主要是要求新闻结构应当具有完整匀称美、严谨细致美、紧凑自然美、贯通流畅美等。

人们在接受新闻信息时的心理与进行艺术欣赏时的心理是不同的。进行艺术欣赏时，一般都是从容不迫，渐入佳境；而在接受新闻信息时则希望开门见山，立即抓住关键之处。新闻结构的一个重要作用或功能，就是结构应当适应受众接受新闻时的心理需要。仅仅是新闻内容很出色是不够的，没有好的结构，形式粗糙，也会因为最初的外部刺激不强烈而被受众所遗漏。

9.2　新闻结构的几种类型

9.2.1　倒金字塔结构

倒金字塔结构是新闻报道中运用最多的结构模式，它也是迄今为止在对新闻结构的认识上唯一最有新闻理论价值的发现。倒金字塔结构主要用于动态新闻，在强调时效性的硬新闻的写作中，使用频率非常高，我们平常看到的新闻消息大多都采用了这种结构模式。使用倒金字塔结构的新闻报道，读者哪怕只看了开头就放下报纸，也已经了解了新闻的核心内容，可以最大限度地实现新闻传播的目的。

倒金字塔结构是按照事实重要程度递减原则安排材料的，而与其说是按照重要程度递减原则，不如说是按照新闻价值递减原则安排事实材料更符合新闻规律。倒金字塔结构被称为"永远不会过时"的结构，这个结构的特点包括以下几点。

首先，倒金字塔结构中，标题是对核心新闻事实的概括或提炼，其新闻价值最高，倒金字塔结构的标题具有较强的独立性，即便只看标题也可以了解新闻的核心内容；

其次，倒金字塔结构的导语往往是对标题的展开，它是浓缩的新闻，就正文而言它的新闻价值最高；而主体按新闻价值递减原则安排事实或材料的写作，新闻价值越高的材料越往前放，新闻价值越低的材料越往后放。

9.2.1.3　倒金字塔结构的优点与缺点

倒金字塔结构作为新闻的最常见结构，优点是很明显的，首先是方便记者写作新闻，可以快速写作，不为结构苦思。对新闻编辑也很快，可以快编快删，即使删去最后段落，也不会影响全文。对读者阅读来说也很友好，可以快速阅读，无须从头读到尾。

总而言之，倒金字塔结构的长处主要在于它符合了新闻求"快"的特点，因此，倒金字塔结构在美国南北战争后继续保留下来，并得到了推广。

倒金字塔结构的缺点主要表现在缺少文采，没有生气，不能体现个性，没有新鲜感等方面。由于很多消息都采用了倒金字塔结构，读者看了总有似曾相识的感觉。

9.2.2　叙事结构

对比倒金字塔的结构可以看出，叙述结构的新闻要"文学"得多。虽然新闻叙事不同于文学叙事，它是人类运用一定的语言系统叙述、重构新近发生的新闻事实的活动。但是它的编码方式依旧是满足人类对新闻信息取舍和信息效益最大化的需要，从而形成了一种独特的叙事话语类型——新闻话语。新闻叙事学研究的逻辑起点就是新闻话语，并通过对新闻话语结构特征的认识，来确认新闻叙事对于文学叙事的独立性。

新闻叙事的本质是新闻信息的传递，它研究的是有新闻价值的信息如何流动，以及这一信息所产生的认识和情感信息如何流动。新闻叙事的内涵在于它的三个组成部分：素材、故事和新闻叙事文本。素材是按逻辑和时间先后顺序串联起来的一系列由行为者所引起的或经历的事件，即原始的新闻事实；故事是记者头脑中的新闻事实，是新闻事实的物质状态在记者大脑中的能动反映；而新闻叙事文本就是最终受众看到的语言符号组成的结构整体。叙事文本经过记者编码后以符号形式呈现在受众面前，再由受众将其还原成他们头脑中的新闻事实。

新闻叙事的素材层面：素材是固定的，包括客体和过程。客体即行为者、地点、时间；过程即在客体中与对象一起或通过对象而发生的变化。过程强调的是诸事件之间的发展、连续、变更与相互关系。新闻叙事的素材是我们必须遵循新闻真实性原则不可更改的材料。新闻叙事的故事层面：在这一层面探讨的是按时间顺序发生的事件如何加以艺术性的编排，包括诸如顺序的安排、叙述的节奏、频率与聚焦等。

新闻叙事的文本层面：这一层面是读者可以直接进入的部分，它探讨的是叙事文本的核心概念——"叙事者"是谁的问题。

9.2.3　并列式结构

并列式新闻结构是指依照新闻内容的性质或要素，将新闻内容划分成主题相同，内容不同，相互并列的段落，并对这些并列的段落进行巧妙组合的结构模式。各并列段落的地位、篇幅大体相当，主题相互呼应，它们之间形成一种并列关系是其主要特征。

并列式结构的新闻一般是为了交代大量的信息。并列的结构模式比较适合对复杂新闻事实的报道。记者可以按照新闻事实内在的逻辑关系将其分解成若干个部分，"为报道分门别类地划分几个分主题，一个部分一个部分地进行说明与展示，用这些各自相对独立的报道单元，合成对新闻事件的完整描述，完成对新闻主题的解释"。

进行并列式写作必须充分考虑新闻内容的特点："如果这是一则包含着各方冲突和不同观点的新闻，你可以考虑为每一种观点写一个部分，由不同观点组成的各个章节组成一篇完整的报道。如果这是一个时间进程特征明显的新闻，你就可根据时间顺序划分不同的部分，把过去、现状、未来划分为不同的部分，展示出新闻的进展全程。如果这是一则情节复杂的新闻，你可以把其中的各个关键环节挑选出来，分解为不同部分，以揭示新闻的全部内容。"

记者在构思时要深思熟虑，抓住各个部分之间的内在逻辑联系，并让读者看到这个内在联系，这样一来，整篇新闻才能成为一个有机体，否则就容易成为七拼八凑的积木。

9.2.4 华尔街日报体结构

华尔街日报体又称焦点展开结构，是《华尔街日报》头版上常见的一种新闻报道形式，这种结构模式尤其适用于非事件性新闻报道或宏观报道。

9.2.4.1 华尔街日报体的结构特点

华尔街日报体的开头要设置一个焦点，这个焦点通常是要描写一个情节、人物、场景、趣闻逸事或是一个悬念。焦点通常起着见微知著的作用，它是宏观报道对象的一个缩影，它蕴涵或体现着整篇新闻的报道主题。焦点应当确保能够引起读者的普遍兴趣。

设置焦点的意图是使本来抽象、枯燥的非事件性新闻变得具象化，从而提高文章的可读性。开头先讲一个与新闻主题有关的焦点如趣闻逸事，然后通过它引出所要报道的主题新闻，进而一步步展开和深化对新闻主题事实的报道。这样一来，本来抽象、枯燥的非事件性新闻，就会因人物、情节等因素的介入而变得富有人情味和故事性，自然而然地引起读者的兴趣，提高了传播效果。

然后要在开头与主体报道两个部分之间设立一个过渡段，把开头的焦点部分与主体报道部分有机联结起来。这一部分好比是一个螺母，其主要作用是自然过渡，趣闻逸事虽然好看，但毕竟不是新闻报道的重点，如何引出下面的主题新闻事实更为关键。

过渡段不应占据太大的篇幅，但需要巧妙构思和表述，自然而然地把读者的注意力引导到下面的报道中。

过渡段之后就是新闻报道的主体部分了，要在这个部分对主题新闻事实进行深入报道。从篇幅上来讲，这一部分是一个"大肚子"，所占的篇幅甚至会达到整篇文章的85%左右，需要多着笔墨。因为焦点体现了报道主题事实，是一个缩影，所以这部分的报道也可以看成是焦点展开的过程。

主体部分仍然需要注意文章的可读性，要保持读者的阅读兴趣，注意新闻写作故事化手法的运用，注意细节和重点的结合。如果有一些数据或者宏观面上的信息，也应该将这些东西糅进报道中去，而不能全是枯燥的内容。抽象、枯燥的内容全被分散、融合在报道主体之中，并被不断地冲击，还未等读者不耐烦，马上就有更带劲的材料上来了。情节、细节、引语等技术的运用造成了起伏与波澜，让读者始终饶有兴致地了解新闻的全貌和过程。

而结尾的要求则是写作一个与开头照应的结尾，让人有所回味。结尾部分通常要再现开头提到的某个或某些新闻要素，如开头中提到的场景、人物的引语或行为，也可以描写一下开头提到的某件事情的发展情况。

华尔街日报体特别强调新闻的结尾，要写作一个强而有力的结尾，这个结尾一般还要再回到开头的焦点上去，首尾呼应，形成一个循环，令人回味无穷。

9.2.4.2 华尔街日报体为什么吸引人阅读

首先是故事化。从传播心理学的角度看，受众阅读除了求知层面的需求外，还有消遣和娱乐的需求。华尔街日报体借鉴了文学写作中的故事描绘手法，能把枯燥、干瘪、索然无味的硬新闻变得生动活泼、通俗有趣。故事性增强了新闻的趣味性、可读性。

华尔街日报体一般在文章的开头展示涉及的典型人物或故事，通过气氛的渲染，将人带入新闻，使人如临其境，如见其人，如闻其声，激起读者的阅读兴趣，这些人物或现场的描写实际上就像电视新闻的新闻画面一样可视。

而且华尔街日报体重故事性，所以新闻事实变得像故事的情节一样动人。从上文实例可看出，华尔街日报体用人们最能迅速接受且兴趣不减的故事作由头和引子，在轻松愉快或动人心魄或诙谐幽默中，不知不觉地让读者接受新闻事实，效果往往比生硬的说教和强拉硬推乱塞要好。从心理学来讲，读者接触新闻媒体，一般情况下是无意注意——并非带着某种专门的目的特意去寻找某个新闻，而是浏览。在这种情况下，如果消息的开头格外引人注目，他们便会停下目光，从"无意注意"到"有意注意"。华尔街日报体的开头吸引读者，让读者"一见钟情"。伴随着文章的深入，故事也在继续，故事吸引读者的同时，也能够协助读者更好地理解文章。

华尔街日报体一般也比较有人文气息。华尔街日报体叙述路径客观上要求寻找一个极具代表性的人物个案，强调人物故事，个案命运的重要性。任何一则报道，总要涉及和影响或将影响一些人。人是构成新闻事件的主体，新闻报道说到底，是报道人在社会生活中的各种表现，人与自然，人与社会，人与人之间的各种关系的变化。对读者来说人和人的生活，具有最高的心理上的接近性。新闻报道里有了人，有了他们的动作、语言以及感情、生活状态，就很容易唤起读者的兴趣。

新闻价值学说中的"接近性原理"，是指要寻找所报道的事实与读者在时间、地点、心理或者利益上的接近点。接近的因素越强，读者阅读的愿望也就越大。从读者关切点上找角度，回答读者普遍关心的问题，解答读者想知而未知的问题，这就是最佳的新闻角度。贴近性越高，读者对这一消息的关心程度、注意和兴趣就越大。以普通人的视角来写作，透过普通人这个点来深化有主题的内容，一方面赋予了人情味，另一方面又突出了贴近性，极易使读者产生共鸣。

当然，华尔街日报体也存在着一定的局限，比如说故事的真实性问题、新闻的严肃性问题，但是总的来说，这种文体的新闻写作，与我们现在所提倡的"三贴近"报道原则是切合一致的，对丰富和改进新闻写作不无裨益。

本章小结

新闻的结构是新闻骨架，也是新闻的逻辑体现。掌握新闻结构的相关知识是学习新闻采访与写作中非常重要的环节。本章主要围绕新闻作品的结构分类与结构的特点，探讨了几种典型的新闻结构类型，包括倒金字塔结构、并列式结构、新闻叙事结构以及华尔街日报体结构，以及这些新闻结构的主要写作领域和它们在新闻中的不同作用。

课后习题 ➡

思考题

1）新闻结构的逻辑性体现在哪里？

2）什么是倒金字塔结构，一般什么样的新闻会用倒金字塔结构写作？

3）什么是并列式构，一般什么样的新闻会用并列式结构写作？

4）华尔街日报体结构的优缺点是什么？

5）尝试阐述不同的新闻要用不同的结构写作的理由。

实践题

1）练习倒金字塔结构，并且熟练掌握这种最常用的新闻结构的写作方法。

2）尝试使用新闻叙事结构来写作一篇新闻作品。

10

新媒体新闻

教学目标

主要讲述新媒体新闻的内涵、特征和常见的几种新媒体新闻报道类型。通过本章学习，应达到以下目标：

● 了解新媒体新闻的概念、特征。

● 理解互联网消息、数据新闻、网络直播新闻、短视频新闻的基本特征、生产原则。

● 掌握常见的新媒体新闻生产技巧。

教学要求 ➡

知识要点	能力要求	相关知识
（1）新媒体新闻概念 （2）新媒体新闻特征	（1）通过学习掌握新媒体新闻的基础知识。 （2）掌握新媒体新闻的基本特征。	（1）新媒体。 （2）传统新闻特征。
（1）互联网消息 （2）数据新闻 （3）短视频新闻 （4）网络直播新闻	（1）掌握互联网消息的写作。 （2）掌握数据新闻的生产流程。 （3）掌握短视频新闻的生产技巧。 （4）掌握网络直播新闻的生产方法。	（1）倾倒的金字塔模型和钻石模型。 （2）数据新闻的处理和分析。 （3）短视频新闻的拍摄与编辑技巧。 （4）网络直播新闻分类。

新媒体新闻；互联网消息；数据新闻；短视频新闻；网络直播新闻。

10.1　新媒体新闻基础知识

网络信息技术的飞速发展，使新媒体逐渐成为信息传播的主力军。根据第47次《中国互联网发展状况统计报告》显示，截至2020年12月，中国网民规模达9.89亿，其中网络新闻用户规模达7.43亿，占网民整体的75.1%，而手机网络新闻用户规模达7.41亿，占手机网民的75.2%。新媒体的出现和发展，不仅对信息传播起到革命性的推动作用，还对人们的信息接收方式和生活观念有着不同程度的影响。在互联网时代，新媒体与新闻报道的联姻是时代发展的必然要求。

10.1.1　新媒体新闻概念

新媒体新闻是从传统媒体（报纸、广播、电视）新闻演变而来的，是一种全新的新闻形态。对于新媒体新闻的概念界定，学界尚未达成统一共识。综合来看，新媒体新闻是媒介技术迭代下的产物，是当代技术环境下的一种新闻新形态，它主要依托新媒体（门户网站、微博、微信、短视频、网络直播等）来进行报道与传播，可以为人们带来全方位、立体化、互动式的全新体验，是更适合和更贴近当前人们生活方式和阅读习惯的一种新闻形式。

10.1.2　新媒体新闻特征

新媒体具有与生俱来的数字化、交互性的基本特征。这些基本特征颠覆了传统媒体新闻生产、传播和反馈的模式，呈现出一系列全新的特点。

10.1.2.1　新闻生产：从单元走向泛社会化

传统媒体是点对点的大众传播，所谓"点"，就是一家新闻机构，以记者编辑即一群专业化的精英团队为核心群体来生产、传播新闻。记者编辑队伍无论多庞大，相对于受众毕竟是极少数，他们不可能遍布世界任何角落去寻找新闻。所以，新闻迟报、漏报是大概率的事情。而且报纸、电台、电视台的版面、时间有限，人人都想上报纸、电台、电视台是不可能的事。而互联网技术却赋予公众自由表达的权利，如果没有人为干扰的话，任何人可以在任何时间、任何地点向任何人发布任何信息。这就是人们所说的"互联网是人人有麦克风的时代"。这样一来，新闻生产就从单一的极少数精英专业化生产变成泛社会化生产。从繁华都市到穷乡僻壤，从人们日常生活到重大突发性事件都在互联网上——呈现。如今，全球重大突发性事件的最早报道者几乎都是亲历现场的网民，"记者还在路上，新闻已传遍全球"。

10.1.2.2 供给对象：大众化、小众化、个性化定制

新媒体具有交互性的典型特征，不仅可以实现点对面的传播，而且可以实现点对点、面对面的传播。正是基于这一技术优势，新媒体新闻不但可以是大众化传播，也可以是小众化传播。同时，用户可以个性化定制，主动选择自己所需要的新闻，定制界面风格。

10.1.2.3 表达方式：以视频为主的全媒体

新媒体具有数字化特征，从而打破了报纸、广播、电视等各媒介之间的壁垒，媒介融合得以在互联网上实现，即文字、图片、视频、音频能融合在一起，从而使传播得以立体化、全景化呈现。而近年来，视频化成为新媒体新闻的一大趋势，因为视频更能体现互联网新闻特征，更受用户的青睐。

10.1.2.4 产品呈现：从固态走向液化

传统媒体呈现给受众的新闻都是一次性定型的产品，即固化的、不可更改的。传统媒体虽也有追踪式报道，但追踪式报道的每一个阶段的新闻也是固化的，而新媒体上有很多新闻却是液化的。所谓液化，即随时变动的：新闻发布者在目击现场追踪事态进展而随时发布、随时补充、随时修正，实现了新闻发生与发布的零时差。

10.1.2.5 发布时空：零时差、零距离

零时差、零距离是信息传播的最佳状态。新媒体新闻可以达到这一理想状态。网络直播基本实现了这一美好愿景，而新媒体新闻中的VR（virtual reality，虚拟现实）和AR（augmented reality，增强现实）技术可以全方位再现新闻现场，让用户身临其境。

10.1.2.6 相互关系：互动的、兼容的

在新媒体中，信息传播不再有传者与受者之间的严格界限，传播方式也由单向传播演绎为双向甚至多向交流。所以用户可以对信息传播做出即时反馈，或评点，或质疑，或补充，或更正。新媒体新闻生产往往是传者与受者、专业生产者与业余

生产者合力完成的。

10.1.2.7 接收方式：碎片化

卡斯特在《网络社会的崛起》一书中指出互联网是"没有时间的时间"。在传统媒体时代，人们工作、生活的作息时间是相对固定的，比如上午八点上班，下午四点下班。而对于新媒体新闻而言，发布新闻和接收新闻都是随时随地发生的，尤其在移动互联网普及后，通过手机收阅新闻的行为，无时无刻不在进行中，吃饭、乘车、走路……人们随时都能收阅新闻。因而，在时间上呈现出明显的碎片化特征。这种碎片化阅读也带来了新闻内容的浅表化趋势和表达方式的视频化趋向。

10.2　新媒体新闻主要报道类型

每一种媒介都有其相对成熟且稳定的报道模式。虽然报纸、广播、电视在新闻报道上有许多相似体裁，但也有符合其媒介特性的专属体裁。比如报纸的客观性报道和解释性新闻，广播的短平快新闻和现场播报，电视的现场直播等，都逐步形成了一套适合自身媒介属性的典型新闻报道模式。作为依托数字技术、网络技术的新媒体，在媒介属性上也具有自己的专属特征，如数字化、交互性、虚拟性、超文本性等。经过多年的探索，在新闻体裁上逐步形成了互联网消息、数据新闻、网络直播新闻、短视频新闻等诸多适合新媒体表达的新闻报道模式。

10.2.1　互联网消息

互联网消息是新媒体新闻最基本的表现形式。在各类新媒体平台上，消息以简要的语言文字迅速传播新近发生的事实，通常以文字为主，常配有图片或视频。

10.2.1.1 互联网消息的特征

与传统消息相比，互联网消息具有以下三个特征。

（1）互联网消息随时发布、不断变动

互联网消息比传统消息的发布速度更快、时效要求更高。互联网技术的发展极大地提升了对新闻时效性的要求。传统媒体时代，由于报纸、广播、电视通常都有固定的出版周期或播出时间，受众习惯了"定时"接收信息。而随着新媒体尤其是手机媒体的兴起，网络传播的"实时""全时"替代了"定时"播出。

互联网消息是不断变动、不断补充的。传统消息的生产是"一次成型"，一经发布便无法改动。一些学者提出互联网时代新闻业呈现出"液态"的特征，表现在新闻内容上是指新闻的文本"没有被最终文本所装载，而是不断被再生的新闻内容"。互联网消息在发布后，可以随时修改、补充。而随着新闻事件的发展，关于该事件的更多消息持续发布，不断延伸着新闻事件的各个方面，互联网消息在变动中逐渐趋于完整、丰满。

（2）互联网消息具有强互动属性

一方面，在消息结构上，互联网消息具有传统消息欠缺的互动性：新闻链接使用户可以主动寻找所需信息，网民评论则使用户与媒体实现了实时交流，分享、转发等功能使用户可以进行新闻的二次传播。互联网消息打破了"传者—受者"的单向传播结构，用户与新闻媒体之间形成了一个"多节点、共生的即时信息传递之网"。

另一方面，在消息内容上，用户的行为可以反过来影响消息的内容。互联网消息的阅读量、点赞量、评论内容等信息可以反映内容的受欢迎程度和网友的好恶倾向，网民评论的内容可以为新闻记者的下一步调查方向提供线索，这些互动性的内容和数据反馈到新闻记者手里，会对后续报道的走向和侧重产生影响。

（3）超链接使互联网消息彼此相互关联

对于报纸来说，每篇消息基本上是相对独立的，由于版面和截稿时间的限制，记者需要用较短的篇幅呈现较多的内容，编辑要在众多稿件中选取最具新闻价值的内容展现给读者，并且需要用有限的稿件数量向读者告知更多的新闻事件。因此，在一份报纸中，除了重大事件外，很少会有多条消息报道同一事件。此外，消息与消息之间由不同的版面分隔开，相对处于独立的位置。

而互联网消息则截然不同。一方面，互联网的信息容量几乎是无限的。对于互联网消息来说，可以不考虑版面和时间限制而发布大量的消息，对同一事件可以发布多条不同角度、不同进度的消息，在消息内容上形成勾连；另一方面，互联网上超文本链接的广泛应用，使人们可以在两个不同的内容之间任意地建立联系，用户可以通过点击链接在不同的内容之间进行跳转，不同形式的新闻内容通过超文本链接互相联系在一起，使互联网消息在结构上成为非独立的个体。

10.2.1.2 互联网消息叙事规则

互联网消息一般不受版面限制，但时效性原则要求其体量必须短小、精炼。在互联网大大加速了新闻时效性和新闻生产的同时，海量信息也在一定程度上促使用户产生了碎片化的阅读习惯。为了适应这种阅读习惯，互联网消息必须用最简洁的语言说明最完整的事实。从具体操作上来说，正文的基本要求是开门见山，直奔主题，直截了当地说清楚事件的来龙去脉、前因后果，把报道事件的情况以最直接的方式呈现在用户面前。这是一篇互联网消息最基本的任务。

（1）先果后因，由近及远

消息写作应单刀直入，首先交代事件的结果，进而说明起因。对于用户来说，"先果后因"的写作方式能帮助他们迅速把握事件内容，激发阅读兴趣。例如，对2021年7月河南出现的强降雨事件，新华社公众号报道如下。

21日，记者从河南省委宣传部获悉，近日郑州出现罕见持续强降水天气过程，全市普降大暴雨、特大暴雨并引发洪灾。截至目前，洪灾已造成郑州市区12人死亡，当地已转移避险约10万人。

据了解，7月18日18时至21日0时，郑州全市普降大暴雨、特大暴雨，累积平均降水量449毫米，73站（占比约38%）累积降水量超过500毫米，最大新密白寨875毫米，郑州市的郑州、登封、新密、荥阳、巩义五站日降水量超过有气象记录以来极值，20日16时—17时郑州本站降雨量达201.9毫米，超过我国陆地小时降雨量极值。

………

受强降水影响，郑州市多条河流水位持续上涨并出现险情，多座水库超汛限水位，市区及周边县区受灾严重。7月20日16时30分起，郑州市防汛抗旱指挥部已将防汛Ⅱ级应急响应提升至Ⅰ级。

当前，河南省内受强降水影响地市正全力组织抢险救灾工作。在平顶山市鲁山县，为应对强降水天气，该县组织防汛队伍2.2万人，指挥部成员单位组建了1000人的防汛抢险突击队，储备编织袋22万余条、铅丝10吨、冲锋舟4艘、救生衣1200余件。目前，鲁山县已启动防汛Ⅳ级应急响应，组织党员干部全力进行抢险救灾。

张宁表示，预计此次强降水将持续到21日夜里，强降水集中区域仍是豫西北和豫中一带，降水量能够达到100到250毫米，局部300到400毫米。22日至26日，河南省无明显大范围强降水天气，省内多分散性的雷雨天气。

这篇报道采用了"先果后因"的叙事方式，首先交代了暴雨造成的结果，"洪灾已造成郑州市区12人死亡，当地已转移避险约10万人"，继而又提供了新闻的背景资料，说明原因及救援进展情况。对于灾难报道来说，人员有无伤亡是读者最想了解的信息，"先果后因"的叙事模式能清楚、简明地交代事件最重要的信息，吸引用户的注意力。

（2）从小到大，从实到虚

消息写作中一个常见的误区是宏大叙事过多，不接地气，读者没兴趣看。或者抽象概括过多，缺乏生动性、鲜活性。对于短小精悍的互联网消息来说，要使新闻具有吸引力，应该做到从小到大，首先用生动的细节来增强内容的可看性，吸引用户兴趣；其次才是对事件的概括性叙述，或是宏观的、理论的内容。

（3）以少胜多，以小见大

互联网消息写作的另一个误区是什么都想写，什么都写一点，什么都写不好。在一篇消息中过多地堆砌背景，罗列数据，使内容过多，最终导致篇幅冗长、主题不清。一篇好的互联网消息能够做到以小见大，以少胜多。一篇消息只把一件事情甚至一个片段、一个场景讲清楚就可以，选择最重要、最精彩、最能帮助读者了解新闻事实的内容，用最少的事例说明最多的问题。对于一个新闻事件来说，从一个点切入做到以小见大非常重要。选择适当的切口，不仅能够更好地表现事件的本质，而且能够带来更强的传播力。

10.2.1.3 互联网消息写作新模式

传统媒体新闻最常见的写作框架是"倒金字塔"模型，随着互联网的发展，新闻写作也出现了全新的框架。在互联网新闻中，记者可以在文字信息或其他多媒体（图片、音频、视频）之间建立超链接，新闻内容不仅可以以单篇稿件的形式呈现，不同的组件之间也能形成一个有机体，这带来了更复杂的新闻生产和写作方式，同时也给读者带来了全新的、即时的体验。

（1）"倾倒的金字塔"模型

在传统"倒金字塔"结构的新闻中，新闻价值的高低由记者来判断，新闻价值越高的内容会被放在越显眼的位置。在互联网由超链接组成的新闻系统中，新闻价值是由用户而非记者来决定的。用户可以自由点击自己认为有价值的链接，阅读自己想了解的内容。用户的这种行为表明，网络新闻写作必须要转变沿袭自传统媒体时代的生产范式。若昂·卡那维拉斯提出了一种"倾倒的金字塔"模型（图10-2-1）。它由以下四个层次组合而成。

第一，基础层。这部分需要交代新闻事件的四个关键要素：何事（What）、何时（When）、何人（Who）、何处（Where）。这一层次的消息可能是突发事件，而该突发事件之后的发展以及用户对这一事件的好奇程度决定了这一新闻是否会继续发展至后续的层次。

第二，解释层。这部分的新闻需要进一步说明事件的两个要素：为什么（Why）和如何（How），并且要补充事件的要点。

第三，情境层。这部分的内容要将新闻事件的情境具象化地呈现在用户面前，因此，除了文本之外还可以提供音频、视频、动画等多媒体形式，这部分内容将进一步回答之前的"5W+1H"，提供更丰富的信息。

第四，探索层。这一部分内容提供给信息需求度最高的用户，通常可以将新闻与相关的外部网站和数据库进行链接。

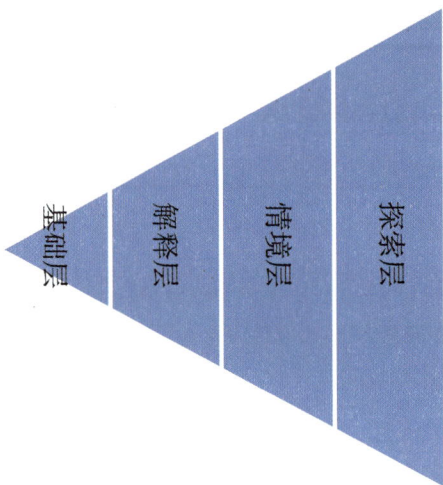

图10-2-1　新闻写作的"倾倒的金字塔"模型

（2）"钻石"模型

美国学者保罗·布拉德肖也提出了互联网时代"倒金字塔"模式的替代方案，即新闻的"钻石"模型（图10-2-2）。新媒体新闻报道既需要追求速度，同时也要追求深度，为了在这两者间达到平衡，就要改变传统的新闻生产流程，保罗·布拉德肖提出互联网时代的新闻永远是"未完成的"，新闻记者为了追求速度，要第一时间发出新闻快讯，然后不断地"迭代"，丰富、完善新闻事件的各个面向，从而不断使其成为更有深度的报道。这一"迭代"过程被称为新闻的"钻石"模型，具体来说包括以下七个步骤。

第一，快讯。只要记者或编辑意识到一件事情正在发生，就可以通过手机、电脑等方式发出快讯。那些订阅媒体的用户很快就能得到消息。

第二，草稿。对报纸或电视节目来说，新闻的草稿显得过于粗糙，却是完美的博客文章。发出快讯之后，记者可以贴出一篇包括新闻当事人、发生地和细节的草稿，一旦有新鲜的事实还可随时补充。

第三，文章/打包。在这个阶段，草稿已经成了一个生产价值更高的新闻产品，可以在网上发布，也可以刊载到报纸上，在电视节目里播放或者采用所有这些媒介形态。报道的发布时机则由报刊、广播或电视的生产流程来决定。

第四，分析/反思。在快速报道之后，记者应该进行分析，以增加新闻报道的深度。这可能意味着记者可以从网上的知情者、受到影响的相关者那里收集到一些即时反应，获取途径可以是网友的即时评论。

第五，背景。互联网的巨大空间可以容纳更多、更即时和更广泛的背景材料，依靠互联网的超文本结构，能够提供必要的背景资源入口，把可用的文件、组织和解释的链接集中起来供人浏览。

第六，互动。互动要求投资和准备，能够以其他媒体无法采用的方式进行并通知用户，还可以提供一个促使用户长期重复访问的"长尾"资源。

第七，定制。用户根据自己的需要定制信息。最基本的方式包括订阅微博、公众号、短视频账号等，允许用户补充和反馈信息。

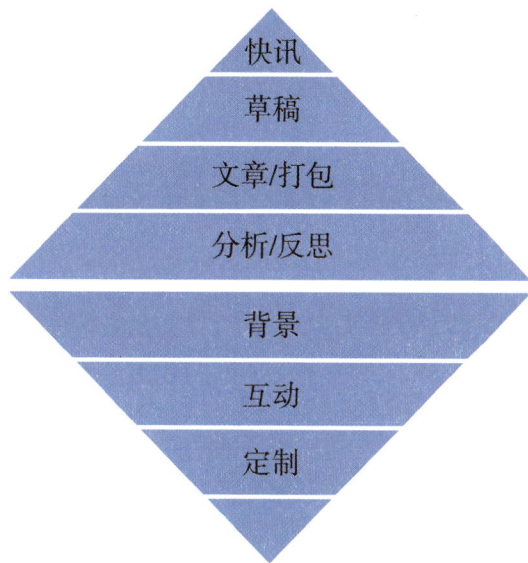

图10-2-2　新闻写作的"钻石"模型

10.2.2　数据新闻

数据新闻产生于大数据时代的新闻实践，是一种新的新闻报道类型。所谓数据新闻就是以海量数据为核心，以可视化作为主要呈现方式的一种新闻报道形式。近些年来，数据新闻在新闻报道中愈发普及。目前，我国数据新闻栏目比较成功的主要有财新的数据新闻可视化实验室、澎湃的"美术课"栏目、人民网的"图解新闻"栏目、新华网"数据新闻"栏目等。

10.2.2.1 数据新闻的特征

与传统新闻报道相比较，基于大数据分析的数据新闻报道具有更强的全面性，对新闻的说明更为精确，且能够对未来趋势进行预测。

（1）用数据呈现，报道更全面

传统新闻报道往往围绕事件展开，常用的方法是通过抓典型、找个案，力求以小见大，见微知著。因此，传统新闻报道的事件一般具有很强的典型性和重要性，但对于时间和空间跨度大的、具有全面性的情况的报道则较为缺乏。与传统新闻报道相反，数据新闻报道的一大特点在于，基于海量的数据可以更加全面地对事件进行报道。这种全面性主要体现在两个维度：在纵向上通过数据对事件发生的前因后果以及未来发展趋势进行更加全面的展现；在横向上将事件置于政治、经济、社会等宏观数据之中，从而展现事件与其发生的大背景之间的关系。

（2）用数据说话，更具精确性

数据新闻报道是用数据说话，这与一般新闻报道的呈现方式相比更为精确。在数据新闻的生产过程中，社会科学研究思维贯穿于数据获取、分析和可视化等各个环节。数据新闻生产的过程类似于社会科学研究，记者在获取可靠的数据后，通过寻找数据间的关联性，并对数据进行解释，得出相应的新闻报道。通过"数据—信息—知识"的进阶，使数据新闻报道能更加精确地反映现实世界。比如人民网推出的数据新闻《数读中国减贫奇迹》，以数据的形式呈现了自2012年到2019年全国贫困人口数量、扶贫投入、农民可支配收入等变化情况，用直观、生动的数据回答了为什么中国式扶贫是人类减贫史上的人间奇迹。（图10-2-3）

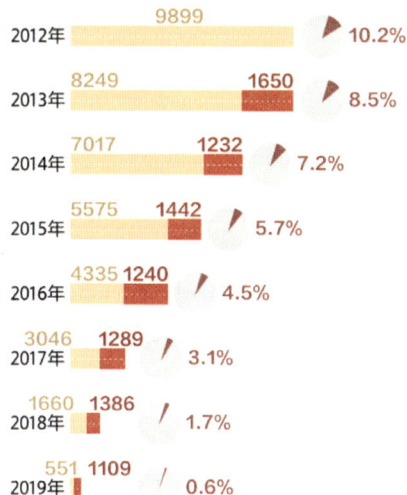

图10-2-3　人民网《数读中国减贫奇迹》报道的部分截图

（3）报道未来趋势

传统新闻报道是对已经发生或正在发生的事实的报道，而数据新闻不仅能反映现实，还可以借助数据预测未来。

10.2.2.2 数据新闻的生产环节

数据新闻生产流程开始于数据新闻的选题，结束于数据呈现、数据解读并完成新闻叙事，中间过程是对数据的整合处理，包括采集数据、清理数据、分析数据。

具体而言，数据新闻的生产步骤一般为确定选题—采集数据—清洗数据—分析数据—呈现解读数据（图10-2-4）。其中，确定选题主要是记者就新闻选题和可行性进行分析，确定选题是否具备新闻价值、是否能够获得相关数据、呈现效果如何、明确制作成本与时间以及其他因素等。采集数据、清洗数据和分析数据都属于数据处理的范畴，是记者在搜集到合适数据后将数据逐步浓缩成信息的过

第一步 • 确定选题

第二步 • 数据处理（采集数据—清洗数据—分析数据）

第三步 • 呈现解读数据

图10-2-4　数据新闻生产步骤示意图

程。该环节的核心就是让数据说话，这是传统新闻生产所不具备的环节。呈现解读数据指的是数据可视化以及运用文字等对数据进行相应的解释说明。

10.2.2.3 数据新闻的选题策划

选题是数据新闻生产的第一步，决定新闻的立意和走向。由于数据的介入，数据新闻在选题来源、论证等方面都与传统新闻不同。

数据新闻的选题一般有两种来源：一是基于新闻线索、热点话题和事件获得的选题；二是基于对数据库解读而出现的选题。

（1）基于新闻线索、热点话题和事件的选题

从社会热点或事件中寻找选题，围绕事件采集数据，并通过数据分析帮助记者寻找独特的报道角度，形成有说服力和深度的报道。比如第32届东京奥运会举办期间，奥运会成了众多媒体报道的对象，新华网结合奥运热点进行选题，采集数据，制作了《百年奥运　中国成绩》的数据新闻（图10-2-5），回溯了从1984年到2021年，中国夏季奥运获奖历程，通过数据揭示了我国体育产业的蓬勃之势，其新颖的报道角度，获得了不错的传播效果。

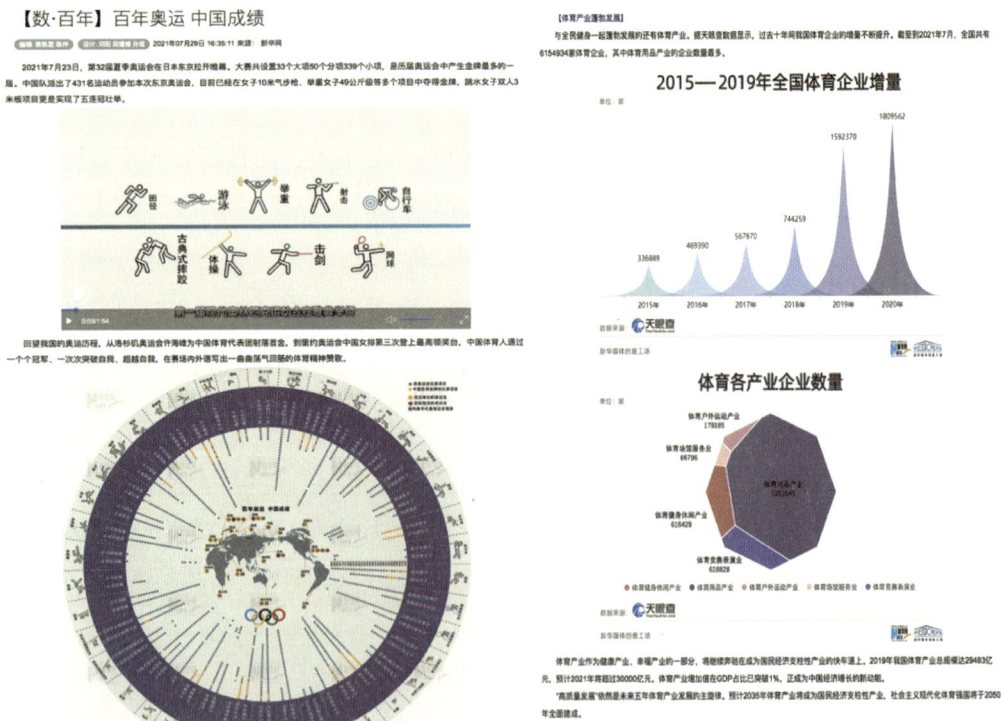

图10-2-5　《百年奥运　中国成绩》报道的部分截图

（2）基于对数据库解读的选题

记者从数据中发现具有新闻价值的选题，从而展开报道。这一选题来源的优势在于，通过数据分析发现的新闻点常常较为新颖，容易产生独家新闻。但是，该来源的难点是，面对大量纷乱复杂的数据，要找到有价值的新闻点困难重重，这对记者的专业素养和数据素养都是一个巨大的考验。

比如新华网2020年11月27日发布的数据新闻《前浪，后浪，冲浪——数看代际上网行为差异》。记者从中国社会科学院发布的《上网行为的代际差异》报告中挖掘数据，寻找选题。通过将"70后""80后""90后"在上网工具、网络交友、网络休闲娱乐频率、网络学习等方面的数据进行对比，全景呈现了三代人网络使用行为的代际差异。这就是典型的从数据中发现选题的方式。

10.2.2.4 数据新闻的数据处理

数据新闻制作的原材料是数据。在确定选题后就进入数据处理的环节。这个环节包括三个步骤：数据采集—数据清洗—数据分析。数据处理的过程就是将杂乱无章的数据逐渐结构化的过程。

（1）数据采集路径

1）网络搜索公开数据。互联网本身就是一个庞大的数据库，通过网络搜索公开数据是获取数据最方便也是最常用的方法。一般来说，以下三类网站较为常用。第一类是政府网站。通过政府网站可以获取权威和高质量的数据。目前，中央各部门机构、国务院各部委及地方下属政府机关的网站都提供相应的数据资源。第二类是非政府机构网站，包括政府间组织网站、企业网站、商业门户网站、媒体网站等。第三类是个人网站，主要是个人建立的网站和社交媒体，涉及个人报道时较为常用。

2）人工检索纸质材料。虽然越来越多的印刷资源走向数字化，但还有不少数据仍以纸质形式存在，如图书、报刊、历史档案等。因此，纸质材料仍然是获取数据的途径之一。

3）依法获取未公开或购买数据。未公开的数据可以在征得数据拥有者同意的情况下获取，主要途径有两种：一是依法向政府部门申请信息公开。2014年8月，美国密苏里州弗格森小镇，18岁的黑人青年迈克尔·布朗，在未携带武器的情况下被当地白人警察射杀，当地媒体《圣路易斯邮报速递》就通过警方获取信息，对事件前后的录音予以公布，从而揭开了事件的真相。二是通过商业合作向专业机构购买。互联网技术公司、电子商务公司是最先认识到数据商业价值的机构，它们通过提供服务和强大的技术能力获得了海量的数据。另外，还有一些专业数据运营公司同样构建了庞大的数据库。数据新闻媒体可以考虑与上述机构合作或向上述机构购买数据。

4）自主采集第一手数据。网络挖掘数据简单快捷，但得到的数据大多是二手数据，不但准确度难以保证，有时也无法完全契合数据新闻对数据的要求。因此，很多媒体也会通过访谈、问卷调查、深度访谈等方式获取一手数据。在系列报道中，数据的获取有两个渠道：一是已经公开的信息；另一个渠道是通过采访获得数据。例如，《1.7万亿元彩票资金去哪儿了？》中的大量数据就是依靠记者的采访获取的。

（2）数据清洗步骤

一般情况下，在完成数据采集后还要对数据进行清洗，数据清洗主要包括数据格式转换和去除"脏数据"两个步骤。

1）数据格式转换。数据的格式多种多样，可以是文本、数字、模型、多媒体、软件语言或其他特定形式。数据新闻的数据分析往往面对的是海量的数据，因此，数据分析往往通过计算机进行。而计算机进行数据分析的前提是要将格式各不相同的数据转换到计算机可以读取的格式，因此，在数据分析前，要将采集到的数据转换成计算机能够读取和处理的格式。

当前，常见的数据格式转换软件有Tabula、PDFtotext、Cometdocs、Zamzar、OCR文字识别软件等。

2）去除"脏数据"。原始数据不一定都是"好"数据，可能存在数据值缺失、记录重复、错误等情况，用这样的数据进行分析会得出错误的结论。因此，在进行数据分析之前，一个重要的步骤就是清洗"脏数据"。在实践中，"脏数据"主要表现为数据值缺失、数据记录重复、数据记录错误、数据不一致、数据异常等。这是一个反复检查的过程，在数据新闻生产中往往会有一半时间花在这项工作上，使用合适的工具可以提高工作效率。目前，常用工具有Excel、Openrefine、Date Wrangle等。

（3）数据分析方法

数据分析是实现由数据到新闻信息的关键一步，其目的是挖掘出新的内容和意义，从数据中发现新闻点。数据新闻的数据分析是以新闻价值为指导的分析。一般来说，常常使用以下几种方法。

验证假设。在数据分析前，面对抽象的数据，有经验的记者会凭借其数据素养和新闻素养，对数据进行猜想和假设。这些假设往往引导记者有侧重地进行数据分析，对假设加以验证或推翻。

数据对比。单一的数据缺乏价值，只有在数据间建立逻辑关系才能产生意义并找到新闻点。其中，展开数据对比就是一个很好的方法。举例来说，曾获得全球数据新闻奖的作品《"傻瓜"的艺术品市场》，记者让·阿比亚特西在用数据发现故事时巧妙地运用了数据对比的方式。通过对320件艺术作品的信息进行梳理，发现只有一件是女艺术家的作品，这当中的性别对比反差强烈。由此，记者通过对比找到了故事——艺术是男性主导的行业。

趋势分析。只有变化的数据才有意义。通过关联过去与现在的数据寻找新闻点。从本质上来说，趋势分析就是通过寻找时间轴上的数据关联以发现数据变化规律，进而找到新闻点。比如，上文提到的数据新闻《数读中国减贫奇迹》，就是通过对2012到2019年八年的贫困数据对比，寻找到扶贫奇迹的新闻报道角度。

10.2.2.5 数据新闻可视化解读

在数据新闻生产过程中，完成数据处理后，要将处理结果进行可视化呈现，运用文字、图表等多种形式，对数据进行解读，将晦涩难懂的数据转化为简明直观的图表和文字。

（1）常见的呈现方式

数据可视化的呈现方式主要可以分为静态与动态两个类型。静态可视化是静止的可视化图形，由静态的视觉要素构成；而动态可视化则由动态的视觉要素构成。对于记者来说，选择何种呈现方式主要取决于数据的构成和可视化的目标。若数据之间的关系简洁明确，则可以使用静态数据；在数据容量较大或数据层次较多的情况下，则比较适合采用动态的可视化方式。

（2）可视化解读的核心：可视化与文字的组合

数据可视化生成的信息图表不仅呈现了数据分析的结果，还能协助用户解读数据表达的观点。但是图表可视化也有其弱点，比如，单个图表、图表与图表之间是平行关系，难以形成叙事逻辑，让用户理解可视化背后的新闻含义。仅仅有图表，没有文字解释，就会缺少叙事主干，影响用户阅读和理解新闻。因此，数据新闻对数据的解读，既需要直观、简洁的图表来呈现复杂、多元的数据，同时也要通过标题和正文的文字论述引导用户更好地理解数据。

10.2.3 短视频新闻

伴随移动互联网的普及和短视频行业的蓬勃发展，短视频新闻已经成为当下新闻报道的一种重要方式，一方面，资本加快布局各种新闻资讯类短视频平台，纷纷抢滩行业制高点；另一方面，传统新闻媒体也试水短视频新闻内容市场，希望借此实现自身的互联网转型，提高传播力。随着越来越多的资本和组织的加入，短视频新闻影响力不断扩大、竞争日趋激烈。

10.2.3.1 短视频新闻特征

总体而言，当前短视频新闻主要呈现出专业化、品牌化、多元化和智能化四大特征。

（1）专业化

对于短视频新闻来说，只有高质量的原创内容才是短视频新闻的核心竞争力。纵观当前短视频新闻行业，几乎所有有影响力的短视频新闻机构背后都有专业新闻机构的影子。比如，"我们视频"是《新京报》创办的短视频产品；"梨视频"新闻的创办者邱兵是一位资深的新闻人，在创办"梨视频"之前，他曾在《文汇报》工作13年，在《东方早报》工作12年，在澎湃新闻网工作2年，并且曾担任过东方早报社社长和澎湃新闻的CEO。可以说，正是在这些专业的新闻机构和资深新闻人的运作下，短视频新闻才能在短时间内迅速崛起，生产出大量具有社会影响力的新闻作品。

（2）品牌化

互联网内容市场竞争激烈，短视频新闻机构要想获得长期稳定的发展。就不能仅满足于一两个爆款产品的打造，而应该根据用户需求和自身条件细分市场，明确自身产品定位，打造有持续影响力的品牌化栏目，以此来提高核心竞争力。

例如，大众报业集团的新闻客户端海报新闻，就有一个特色品牌栏目——"暖心闻"。该栏目聚焦生活中的普通人、百姓事，通过对社会道德伦理的报道，挖掘生活中的人性之美，用有温度的新闻打动人心，取得了不错的传播效果。

品牌化栏目的成功运营有助于短视频新闻平台深耕某一细分领域，从而打造出独具特色的拳头产品。同时，在短视频新闻运作模式不断成熟的过程中，品牌化的栏目还有利于提高新闻作品的生产效率和质量，增加用户黏性。

（3）多元化

短视频新闻的多元化主要表现在生产机构的多元化、生产主体的多元化及传播平台的多元化三个方面。

首先，当前的短视频新闻生产机构呈现多元化特点，具体可以分为三类。一是传统媒体通过试水短视频新闻，推动自身转型。例如新京报的"我们视频"，从成立初期的几个人，到目前已成长为一个拥有100名专业采编人员的知名短视频品牌。央视、新华社、《人民日报》等中央级媒体也都上线了各自的短视频新闻产品或品牌，在进入市场后取得了不俗的成绩。二是本来就具有互联网基因的新闻机构也积极投身于短视频新闻创作中。比如，"澎湃新闻"原本就是上海报业集团打造的一个直接面向互联网的新闻品牌，随着短视频新闻的兴起，"澎湃新闻"也上线了自己的短视频频道"澎湃视频"。三是由资深媒体人自主创业的短视频新闻生产机构。例如，"梨视频"的创办者邱兵就是一位资深的新闻人。

其次，生产主体的多元化。短视频新闻的生产主体不仅包括专业新闻机构的记者、编辑，普通网民也是重要的新闻生产者。比如，梨视频的"众包"生产模式，让"用户参与生产"的口号变为了现实。普通网民只要经过简单的注册就可以成为梨视频的拍客，拍客可将所见所闻记录下来，上传平台。如果拍客的内容被梨视频成功采用，便可获得50～500元的基础稿费。这种众包模式使新闻生产实现了全民化，不仅大大降低了新闻机构的生产成本，还提高了新闻生产的效率。

再次，传播平台的多元化是指短视频新闻往往会同时在多个平台上发布，这与传统新闻只在特定媒体播出的特点形成鲜明对比。在互联网环境下，平台与内容之间的强关联度被打破，许多短视频新闻的生产机构都会在手机客户端、微信、微博、抖音等多个平台上发布自己的短视频新闻作品。

（4）智能化

在人工智能和大数据技术飞速发展的今天，每个机构都希望利用人工智能技术来提高自己的竞争力。在新闻生产领域，一些实力较为雄厚的新闻机构已经推出自己的机器写作系统，比如，新华社、今日头条、第一财经、腾讯、百度等都已研发出写稿机器人，借助人工智能技术快速实现稿件的编写和分发，大大提高了新闻生产的效率。

10.2.3.2 短视频新闻生产原则

短视频新闻与传统视频新闻之间有同属于视频新闻的相似之处，同时也因播放平台、视频时长等不同而具有独特之处。总体来说，短视频新闻生产应该遵循以下三个方面的原则。

（1）短小精悍

通常情况下，人们往往是在碎片化、移动化的环境下观看短视频新闻。因此，对短视频新闻来说，起承转合不是它的强项，短小精悍才是它的魅力所在。一般来说，一则短视频新闻的平均时长在60秒左右。在当前的实践中，绝大多数的短视频新闻的时长都在30～90秒。个别重大突发性事件，由于用户关注度较高，新闻的时长也稍长，但总体说来，60秒左右的时长对短视频新闻来说相对比较适宜。

"短"意味着高效和直观。短视频的这种技术特点决定了短视频新闻必须追求简洁明快的叙事风格，力争在最短的时间内将新闻事件的前因后果讲清楚，不铺排、不拖沓、不重复。同时，短视频在时长上有限制，这意味着必须在画面空间上做文章，在制作时要充分发挥画面的叙事功能，在保证画面语言清晰明了的同时，尽量传达更多的信息。

（2）真实现场

真实是新闻的生命，也是短视频新闻必须坚守的一个底线。对于视频新闻来说，活生生的新闻事件现场画面所带来的魅力，是其他任何传播形式都不具备的。视频新闻真实、直观，事发现场的环境特点、人物关系、前因后果等所有的信息都会被记录并呈现出来。视频新闻还具有很强的冲击力和感染力，使新闻所呈现的内容不仅有深度，而且有温度。但上述一切都依赖于一个最基本的原则，那就是所有的新闻画面必须是在现场真实拍摄的，既不允许对新闻现场的干扰和摆拍，更不能容忍蓄意的导演和造假。

对于一些突发性新闻来说，事发现场的画面能真实地记录事件的过程，准确地反映事件发生过程中的关键环节和细节，这种实拍现场画面带来的强烈震撼及社会影响往往是十分巨大的。比如，"我们视频"发布的短视频新闻——《宝马司机持刀追砍电动车主遭反杀》，这则新闻讲的是江苏昆山市街头一辆宝马轿车因强行变道与一辆电动车发生刮擦，双方争执时，宝马车内一男子拿出刀砍向骑车人，长刀不慎落地，骑车人捡起长刀反过来持刀追赶该男子，男子被砍伤倒在草丛中。这条新闻时长1分39秒，全部由现场监控和网民自拍素材剪辑而成。整个新闻画面真实地记录了持刀男子先是追砍他人、刀不慎掉落被骑车人拾起，然后又被砍伤的全过程。新闻发布后立即在网上引发热议，并登上微博头条，被央视、《北京青年报》等多家媒体相继跟进报道。这个短视频之所以能引起如此大的轰动，除了新闻中被杀害一方的行为触碰了社会正义的道德底线外，现场视频中他赤膊、文身、气势汹汹地手持长刀，这种霸道的姿态给网民内心带来的震撼也是相当剧烈的。

（3）要素齐全

短视频新闻虽然要短小精悍，但仍不能忽略事件、地点、人物等基本新闻要素。否则，缺失了上述基本的新闻要素，新闻的真实性就会遭到质疑，同时也会对用户理解新闻造成困难。在实际的新闻拍摄中，一些业余的拍客由于缺乏新闻专业训练，往往会把注意力集中到对现场画面的捕捉上，很容易忽略新闻当事人的身份信息和事发现场的时间、地点等一些基本信息，以及一些现场无法直接发现但与新闻事件具有重要关联的深度信息。因此，梨视频对拍客进行培训时，除了指导他们掌握基本的视频拍摄技术外，还注重培养他们的新闻素养，以此提高短视频新闻的质量。

10.2.3.3 短视频新闻的生产技巧

短视频新闻的特性决定了它的摄制与电视新闻有许多不同之处，拍摄、编辑等诸多环节皆是如此。

（1）短视频新闻的拍摄

与电视新闻一样，短视频新闻的拍摄环节决定了新闻的质量，高质量的拍摄可以减轻后期编辑的压力，同时也可以增强用户的视听感受。与电视新闻不同的是，短视频新闻的拍摄设备更加多样，技术更加灵活，内容要求也更强调主题鲜明和言简意赅。

1）拍摄技术要求。与电视新闻相同，短视频新闻也是以视频为主要表现形式，因而电视新闻拍摄的技术要求同样适用于短视频新闻，即拍摄时要做到稳、准、清、平、匀。稳指拍摄画面要保持稳定；准即画面构图准确、曝光正确、意义明确；清指拍摄时要保证焦点清晰、画面清楚；平指画面要保持平衡；匀则是拍摄运动镜头时尽量保持匀速运动，不要忽快忽慢。

除了稳、准、清、平、匀这五点传统的视频新闻拍摄技术要求外，短视频的拍摄还应当满足短小精悍的要求，既保证内容精致有料，又需要注意时长不宜过长，以免增加后期剪辑的负担。

与此同时，短视频新闻的拍摄还要尽量保证声音清晰，在保证画面符合拍摄意图的前提下，使拍摄设备尽量靠近声源，以保证收音的效果和质量。

2）拍摄内容要求。

真实性。正如前文所说，短视频新闻生产应遵循"真实现场"的原则。拍摄是短视频新闻生产的上游环节，尤其要对"真实现场"这一原则进行把关，同时要确保画面和声音的双重真实。为了确保视频画面的真实性，拍摄时要避免错位拍摄，拒绝摆拍，在视频画面中真实反映时间、地点、关键人物、事件发生过程，不虚构事实，也不夸大或忽略事实，避免误导用户。为了确保声音真实，在拍摄时要避开噪音源，尽量使用同期声和现场音。

主题性。短视频新闻短小精悍，拍摄应紧紧围绕主题展开。在拍摄时，要对想表达的主题有清晰认知，紧扣主题，开门见山，不要在拍摄中有过于冗长的背景镜头和过多的空镜头。

关键镜头不可缺失。所谓关键镜头，是指在新闻事件中反映事件冲突变化的核心画面或能触动观众情绪的细节画面。随着技术的发展，特定突发事件发生时的监控录像往往会被用来作为短视频新闻的关键镜头。在不违背法律法规和新闻伦理的前提下，这些镜头出现在短视频新闻中，不仅可以增强新闻可信度，更让观者对现场有更为直观的感受。例如，《重庆万州公交车坠江事件》的新闻报道，就使用了事故黑匣子的画面等，取得了良好的传播效果。

关键镜头在短视频新闻的拍摄中不可缺失。但是，一些新闻事件尤其是突发性新闻事件的发生往往很难预料，拍摄机会转瞬即逝。对这类新闻的拍摄应当提倡一个"抢"字，先拍得到，再拍得好，不要太苛求画面和声音的质量，也不要过分追求完整性。在具体实践中，不完美的画面本身就包含现场混乱、紧张的信息，把这些画面剪进新闻里，通常能更准确地向观众传达现场的真实氛围。例如，梨视频2021年6月15日的新闻《老人突发心脏病因大雨积水被困家中，消防员蹚水将其背出》，新闻讲述了南京大雨造成一小区严重积水，小区内有一64岁老人突发心脏病，得知消息的消防指战员前往老人家中，将老人救出。这条新闻的关键镜头应是消防员背起老人蹚过积水的画面，因此在58秒的新闻中，该画面就占据了2/3的时长，让观众对反映事件冲突变化的核心画面有整体感知。

（2）短视频新闻的编辑要素

在完成短视频新闻的拍摄后，相关人员要对各个组成要素进行编辑。在编辑过程中也要遵循一定的编辑原则。

1）标题。一般来说，短视频新闻的标题尽量控制在15字以内。标题应简明扼要地向用户交代清楚新闻所反映的核心内容，如人物、事件等。一个简洁清晰的标题可以使观众迅速了解短视频新闻的主题，满足互联网时代人们追求快速获取新闻讯息的需求。与此同时，短视频新闻的标题应当尽可能保持客观中立，契合短视频新闻的主题，要坚决杜绝杜撰、夸大、低俗化等"标题党"现象。梨视频运营总监刘立耘总结了短视频新闻标题的常规公式，即标题＝陈述内容事实＋片中精彩的引语，同时，还可以灵活运用数字、热门词汇等，增加标题的吸引力。

比如，梨视频的标题《11天卖300000斤！北方人硬核囤白菜》，这则标题巧妙运用了数字，迅速抓住观众的注意力。再如《快来看川普立了哪些flag》，标题中使用了网络热词"flag"，也达到了很好的传播效果。

2）片头、片尾。一般而言，短视频新闻长度在60秒左右。为了强化品牌形象，许多短视频机构会在正式的视频内容前后加上自制的片头和片尾。由于短视频新闻的总时长较短，所以，片头、片尾的时间也一定要短，不要占用太多的时长。一般来说，片头、片尾的时间总时长不应超过10秒。尤其是片头，要尽量短小，迅速切入全片最精髓的内容，以抓住观众的注意力。

与此同时，片头、片尾要个性化，能够突出短视频新闻生产机构的风格特色。例如，梨视频平台的视频片头、片尾以黄色为主基调，片头持续2秒左右，配有特定的音乐旋律，有时用户仅仅听到音乐旋律响起，便知道是在播放梨视频的新闻；片尾一般持续10秒左右，会播放其他短视频新闻的片花，吸引观众继续观看其他新闻。

总体而言，对短视频新闻机构来说，片头、片尾可以利用颜色、图标等特定的符号来凸显自身的风格，从而强化品牌效应。一些短视频机构还专门设计不同的片头、片尾来细分不同类型的短视频新闻，如社会新闻、时政新闻、国际新闻、娱乐新闻等。

3）画面。短视频新闻编辑的核心工作是对视频画面进行编辑。在编辑时，为了符合短小精悍的呈现原则，应注意去除原素材中冗长的镜头，保留关键画面。在保证客观真实的前提下，对画面明暗、构图做适当调整，使画面简单明了，亮点突出。如在全景镜头中存在多个视觉主体时，应当采用一些编辑手段将重要的新闻元素突出，例如，放大画面或利用指示符号进行动态跟踪等。此外，还应当在编辑时删除暴力血腥画面，并对可能造成隐私暴露问题的信息进行打码处理等。

4）字幕。相较于传统的电视新闻，短视频新闻的字幕具有非常重要的意义。由于用户往往是在碎片化的时间里观看短视频新闻，其观看环境可能安静，也可能嘈杂，可能适合播放声音，也可能需要静音。因此，短视频新闻一般主要依靠字幕而非声音对新闻进行解说。一般来说，短视频新闻通过"画面＋字幕"的组合就能让用户完全理解整条新闻的内容。

短视频新闻使用的字幕主要包括描述性字幕、解释性字幕和对话字幕等。其中，描述性字幕一般位于画面的边角位置，用来协助说明事件发生的具体时间、地点、人物身份等；解释性字幕则多用于视频段落的衔接，有利于让读者更清晰地了解事件发生的前因后果、背景资料等，其字数不宜过多；对话字幕多位于视频画面的下方，常见于有旁白或有采访片段的短视频新闻。如梨视频新闻《最帅一幕！株洲防疫民警冒雨蹚水背出受困老人：救人本能所在》，左下角的字幕为描述性文字和解释性字幕，交代新闻发生的地点、关键信息等，帮助用户快速获取新闻的核心内容。画面下方是事件当事人——民警方园的同期声字幕，起到弥补视听信息的作用（图10-2-6）。这些字幕与画面一起，共同完成整条新闻的传播。

图10-2-6 《最帅一幕！株洲防疫民警冒雨蹚水背出受困老人：救人本能所在》视频截图

5）声音。短视频新闻的声音包括同期声、解说、对白、旁白、音乐、音响等。在进行编辑时，要注意这些声音类型不是都要出现在同一视频里，而是要在使用时有所取舍。

一般来说，同期声即素材原声，具有很强的表现力，使用同期声有助于观者更好地感受事件现场氛围，因此，在有同期声的情况下，应当尽量使用同期声，必要时可适当对同期声进行降噪处理；旁白及解说词可以帮助读者更好地理解新闻事件，旁白一般会与同期声夹杂使用，以获得更好的视听效果；背景音乐在短视频新闻中并非是必需的，一般来说，需要根据新闻的内容酌情挑选合适的背景音乐，在既无旁白亦无同期声的短视频新闻中，适当的背景音乐能够渲染新闻氛围，调动观者情绪，更容易使观者对新闻产生共鸣；对白在短视频新闻中多以采访的同期声的形式出现。

10.2.4 网络直播新闻

网络直播因其直观、即时、互动性强的特点而广受用户追捧，成为近年来十分流行的传播形式。无论是传统媒体还是新兴媒体，都希望借助网络直播在互联网上争夺市场和用户，融合多种报道形式的网络直播新闻应运而生。所谓网络直播新闻主要指使用移动终端收看，借助互联网技术进行融媒体（集文字、图片、视频、音频等形式于一体）现场直播的新闻播出方式。

10.2.4.1 网络直播新闻的特征

与传统电视新闻直播相比，网络新闻直播具有以下四个方面的特征。

（1）灵活性强

与电视直播新闻相比，网络直播新闻没有播出时间的限制，可以随时开启，随时停播。以澎湃新闻的《复兴号高铁京沪首发》直播为例，高铁首发运行时长约4小时，但传统电视台的直播往往是早间或午间新闻的一档不超过5分钟的视频连线，而网络直播新闻就没有这种限制，澎湃新闻的直播同时呈现了北京、上海两地记者搭乘首发列车的全程，节目时长超过6小时。这种时间长、内容多、路线广的新闻报道只有网络直播新闻才可以做到。再如，2020年疫情期间，中央电视台通过央视频平台，全程不间断地直播了武汉火神山医院、雷神山医院的建设、施工情况，网友可以随时随地进入直播，进行"云监工"，其灵活性是传统电视直播无法比拟的。

（2）互动性强

电视新闻直播大多没有互动环节，即便有，也受到很多因素限制，其互动绝大多数只是一种形式上的互动，仅限于演播室里的主持人与现场嘉宾之间，互动范围十分有限。而在网络新闻直播中，网友可以实时对内容进行点赞、留言，还能与同时观看直播的其他网友进行互动，甚至可以和主播持续对话。比如，2021年8月18日，四川观察《关注四川多地暴雨 直击乐山洪峰过境》的直播，14.8万人同时在线收看，网友在评论区不停留言，参与互动。（图10-2-7）

图10-2-7 抖音账号"四川观察"直播截图

（3）重播功能强

传统电视直播新闻因为时长有限，再精彩的新闻也无法提供全过程的重播，最多只能剪辑出中的精彩片段，加工后在短讯中呈现。网络直播新闻拥有视频留存功能，用户可以随时随地观看重播，自由度较高。但目前，很多直播平台的重播功能还不完善，只有少数几个新闻平台可以提供历史直播的回放查询，而且这些平台通常仅能查阅一年内的直播内容。例如，《人民日报》App的直播回放仅能回看最近的四场直播。提供回放的网站也只能再现视频内容，网友即时发送的评论则无法呈现。其主要原因是，新闻网站每天都会提供大量的视频直播，而视频文件较大，以目前的技术手段还不能解决保存成本的问题。因此，回看仍受到一定限制。

10.2.4.2 网络直播新闻的生产

按照直播内容进行划分，可将网络直播新闻分为仪式性活动的直播、突发性新闻的直播、调查性新闻的直播，不同类型的网络直播新闻在生产过程中的方法也各不相同。

（1）仪式性活动的网络直播

仪式性活动的网络直播，如"两会""国庆阅兵"以及体育赛事等，在电视直播时代是最适合直播的题材，这类活动的特点是事件发生的时间、地点都比较明确，有充分的时间对直播内容进行预先准备。在实际操作中，要注意以下三个方面。

第一，为确保直播顺利进行，要预先进行周密的测试和演练。例如，2016年全国"两会"召开期间，《新京报》进行了持续16天，累计98.5小时的直播报道。在这次报道前，《新京报》预先利用北京市"两会"、春运摩托车大军返乡来做准备，测试设备、后台编导、直播软件和信号传输。通过这两次演练，《新京报》获得了设备条件和风险把控两方面的提升，为2016年全国"两会"的网络直播做好了充分准备。

第二，仪式性活动的网络新闻直播要注意直播场景的典型化。网络直播新闻的场景切换有限，这是直播本身的特点决定的，无法像录播一样将不同的场景、人物在有限的节目时长中通过剪辑进行呈现。目前，网络直播新闻虽然有在不同场景之间切换的直播尝试，但是总体来说新闻生产场景是有限的。为了将有限的场景进行最大程度的挖掘，提前策划设计是必不可少的。为充分展现新闻现场中的人、事、物，必须选取典型场景，设计"可见发生"，增强新闻的真实性、接近性、趣味性等。

第三，鼓励用户、业余主播共同参与仪式性活动的网络直播，从而在直播网站上形成系列报道，以提升新闻事件本身的影响力。例如，上海召开进博会，除东方卫视进行了电视直播报道外，多个网络视频平台都参与了报道。人民网打造了"进博外传""细说进博"等多款新媒体栏目；抖音提前对进博会进行预热，设置了"相约上海进博会"等话题，鼓励用户上传与进博会相关的作品。多用户参与使进博会获得了全网7725万浏览量，转评赞达376.2万。

（2）突发性新闻的网络直播

突发性新闻一般指突然发生的事故、灾难、犯罪等事件。这类新闻对直播者的洞察力和应变能力要求较高，而对硬件条件，如画面清晰度等则不做过多要求。在具体操作中主要包括以下三个要点。

第一，时效性。突发性新闻的网络直播对时效性要求最高。传统突发新闻的报道是现场采访记者将采访内容传至后方，由后方记者发布报道。对网络直播新闻记者来说，记者必须随身携带直播设备，根据用户的关注点，实时将用户最关注的内容以直播的方式传播出去。公民网络直播的发展，使普通用户也拥有了媒介话语权，甚至在一些突发性新闻事件中起着"第一现场"的作用，大大增强了新闻报道的实效性。而且，同一事件可能存在多个直播者，他们以不同视角对事件进行报道，可以最大限度地还原现场。

第二，关注动态信息和静态信息的处理。网络直播直接记录了现场状况，可能遇到复杂、多变的情形，出现不适宜的画面，如带有血腥、恐怖、侵犯他人隐私的画面，但通过对动态、静态信息的处理，可以尽量避免，保证直播效果。

例如，在澎湃新闻《江苏启东海域浅滩发现座头鲸，三次搁浅三次救援》的报道中，当地民警和渔民在救援时一起挖坑引海水，座头鲸死亡后民警又跟渔民一起用吊车运送座头鲸尸体。现场画面以动态为主，同期声丰富，当出现静止画面，比如座头鲸静躺不动、救援陷入僵局时，记者借机向观众普及背景知识，回溯对渔民的采访、海洋专家的判断等。这种对动态和静态信息的处理使整个新闻直播的内容更加丰富多样。

第三，后台编辑要全力配合直播，与前方形成合力。对于突发性新闻，万全的准备是很难的，这就需要后台编辑及时、有效地补充信息给前线记者和直播观众。尤其是某些灾难事件因为特别受关注，后台编辑团队要及时对网络上的一些不实言论进行汇总，以便前线者在直播中有针对性地进行回应。例如，在北京7.21暴雨事件中，《新京报》对暴雨的报道就收集、核查了网络上的各种传言，在直播中准确地进行了信息辟谣的工作。而这些信息搜集和核查工作主要由后台编辑团队来实现，前线记者主要负责将观众最关心的问题形象地报道出来。

（3）调查性新闻的直播

调查性网络新闻直播即对某一话题进行调查，将调查全过程展示给观众的新闻直播，既包括对新闻现场的记录，同时也会涉及对现场人物的随机采访。在进行调查性网络新闻直播时应注意以下三个方面。

第一，调查性网络直播最适合民生议题，选题往往需要贴合当下的热点。例如，梨视频在"十一"黄金周期间，针对当时的旅游热，推出了"黄金周旅游城市的东西有没有提价""济州岛实测　中国人点菜价更高""游客不识习俗　泰国庙前常争执"等一系列网络直播新闻，引发了网友的关注。

第二，调查性网络直播必定含有采访环节，寻找合适的采访对象和采访时机十分关键。例如澎湃新闻《澎湃中国年，直击Z112列车上的春节归家旅程》的列车直播，在列车经过琼州海峡时被拆分成四段运输，直播记者采访了乘务员，请乘务员解释列车具体要如何渡海。在广州、赣州、阜阳更换机头时，记者也采访了铁路工作人员，了解列车更换机头的原因。在直播间的图文主持区域还配套用图文形式进行了说明，方便观众随时了解情况。

第三，调查性网络直播可以发掘网友互动里的线索，及时调整直播内容，增加互动感。例如，在《澎湃中国年，直击Z112列车上的春节归家旅程》直播期间，评论区有人留言说"我老公就是这趟列车的驾驶员，很骄傲自己是名铁路职工家属"。直播记者注意到之后，立刻寻找到了这位评论者的丈夫——倪九龙，并对他进行了采访。倪九龙在采访里表达了"舍小家，保大家"的高尚铁路精神，听说妻子一直在关注直播，便借由直播表达了对妻子理解自己工作的感谢之情，他的妻子也在评论区留言进行了回应，取得了不错的传播效果。

本章小结

　　网络信息技术的飞速发展，使新媒体逐渐成为信息传播的主力军。本章主要围绕新媒体新闻的基础知识，探讨了几种常见的新媒体新闻报道类型，并对其生产机制和报道技巧进行了归纳和总结。

课后习题 ➡

思考题

1）新媒体新闻是什么？

2）与传统新闻相比，新媒体新闻有哪些特征？

3）常见的新媒体新闻报道类型有哪些？

4）互联网消息写作模式有哪些?

5）数据新闻的生产流程是什么? 有哪些生产技巧?

6）短视频新闻生产技巧有哪些?

7）按直播内容划分、网络直播新闻分为哪些类型? 具体的报道技巧有哪些?

实践题

从新闻实操层面，结合学校热点事件，制作一条短视频新闻。

11

新闻写作技巧

主要讲述新闻写作中的基本技巧和写作语言。通过本章学习，应达到以下目标：

- 掌握新闻语言的特点。
- 熟悉新闻语言的风格和分类。
- 理解并实践写作新闻语言和新闻作品。

教学要求 ➡

知识要点	能力要求	相关知识
新闻语言特点	（1）理解新闻语言的特点和难点。 （2）熟悉几种类型的新闻语言。	（1）新闻语言的逻辑。 （2）新闻语言的特点。 （3）新闻语言的节奏。
新闻语言练习	（1）阅读新闻作品和分析。 （2）写作练习。	（1）对新闻作品语言的了解。 （2）实际使用新闻语言写作的能力。

基本概念 ➡

新闻语言；写作风格；量化词；形容词；具体；客观。

11.1　新闻的写作技巧综述

新闻语言区别于其他的写作语言，是专门指适合新闻报道要求、体现新闻特性的语言，是新闻写作的规范化语言。新闻语言区别于文学、评论等语言，更与政治、法律、经济等专业语言不同，是有其鲜明个性的一种语言。

新闻语言基本特征可概括为简洁、准确、通俗。简洁，即用最经济的文字，表达最丰富的内涵，以适应新闻报道篇幅短小、时效性强的特点。准确，即符合客观事物的本来面目，在程度、分寸上把握得当，不夸大，亦不缩小。通俗但不粗俗。

新闻语言的构成，简括地说，它着眼于人们对事实的实用关系，以事务语言的精炼、准确、严谨为基础，又从文学语言和评论语言中适当采取富有感情和哲理的成分，特别是从既通俗又生动的群众语言中吸取营养，经融合多种语言成分而形成相对独立的新闻语言。新闻语言质朴无华而有丰富的表现力，它与新闻的广泛传播相适应，为现代社会所通用。

新闻和文学一样，有自己的语言体系。新闻语言既有普通语言的共性，也有自身行业语言的个性，既要遵循一般语言表达的基本原则，也要考虑到新闻语言表达的特殊性，实现共性和个性的有机统一。用新闻语言来传播政策、记录时代，是为了让更多人阅读信息、接收信息，充分发挥新闻的舆论引导功能。所以，新闻传播范围有多大，受众人数有多少，是衡量一篇新闻报道质量和社会效益的重要指标。

新闻受众来自社会各个层面，文化程度各不相同。新闻语言必须通俗易懂，才能符合贴近实际、贴近生活、贴近群众的基本要求。

新闻语言主要是由事务语言孕育发展而成。自古以来，处理国家事务或重要的个人集团事务所使用的语言，经历了长期的社会实践，具有精炼、准确、严密的优点。尤其是处理国家事务的语言（或称政务语言），政策性极强，爱憎观念明显，有些行文本身就是指令，稍有疏漏就会"差之毫厘，失之千里"。有时，词语略加改动，大事即被化小，坏事就变成好事。如清朝曾国藩镇压太平军屡吃败仗，其幕僚起草的奏文写"屡战屡败"，曾国藩改成"屡败屡战"，文意截然不同了。可见文件的书写，历来注重遣词达意准确、严谨，并求言简意赅、主题突出。事务语言的这种精华部分引进新闻语言之中，对于准确无误地表示新闻事实是极为重要的。

11.1.1　几种常见的新闻语言风格

11.1.1.1　硬新闻新闻语言

"硬新闻"是新闻学界的一个专业名词，《新闻学大辞典》把硬新闻定义为：题材较为严肃，着重于思想性、指导性和知识性的政治、经济、科技新闻。对传统主流媒体而言，硬新闻往往占据整个新闻报道内容的部分，可以说是媒体的立身之本。

硬新闻具有时效性强、文笔庄重、内容严肃等特点。在表达方式上，格式固定，形式单一，多以纯文字、文配图、音视频播报的形式呈现，在语言风格上也没有过多的细节描写和故事场景，往往以宣传党和政府的中心工作为主，有明确的舆论导向。因其政治性强，涉及宏观政策，所以新闻语言偏向专业术语化，遣词造句严谨但是古板，内容信息含量大但是偏冗长，语气冰凉刻板，往往让读者感觉有些生硬。尽管很多读者对这类新闻颇有微词，但是作为"官宣"，可以为人们的工作生活决策提供重要依据，所以硬新闻还是很有市场的。

在当今融媒体时代，硬新闻往往不能吸引读者、打动读者，应合理运用网络语言，让硬新闻软化，得到更多受众的欢迎和喜爱。如除了常见的"图文+音视频"的融媒体新闻报道形式外，短视频、H5、vlog等现代传播表达形式的广泛应用，让硬新闻报道的维度得到灵活伸展。如何改变硬新闻的新闻语言，让读者乐意看、看得懂，是当前新闻工作者应该思考的问题。

11.1.1.2　软新闻新闻语言

"软新闻"并不能算是一个定义明确的名词，一般是与硬新闻对比对照时才提出的概念。通常软新闻的新闻题材是人情味较浓的社会新闻，包括社会花边新闻、娱乐新闻、体育新闻、服务性新闻等。软新闻在形式上通俗，注重趣味性。

从新闻学的定义划分看，硬新闻和软新闻已经基本实现了对新闻的涵盖，包含了常见新闻的各种形式和内容。但在具体操作中，由于新闻的语言的渐变，使得这两个概念从语言风格上就是渐变的，而并非非此即彼的。从新闻的阅读习惯看，软新闻的题材丰富，可读性也较强。

新闻语言当然不能机械地以"硬"或者"软"来界定。但是一些新闻语言随着事态的变化而出现的渐变，慢慢会变成一种质变。网络化时代，硬新闻和软新闻的新闻语言不能对立看待，而是在形成一种互换或者转化关系之后，变得难以预见也显得更加多元。一般性的政治、经济、科技新闻是硬新闻，但使用软新闻的语言进行表述的时候，反而可以转化为软新闻。

软新闻的新闻语言，通过报道形式的改进，增强新闻的亲和力，比传统的硬新闻写作方式更容易被人接受。同时通过挖掘软新闻背后具有的警示意义，按照贴近群众、贴近实际、贴近生活的原则，跳出旧的模式和套路，着力在新闻与受众之间寻找"共振点"，引发受众心理和情感上的共鸣。

11.1.2 新闻语言的基本要求

11.1.2.1 新闻语言呈现出的客观性

新闻所报道的事实是客观存在的，用来陈述、表达事实的新闻语言的特色之一就是选词造句的客观性。诚然，一个记者，对客观的事实总有爱憎褒贬之别，在语言的运用上难免增加了主观的感情色彩，但为了使新闻受众把握事实的本位信息，仍然不能不受词语客观性的制约，消息报道更是如此。

新闻语言的客观性并不是否认新闻具有一定的倾向性，恰恰相反，客观的语言正是为新闻传播的主观意图服务的。毋庸讳言，新闻传播媒介代表一定的阶级或社会集团的立场和利益，它所传播的新闻往往带有某种倾向性，而表现倾向性的基础是客观事实，只有客观地再现事实的本来面目，才能适应受众心理，进而收到预期的传播效应。因此，新闻语言的主旨功能在于表达客观事实，而主观认识和感情的强烈外露，势必干扰读者（听众、观众）对事实原貌的了解和把握。

新闻语言的客观特色，通常表现在：

（1）使用中性词汇

中性词并不直露记者的感情，褒贬词则明显表现爱憎倾向。新闻的写作，特别是消息写作，一般多用中性词，少用褒贬词，以求客观地叙述事实，并通过事实的报道去影响受众。

请看下面这条消息的语言运用。

（新华社上海2月12日电）这几天上海街头积雪不化，春寒料峭，最低温度下降到零下7.4摄氏度，上海人遇到了有气象记载的80多年来罕见的严寒。10日和11日，这里出现了晴天下雪的现象。晴日高照，雪花在阳光下飞舞，行人纷纷驻足仰望这个瑰丽的奇景。

"前天一夜风雪，昨夜八百童尸。"这是诗人臧克家1947年2月在上海写下的诗篇《生命的零度》中开头的两句。这几天要比10年前冷得多，但据上海市民政局调查，到目前并没有冻死的人。民政局已布置各区加强对生活困难的居民特别是孤苦无依的老人的救济工作。为了避免寒冷影响儿童的健康，上海市教育局已将全市幼儿园的开学日期延至18日。

这条题为《上海严寒》的消息不到300字，整篇作品的语言，没有使用反映浓烈感情色彩的褒贬词，但我们透过记者对上海街头积雪的描绘和前后十年的对照以及上海市民政局、教育局在严寒中采取的措施，看到了新旧社会出现的两种结局。记者行笔自然，语调平静，但谁也不能否认，作者思绪沸腾，爱憎分明，能使300字的报道展示出一副真实的画卷：新旧社会两重天。如果作品用多了反映爱憎感情的褒贬词，它的感染力就不会有如此强烈了。

（2）少用形容词，多用限定性词语

为了客观地表述新闻事实，必须直接地、连贯地陈述事实的要素，诸如事实状态的指称、时间、处所、方位、范围、程度、过程、数量，以及事实相互关系的领属、因果等。这些要素主要由限制性定语、状语来表示，而尽可能减少由主要起描写、表情作用的形容词或由形容词性词组来做定语、状语。

《上海严寒》一文，在起修饰作用的定语、状语中，限制性多于形容性。如上海街头的积雪不化、气温下降到零下7.4摄氏度，被限制在电头上已标明的1957年2月12日前的"这几天"，出现晴天下雪景象是"10日和11日"，"一夜风雪，八百童尸"是依据臧克家1947年2月写的《生命的零度》，如今没有发现冻死人是经"上海市民政局调查"得出的结论，民政机关发放救济限于"对生活困难的居民"，"特别是孤苦无依的老人"，等等。只有晴日"高照"，雪花在阳光中"飞舞"，行人"驻足仰视""瑰丽的奇景"，属形容词的定语、状语。

选词造句的客观性，需要我们适当地多用限制性的修饰语言。限制性的词语可使新闻作品准确、鲜明、朴实无华地表述新闻事实。这里涉及事实的概念一定要明确，概念是反映事物本质属性的思维形式，它有内涵和外延两个方面，内涵是概念所反映的事物的本质属性，外延是概念所反映的事物范围。客观事物总是具体的，它有量的界限，也有质的界限，同时还要注意到条件、地点、时间的界限。这样，写作新闻就能使用限制性的词语了。如果不恰当地用很多形容词渲染，一味地追求辞藻华丽，就难以保持客观事物的本来面貌，会违背新闻的真实性原则。

修饰语的限制性多于形容性，会不会影响读者的情感呢？这要看作者笔下遣词造句的功力了。喜欢"直"和"露"的作者，把主观意识和强烈的感情传给读者，多少反映了他笔力不够，未能驾驭新闻语言；老练的记者把情感融合在客观事实之中，由事实去说话，让读者在确凿的事实中去感受，产生读者自己的喜怒哀乐，让读者拍案，让读者流泪，这种效果自然要比前面那种高明得多。生动感人的报道不等于一定要多用形容性词语，而限制性词语写出的作品也不一定不感人。新闻语言的客观性与新闻的倾向性、可读性不仅不矛盾，而且常常会相得益彰。

（3）少感慨，多陈述

感叹语句往往带有强烈的情感语调，大升大降；陈述语句虽然也可以带上一些感情，但语调一般没有明显的抑扬，它主要用于陈述事实，以达到预期效果，而不是靠赤裸裸的赞扬或指责去达到效果。

新华社记者写出《上海严寒》的消息，是怀着浓烈的情感歌颂新政权，他对比10年前后上海的两次严寒，可以说是感慨万千，但他在作品中没有使用感慨语气，只是平静而带清淡的陈述，却让读者感慨不已。所以，无论在叙述事实或运用人物谈话、对话时，在语气上要尽可能地掌握感情分寸，慎重使用感情色彩浓烈的感叹语气，以免干扰新闻的客观性。当然，在一些比较高亢的新闻作品中，为了表达作者壮怀激烈的思想感情，适当用一些感叹语气，也是必要的。

新闻语言的客观性，也是新闻美的特征。辩证唯物主义的美学观认为，美是客观的，是以真实为基础的。一切美的事物，都在活生生的现实里，而新闻语言的客观性，能够把客观现实的美，把社会实践的进步要求和内容，把人们精神生活中那些为理想而斗争的高尚情操以及美与丑的矛盾冲突和斗争，通过新闻载体给予客观公正的传播，引导大家对美的憧憬和向往，推动社会的进步。

11.1.2.2 新闻语言一定要准确

准确是新闻语言的一个核心要求。刘勰在《文心雕龙·章句》篇中指出："篇之彪炳，章无疵也；章之明靡，句无玷也；句之清英，字无妄也。"他说的"字无妄"，就是用词确切的意思。高尔基也说过："作为一种感人的力量，语言是真正的美，产生于言辞的准确、明晰和动听。"文学作品尚且不能容忍朦胧、含糊、混沌的描写，对于体现事实的新闻报道，其语言的准确、贴切，更应是它的一大特色了，这也正是新闻真实性原则对语言的要求。

在新闻语言使用上，要求精确性较高，力求消除语言的含混性，但并不完全排斥语言的模糊性。然而，其模糊程度又与文学创作截然不同。

有位研究新闻语言的作者，取了两段都写"暴雨成涝"的文字，一属文学语言，一属新闻语言，对两者做了一番比较。

一段取自浩然长篇小说《艳阳天》：

狂风暴雨摇撼着东山岛，雷鸣夹着闪电，闪电带着雷鸣。那雨，一会儿像用瓢子往外泼，一会儿又像筛子往下筛，一会儿又像喷雾器在那儿不慌不忙地喷洒——大一阵子，小一阵子；小一阵子，又大一阵子，交错、持续地进行着。 雨水从屋檐、墙头和树顶跌落下来，摊在院子里，像烧开了似的冒着泡儿，顺着门缝和水沟眼儿滚出去，千家百院的水汇在一起在大小街道上汇成了急流，经过墙角、树根和粪堆，涌向村西的金泉河。

另一段选自1983年6月17日《南方日报》刊登的消息《今天凌晨广州市降特大暴雨》：

昨晚午夜前后，广州市雷声隆隆，电光闪闪，倾盆大雨，下个不停。据广州市气象观测站报告，仅今天凌晨一个钟头之内，就已降雨145.5毫米。这场特大暴雨，是广州市今年以来下的最大的一场雨。由于这场暴雨来势猛，雨量大，暴雨时间长，使得广州市地势低洼的一些路段渍水淹进了部分厂房、仓库和民房等，郊区一些地势低洼的菜地渍水成涝，造成了一定的损失。有读者来电，东风东路水均大街和水均南街有近200户住在大楼底层的居民受水浸，室内积水深30多厘米，至2时发稿止，暴雨还在继续不停地下着。

这位作者研究后指出，两例在精确词和模糊词的使用和搭配上显然不同，语言效果也很不同。前段文字在于艺术地再现生活真实，因而不注重暴雨大到什么精确程度，损失到什么精确程度，而是主动描写雨大成涝的形象画面，使形象更含蓄，形成意境，令人品味，获得审美享受。而后段中，精确词和模糊词搭配效果是获得暴雨成涝的准确、科学的信息，精确程度较高。

与此同时，词语的搭配关系不同。前段中，精确词和模糊词是沿着形象的动势连贯交错，结构关系自然流畅，组成完美的形象关系。后段文字二者结构界限明显，精确性语句往往与模糊性语句形成递进的说明关系。第三句是从时间纵向上对这场雨的程度又做精确比较。第四句是模糊、概括地交代雨大成涝的因果。第五句又较精确地说明损失程度。模糊语句以抽象概括，精确语句以具体说明，体现了新闻语言中精确语句与模糊语句常见的搭配关系。

新闻的修辞方式是非常克制的。文学语言多用夸张、比喻、比兴、类比等想象的方式组织模糊词的搭配，使词与表达对象之间即真非真，若即若离。如前段"暴雨成涝"中把雨的大小比喻成"瓢泼""筛洒""喷洒"，比喻义不可能精确，但形象生动。而新闻语言则多要用与事实形态直接对应的修辞方式，这也是新闻语言重视精确性的表现。

从总的看，对新闻来讲，一方面凡应该用和能够用精确语言的地方，应该尽量用精确语言或精确度比较高的语言。另一方面，人们在日常的社会交际中，语言的模糊性是普遍的客观存在。因此，新闻语言也保留有"模糊"的成分，而不必都像科技语言那样非常精确。

比如说，今天早晨下雨，雨量较大，就说"今晨下大雨"，这是模糊语言。至于雨是5时40分至7时23分下的，雨量在赵家浜乡达32.3毫米，在范水镇则高达37.5毫米，那是科学研究用的，一般情况下，对群众只要"今晨下大雨"这个模糊语言就可以了。

新闻的模糊语言不是语言含混不清，而是相对于精确语言来说，其精确度较低，但又不失之于确切。为体现事实的真实，新闻语言在选词标准上，应多用精确语言，少用模糊语言，并使两者搭配适当。对于一些无法或不必高精度反映的事实，也要有相对精确的定量、定性（程度）表达，过于模糊则显得笼统，以至于失真。

11.1.2.3 新闻语言要有力量

由于行业的特殊性，新闻语言有其独立的品格。新闻语言的本质是传播信息、报道事实，记者应该为所报道的对象寻找最合适的语言形态，用具有力度的语言准确叙述客观事实，以具有温度的语言贴近实际，通过具有锐度的文字呈现，拓宽新闻的表达空间。

新闻语言的生命力源自准确。孔子说："巧言令色，鲜矣仁。"新闻写作要摒弃华而不实的文字，挤掉"杂质"和"水分"，用精炼、准确的语言直指客观事实，正所谓"辞达而已矣"，把事实讲清楚就行了。

新华社庆祝中华人民共和国成立70周年报道的扛鼎之作《人间正道是沧桑——献给中华人民共和国70周年华诞》（新华社北京2019年9月29日电），以极高的站位、宏阔的视野，将70年风云浓缩笔端，从历史和现实的维度深刻回答了"中国共产党为什么能？马克思主义为什么行？中国特色社会主义为什么好？"

这则长篇通讯"历经半年多调研采访，从革命圣地到改革前沿，从田间地头到工厂企业，采访各行各业的劳动者、专家、企业家、干部群众等约百人"。正是由于记者读懂了、吃透了新中国的历史和现实，其文字力透纸背。

新闻讲究快速反应，记者要把句子写得紧凑、凝练，使笔调明快畅达，切勿拖泥带水。出色的新闻语言，就像清澈的流水一样，每一句、每一段都衔接紧密、语意连贯。

从表达效果来看，短句、短段显得干脆利落；短句、长句交相使用，则给人以疏密相间、参差错落的感觉；结构严谨、表述周密的长句和长段，蕴含很强的逻辑力量，能够传达复杂的语意，但在新闻写作中要根据报道对象的特点进行选择，如无必要，尽量少用，因为长句、长段容易给读者带来阅读障碍。

11.2　新闻语言的核心：用事实说话

11.2.1　用事实说话的内涵

事实作为新闻的根本与基础，是现如今新闻界对于新闻本源方面所予以的一项普遍表述。其在我们坚守新闻的真实性以及反对虚假捏造新闻等方面有着非常重要的意义。故而，对于传统的纸媒、广播电视以及新兴的各类新媒体、自媒体而言，皆应当将"以事实说话"作为严格遵循的一项基本原则。

对于新闻来讲，真实性应当是其与生俱来的基本特点。在众多新闻节目中，诸如中央电视台的《今日说法》《焦点访谈》等优秀的新闻栏目，皆有着以事实说话的态度。这些栏目通过运用深厚的社会内涵、纪实手法等所凸出的"现场目击""佐证效应"，不仅给予观众较为强烈的视听震撼，而且有效增加了信息在受众群体中的吸引力，提升了人们对真实信息的需求度。

所谓的"以事实说话"，不仅仅是对于报道的新闻信息而言，"用事实说话"也是一种新闻语言的要求。它要求新闻的内容在不被曲解、改变的前提下，以事实为基础进行恰当的表达，进而巧妙委婉且客观地表现出媒体人的观点、立场。它既是新闻的报道原则，也是新闻的报道方式。鲁迅在《题记》中曾经提到"事实胜于雄辩"。这句话恰到好处地解释了这一道理，也就是说，事实，正是如今社会以及人民群众所需要、所关注的新闻根本。对于新闻报道而言，应始终坚守以事实说话，以事情的真实状况来进行报道。将真实性、迅速性、时效性作为有效报道的依据与根本，才是当前新闻工作者应当拥有的一项最为基本的职业道德。

11.2.1.1　所反映的事实一定要具有真实性

以事实说话作为提升新闻真实性的一项基本且重要的手段，目的在于更为生动、真实、精准地传达某种信息，令观众可以身临其境地了解生活中的真实流程以及切实状况，进而感受作者所创造出的表达风格。比如长镜头、现场报道、抓拍等表现方式的运用，可以最大限度地将事实原生状态展现出来。

11.2.1.2 注重揭示事物原有的真实本质

对于新闻工作者来讲，应当具备透过事物表象发掘其本质、实质以及跟其他事物之间的联系、影响方面的能力。对于广大人民群众来讲亦是如此，不应片面地将媒体言论信奉为真实，而应当具备独立思考以及揭示、辨识虚假信息的能力。

随着信息化时代的到来，新媒体的出现与发展，使信息呈井喷式出现，各类虚假新闻更是层出不穷。一些自媒体在新闻报道中难免会夹杂个人情绪、欠缺客观性等。造成这些新闻报道欠缺真实性的主要原因在于采访工作不够深入，缺少深入的调查、探究。同时，在观察审视事物、事件的本质方面也存有一定的主观性、片面性和绝对性。

11.2.2 用事实说话的新闻语言表述方式

新闻为何要用事实说话，有两种不尽相同的表述。一种说法是：通过客观地叙述新闻事实及其背景来体现观点、发表意见。另一种说法是：记者把思想观点藏在精心选择的某些事实里，让受众通过事实自己领悟其中的道理。事实是新闻的本源，没有事实就没有新闻。新闻报道坚持用事实说话，因为事实本身具有强大的说服力。

在某种程度上说，事实最符合受众的需要，人们读报纸、听广播、看电视、关注传媒，主要想获取信息。但是新闻记者在写作事实的时候，要对事实进行一定的选择。必须是鲜活的、读者所未知的事实，必须具有重要性而且是具体的事实，通过再现场景说话，把新闻事实的某些现场情景具体地描述出来，使新闻报道做到有神、有形，使读者仿佛亲历其境、亲眼所见，这种方法自然会加强可信性和说服力。

11.2.2.1 如何用事实表达抽象的概念

使用事实表达抽象概念是新闻写作中不可缺少的表现手段，是驾驭新闻语言不可缺少的表现手法。事实是外化和表浅的，而新闻却要求透过现象，反映事实的本质，显现新闻的价值。要想使新闻在准确反映事实的基础上有思想、有深度，有可读性和感染力，就必须用事实表达抽象的概念和内容，注重使用事实转述语言。

一般来讲，严肃的内容都是抽象的，是第二性的。但是由于人们的抽象方法不同，概括内容的表现形式不同，用事实表达的方式也是有区别的，往往表现为两种常见的基本形态，即具体化与细节化。

具体化就是把本质具体到某一个真实的事实上；细节化则是通过表述某一个事实的细节，来借助事实细节抵达新闻的本质。

无论是具体化还是细节化，在新闻写作中都少不了。新闻的特性决定了新闻写作中这两种写作方式是非常常见的。以第16届中国新闻奖消息二等奖作品《台账压垮"小巷总理"》一稿为例，文中在导语里写道："上面千头线，下面一根针，可针眼那么小，哪里穿得进那么多线？"道出了社区居委会工作的繁忙、辛苦与不易。这样的具体化和细节化，使稿件更具新闻性、典型性，给读者留下难忘的印象。

11.2.2.2 如何用事实写作新闻人物

新闻是对客观事实的报道，从本质上说，新闻最基本的手法就是写实，写人物也是如此。只有把人物写实，才可以增强报道的可读性，提高传播效果。

相比于名人、要人，小人物更贴近你我的生活，他们的故事更有说服力。因此，如何写实小人物，通过小人物讲好大故事，打动人心，引发共鸣，这是新闻写作中的一个关键。

这个"实"，首先是真实，不仅是人物真实，其思想、语言等也要真实。这是新闻客观性和真实性的根本要求，也是新闻故事化报道方式的基本遵循。如2013年全国上下启动了中国特色社会主义重大主题宣传活动。当年，恰逢邓小平同志视察苏州30周年。苏州日报推出了"苏州改革开放创业简史之30年30人"系列报道，以小平同志视察苏州及此后苏州改革开放进程为叙事坐标，重访三十多年来本报曾报道过的30位各界人士，讲述他们的人生故事和感悟。

如百年老街观前街001号个体户摊主周国忠，改革开放后第一批回乡创业的港商朱恩馀，坚守三尺讲台20年的普通教师薛法根，从美资企业总经理成为荣誉市民的柏迈高……这些重回读者视线的小人物真实可信，故事味十足，向读者展示了中国特色社会主义道路的辉煌历程和光明前景，起到了深化宣传、引领舆论、凝聚发展新动力的作用。该组系列报道获得了当年度江苏省报纸优秀作品重大主题创新策划二等奖。

人物报道，靠说教立不起来，靠华丽辞藻堆砌更无济于事，只有扎实采访，突出细节，才能赋予其精、气、神。如在2013年，《苏州日报》推出"中国梦"重大主题宣传专栏《中国梦·我的梦》，通过众多小人物的逐梦故事，解读个人梦与中国梦之间的内在联系，彰显中国梦汇聚起的强大力量。

"85后"小姑娘陈朝，把动漫"爱"成了事业，忙起来每天只睡三四个小时。接受采访时，"她双眼通红，但讲起动漫来，话密得旁人插不进，清秀的眉毛也随之一跳一跳"；"门面不到20平方米，只有两张白色的按摩床"，23岁的盲人按摩师乔亦帆希望靠手艺多赚点钱，让全家的日子过得好一些，"说这话的时候，小乔搓着双手，脸上略显羞涩"。这些细节生动传神，情融其中，使追梦路上有甘苦的小人物群像跃然纸上。

11.2.2.3 如何用事实表达观点和态度

用事实表达观点是记者写新闻的基本功。对于一些抽象性、概念性强的事实材料，可以用虚中觅实的方法找角度，寻找其中包含的实在、具体的内容，表现整个事实的新闻价值。这种用具体可感的新闻事实，表现抽象的思想观点，寓思想观点于事实之中的写作方式，让受众在接受事实的同时，也心悦诚服地接受事实所包蕴的思想观点。看起来作者似乎在极其客观地记述事实；实际上这些事实是经过作者选择、剪裁、组合等处理过的，是能够表现特定思想观点的事实。这种以客观事实表现主观意向的写作方式，就是用事实说话的写作方式。恩格斯说："作者的见解愈隐蔽，对于作品来说就愈好。"对新闻报道来说也是这样。要善于用事实来体现，不要空谈。而且隐蔽得愈好，作品艺术性愈高。

巧妙地组织事实，可以拓宽思维空间，能够在更广阔的背景下多层次、多角度、深刻地体现主题思想。

本章小结

想要写出一篇成功的新闻稿，不仅需要丰富的知识储备、对新闻点的敏锐度，还要掌握一些写作的必备技巧。本章主要围绕新闻作品写作的语言技巧和基本要求，探讨了新闻写作中需要注意的细节和节奏，以及如何用事实说话、如何尊重真实客观的原则，生动再现新闻的真实现场。

课后习题 ➡

思考题

1）新闻语言有什么特点？

2）什么是硬新闻，什么是软新闻，它们有什么区别？

3）什么是新闻的客观性，如何遵循新闻的客观性原则？

4）为什么新闻的语言要准确，如何保证新闻语言的准确性？

5）怎么理解"用事实说话"这一写作要求？

实践题

1）练习基础的新闻语言写作，学习如何用新闻语言再现事实。

2）写一篇完整的新闻稿件。

12 新闻标题

教学目标

● 通过日常知识储备和本章知识学习，学生形成对新闻标题的基本认知，掌握新闻标题的概念、种类、形式、特点和作用。

● 了解新闻和新闻标题的传播媒介，掌握报纸、广播、电视、互联网、通讯社和手机新闻标题的特点。

● 通过大量理论和实践的学习，掌握新闻标题的制作方式，根据新闻内容，独立制作新闻标题。

● 从词法、语法、语用三个方面掌握新闻标题制作过程中的注意事项。

● 通过本章知识的学习和实践，学生不断践行社会主义核心价值观，提高知识水平和实践能力，提高新闻素养。

教学要求 ➡

知识要点	能力要求	相关知识
新闻标题的制作	（1）掌握新闻标题的基本认知。 （2）熟悉新闻标题的传播媒介。 （3）掌握新闻标题的制作方法，并且进行实践和练习。 （4）掌握新闻标题的注意事项。	（1）新闻标题的概念、种类、形式、特点和作用。 （2）报纸、广播、电视、互联网、通讯社和手机新闻标题的特点。 （3）案例分析与制作。 （4）词法、语法、语用。
案例	（1）案例分析。 （2）标题制作。	（1）通过案例学习，进行评价和分析。 （2）从不同角度掌握新闻标题制作方式。

新闻标题；传播媒介；制作方式。

12.1　新闻标题的基本认知

12.1.1　新闻标题的概念

新闻标题，是在新闻正文内容前面，对新闻内容加以概括或评价的简短文字，其字号大于正文，作用是划分、组织、揭示、评价新闻内容、吸引读者阅读。

新闻标题既不同于公务文书的标题（它一般由责任者、事由和文种组成，例如《某某单位关于加强安全生产管理工作的通知》），也不同于文艺作品的标题（它可以简约到一个字，例如巴金的激流三部曲《家》《春》《秋》），其种类较多，结构较复杂，而且还存在着内在的逻辑关系。

12.1.2　新闻标题的种类

12.1.2.1　根据标题与稿件的关系分类

（1）多篇新闻共有的题——大标题

大标题也称横幅、牌子、刊头等，是多篇新闻共有的标题，用以概括这些新闻的共同主题，集纳同一主题的新闻稿件，对新闻事实加以揭示，提出观点、发出号召、化整为零，形成报道规模。

（2）单篇新闻的标题

1）主题。标题中的主要部分，又称主标，主要是揭示新闻的主要事实和概括新闻的中心思想，在复合题中，位置最显著，字号最大。

2）引题。主题的引导题，位于主题之前，常用于说明、引申和烘托主题，交代新闻的来源、背景和原因，揭示新闻的意义、本质，点染新闻的环境、气氛，又称肩题或眉题。

3）副题。副题也称子题，位于主题之后，字号小于主题和引题，用于补充交代新闻的次要事实，说明主题的根据、结果和重要的新闻要素，补充交代主题所述的事实产生的结果或影响，印证主题的观点或回答主题的提问，解释主题中概括的事实或描述的细节。

4）提要题。通过对新闻主要事实、主要观点等的概括和提示，帮助受众阅读和了解新闻的主要内容，提示新闻中最主要、最核心的信息，揭示新闻事实的某些现象，造成悬念，解释背景材料，引发受众兴趣，运用说明、议论、抒情等手法，增强感染力。

5）分题。又名小标题、插题，同一篇新闻中每一个分题字数相近、结构相同，下辖的文字篇幅长短相近，分嵌于稿件中，用以概括介绍稿件中每一大部分的内容，具有分段、分类、美化版面的作用。

（3）标题新闻

是以标题形式对新闻事实的简要报道，是介于标题与简讯之间的一种新型新闻体裁。标题新闻具有以下特点：内容丰富、信息量大、言简意赅，既可用于政治、经济、外事等硬新闻，也能用于文化、体育等软新闻；具备标题的结构与特点，可以用单一式，也可用复合式结构，是标题形式而非文章，制作原理与制作标题一样；版面位置灵活自由，可集纳数条标题新闻组或一个专栏，也可让一条标题新闻独立存在，根据编辑意图它可置于版面的任何部位以体现编辑思想和态度，同时又可活跃版面增加版面的美感。

12.1.2.2 根据标题的内容和特点分类

（1）实题

新闻标题中叙述事实的部分，着重表现具体的人物、动作和事件等。

（2）虚题

新闻标题中发表议论的部分，着重说明原则、道理、愿望等。

12.1.3 新闻标题的形式

新闻标题从结构上来分有两种形式，即单式题和复式题。

12.1.3.1 单式题

单式题一般由一行式主题构成，也可以由双行式主题构成。

12.1.3.2 复式题

复式题一般由两个或两个以上新闻标题按一定的规律组合而成，常见的有四种题型：引题与主题的组合式，主题与副题的组合式，引题、主题与副题的组合式，引题、主题、副题与边题（或尾题）的组合式等。

新闻标题从内在的逻辑关系上来讲，引题说理，宜虚不宜实；主题叙事，宜实不宜虚；副题是对主题的解释、说明和阐述。

12.1.4　新闻标题的特点

12.1.4.1　新闻标题以报告事实为主

新闻标题与通讯标题的最大区别在于是否标出新闻事实。新闻主要是报告新近发生的有意义的事实，简洁明快，一般对事物发展过程不做详述。这就决定新闻标题重在叙事，即使是就实论虚的标题，对必要的事实也应有所说明。

12.1.4.2　新闻标题以动态表述事实

新标题不仅要报告新闻事实，而且对事实的表述要体现出一定的动态，即告诉读者事情的发生与发展。

12.1.4.3　新闻标题形式具有多样性

新闻标题除单一式结构之外，还大量采用复合式结构。新闻标题往往是通过主题、引题、副题的配合，向读者报告新闻的内容，指明其性质和意义的。通讯则一般不使用引题，在副题运用上多数只用来说明作者写作本文的对象、意图以及采写的方式。

12.1.5　新闻标题的作用

12.1.5.1　提示新闻内容

新闻标题是以最精练的文字将新闻中最重要、最新鲜的内容提示给读者。

12.1.5.2　评价新闻内容

标题不但简明扼要地介绍新闻内容，而且能够代表编辑部评价新闻内容。一则好的新闻标题具有鲜明的思想性，不仅能向读者提示新闻内容，而且能帮助读者理解新闻内容的性质和意义。

标题对新闻内容的评价方法：① 通过对新闻事实的选择进行评价；② 通过把新闻事实安排到标题中的不同位置进行评价；③ 通过对新闻事实直接发表议论进行评价；④ 通过特定的叙事方式进行评价。

12.1.5.3　引发读者兴趣

编辑制作标题，不仅要注意通过标题向读者提示和评价新闻事实，而且要善于用生动优美的形式去吸引读者阅读新闻。因此，标题表现形式是否生动优美，也是吸引读者阅读不可忽视的一方面。

12.1.5.4 组织美化版面

标题不仅能够提示、评价新闻的重要性和内容的鲜活性，吸引读者阅读新闻，而且还能把内容相近的稿件组织在一起，使版面变得有秩序，从而具有美化报纸版面的功能。

12.2 新闻标题的传播媒介

12.2.1 报纸新闻标题

随着网络时代的到来，电子媒体在青年人中逐渐取代了纸质媒体，报纸新闻受到了极大的威胁，所以，各大报纸媒体的记者开始出谋划策，在新闻标题上下功夫，希望能够吸引读者的眼球。那么报纸新闻的标题具有哪些功能性呢？我们从以下几个方面分析。

12.2.1.1 语义功能

报纸新闻的标题是报纸新闻整篇报道的精华，体现了整篇新闻的大致内容，新闻标题的其中一个重要功能就是语义功能。报纸的新闻标题通过凝练精确的表达把整个新闻的主要内容概括出来，包含了时间、地点等要素。新闻标题的语义功能使得读者在很久以后也能回忆起这篇新闻的大致内容，并且形成已有的认知。所以，新闻记者和编辑在制作新闻标题的时候一定要注意标题的语义功能。

如在《山西日报》有一篇报道是"李小鹏与静乐县山区少年儿童欢度'六一'"，这篇报道是说山西省委原副书记、省长李小鹏到静乐县山区小学看望少年儿童，与他们共度六一的情形，从题目我们就可以看出这篇文章的主要内容是什么了，读者看到这则新闻的题目，就会了解大致的新闻内容，就会有兴趣想要知道具体的事件和经过，那么这个题目就体现了标题的语义功能。但是这种语义功能观似乎还有一些片面，因为新闻的标题也不全是概括新闻主要内容，还有的新闻标题是为了突出新闻的某些主要方面才设立的，另外一些小报的新闻标题是不能用传统的语义功能观来解释的，因为有时候有些标题甚至是不含有任何信息的，而且，传统的语义功能观并不能概括新闻标题的所有语义功能。

12.2.1.2 语用功能

所谓语用功能就是语言运用在实际生活中所发挥的作用。标题的语用功能就是报纸新闻的标题对读者所起到的作用和影响。报纸新闻的标题主要是吸引读者的目光，让读者关注新闻内容，了解新闻的实质和内涵，提高新闻的阅读量。除了提示作用，新闻标题还有督促和警示的作用，充分体现了新闻标题的语用功能。具体来说，新闻标题除了概括新闻的主旨之外，主要是通过文字或是以图片辅助来增加文章的吸引力，吸引读者的注意，激发读者的阅读兴趣，让读者能够有兴趣继续读完整篇新闻。报纸的新闻标题通过简短精干的语句，让读者获取想要的信息，所以，一个好的新闻标题不仅仅是概括新闻的内容，更重要的是帮助读者节省时间，用最少的文字汲取最大的信息量。

如在《山西日报》上的一则新闻，它的题目是这样的"一根光缆'绊倒'互联网巨头"，这个题目乍一看上去就比较有趣，读者看到这样的题目，就会想到一根光缆怎么会绊倒互联网巨头呢？就会想要一探究竟，读者的眼光就会被吸引，而且题目下方还有一个漫画图片，这样的组合更加新颖，更能引发读者的好奇心，使读者带着疑问和兴趣去阅读新闻。

12.2.1.3 美学功能

在现代社会中，人们的生活越来越要求美观化，美学在生活中被频繁运用。人们通过美学来实现自己的品位和身份，显示自己的个性。对于报纸的新闻标题来说，要想吸引读者也必须具有美学功能。人们通过阅读不同的新闻来展现个性，那么新闻标题就必须以其独特的形式和创意来面对读者。报纸新闻的标题主要通过以下几个方面来显示自己的美学功能：第一是通过视觉来实现。报纸的新闻标题通常是通过报纸版面来吸引读者的，那么这个时候新闻标题就要通过一些手段来强化视觉效果，如把字体进行变化，或者是加一些图片来给读者视觉上的享受。例如刚才那个题目，标题中用一个引号把绊倒两个字标注出来，更加显眼，更加有视觉效果。第二是通过听觉来实现。报纸的新闻标题可以从节奏、押韵等方面入手，让读者听起来比较舒服，例如有一篇报道的题目是"携手青春，共话真情"，这篇报道的题目看起来就显得比较整齐，读起来也比较顺口、舒畅，它的美学效果是很显然的。第三是通过操作语义，用修辞手法来表现，运用比喻、拟人或是夸张等手法，让题目更加醒目和独特。如有一则新闻是"阳泉：城市扩容新城老城'比翼飞'"，在这个标题里很明显地运用了比喻的手法，"比翼飞"是用来形容鸟的，用在这里非常生动形象，给人的印象也很深刻。第四是通过词汇的运用，多用一些简短精干的词语，不仅能节省版面，还能让读者感到更加的明快简洁。第五是通过句子的变化或是词语的转化以及一些虚词手法的运用，让题目更显得有魅力。总之，记者和编辑在制作新闻标题时，一定要注意运用一些恰当的手法来显示个性和魅力，借助于各个感官的相互联系，让读者感受到新闻标题的意义，充分体现新闻标题的美学功能。

12.2.1.4 概念功能

概念功能是通过一定的语法规则来体现和表达一定的思想感情和意识的。新闻标题的概念功能是通过分析新闻标题中动词以及主语、谓语和句子的结构等来表现的。一般情况下，动词的主动和被动语态体现了新闻报道中不同的角色分配。主动语态强调的是实施者，被动语态强调的是接受者，通过分析标题的语态和动词可以得出一些信息，获得一些新闻。

12.2.1.5 人际功能

人际功能是通过一些语气词和语气句式来实现的。对报纸新闻来说，报纸这一媒体行业是通过记者和编辑等专业人员共同创作的新闻报道来体现与其他行业和机构的关系，特别是与政府机关的关系；另外，报纸的价值是通过读者来实现的，报纸通过传播一定的意识形态和价值观来吸引和影响读者，从而形成一定的读者群，久而久之，这样的意识形态就会成为社会的主流意识，而且读者通过看报纸了解新闻事件，还会对新闻事件做出相应的评价和意见，所以，新闻标题的人际功能是非常重要的。在制作新闻标题的时候一定要注意恰当地运用语言和语气，全方位地进行思考，衡量好各方面的利弊，不能顾此失彼，把握好新闻标题的人际功能。

总而言之，报纸新闻的标题是新闻报道的重中之重，它不仅仅有着概括全篇报道的作用，更重要的是表现新闻的内涵和美学意义以及其他的重要功能，以此来吸引读者的注意力和眼球，表达所要传递的意识形态和价值。报纸新闻的记者和编辑要注意把握新闻标题的各大功能，在制作标题的时候，发挥各个功能的作用，使得新闻标题更加醒目和独特，获得更大的读者群。

12.2.2 广播新闻标题

对广播新闻作品来说，好听的标题具有先声夺人的效果，与报纸、电视、新媒体等传统媒体和新媒体的标题同等重要。不过，好的标题已经不是传统意义上的对作品主题的简单提炼、升华，而是需要有创意，以达到吸引受众的目的。

12.2.2.1 形象创意

形象化标题就是抓住新闻事实中人物所具有的鲜活特征，创造一个形神兼备的意象，实现对主题的生动概括和表现。

如曾获得第23届中国新闻奖三等奖的广播专题"针尖尖连着心尖尖"，是通过对报道主体特征的提炼，实现对作品主题的概括。"针尖尖连着心尖尖"报道的是山西静乐县卫生防疫员王元林数十年如一日，为山里的孩子接种疫苗的事儿。题目通过针尖尖与心尖尖这对具体事物的联系与对比，营造出卫生防疫员心系群众生命健康，把注射疫苗的事情当作大事来做的场景和氛围。这个题目创意是怎么来的呢？首先源于主人公的精神、理念。王元林说，给孩子们注射疫苗，只能是100%的成功，不能有百分之一的闪失。微小的失误也许只是一个概率，但对于一个孩子来说，却关乎着他一生的健康。这是这个作品的中心思想，打针这件事关系到千家万户的孩子，做好这件事情，防疫员必须用心，和群众心心相连。那么用针管针头指代防疫员，针头连着心头，针尖连着心尖。这样几次思考，就有了"针尖尖连着心尖尖"这个标题。

12.2.2.2 逆向创意

逆向创意标题就是依据人们普遍理解认同的事物、现象、理念，创造出一个形象鲜明、对比强烈的新意象。它带给受众的是"突兀""意外"，甚至"惊喜"的感觉。

如曾获得2011—2012年度中国广播影视大奖的广播专题"久病床前有孝女"，说的是临汾女孩孟佩杰，从8岁起照顾瘫痪在床的养母的故事。当时各级各类媒体对这件事的报道，从发现这件事到孟佩杰被评为全国道德模范的这段时间里，从未间断过。类似的事情在全国也不少，标题也大同小异，"背着母亲上大学""背起爸爸去上学"等。起初，这篇稿件的题目也打算叫作"背着母亲上大学"，很有动感，也很有意境，也很贴切。但是，再好的题目，家家都用，而且很多都在你播出之前就用过了，属于模仿别人，必须另辟蹊径。在苦思冥想中，突然发现采访中有不少人评价孟佩杰的时候都会带出这么一句话，久病床前无孝子，何况是养母。孟佩杰的事迹不正好告诉人们久病床前有孝女吗？借用这句俗话，反其意而用之，一定会让人产生深刻的印象。

12.2.2.3 借用创意

新闻标题的借用创意，就是通过提炼新闻作品中的鲜明特色，借用名言、成语、谚语、诗歌、流行语等，创造出一个新的鲜活形象。

如曾获得第20届中国新闻奖三等奖的广播专题"良雨润民心"就是一个借用创意的典型。"良雨润民心"模仿杜甫《春夜喜雨》"随风潜入夜，润物细无声"的诗句，营造出一个山西信访干部梁雨润，像春雨无声润物一样，为群众排忧解难，这样一个形象。为什么会有这样一个构思呢？当时首先想到的是梁雨润的名字里的"梁""雨"两个字和"良雨"谐音，用善良的"良"字代替姓梁的"梁"字，可以达到双关的修辞效果，进而发现"雨润"两个字可以引申为春雨润物的意思，作为党的信访干部，他要润的是上访群众的心，是民心。这样，"良雨润民心"这个题目也就创造出来了。

除了上面谈到的创意方法，广播新闻作品的标题创意还有联想创意、情境创意、顺势创意等很多，这里就不一一细说了。总之，在新媒体发展日新月异的今天，重提新闻作品的标题创意，就是希望通过解读优秀新闻作品标题的创意，让新闻从业人员杜绝标题夸张、重新回归新闻标题创意的良性轨道。

12.2.3　电视新闻标题

对于电视新闻来说，标题起到涵盖主题思想和主要内容的作用，一个优秀的电视新闻标题，能够第一时间吸引观众注意力，抓住观众的眼球，使观众在很短的时间内了解新闻的主要方向和内容。标题有提纲挈领的重要作用，如何做好电视新闻标题制作，是新闻编辑需要研究的重要问题。

12.2.3.1　电视新闻标题的作用

对于电视新闻来说，标题的优秀与否直接决定了新闻质量的高低，好的标题能够吸引更多观众观看，并进一步扩大影响力，最终达到经济效益和社会效益的提升。和报纸的标题不同的是，电视新闻标题持续时间较短，给观众一定的视觉影像，电视新闻标题的作用主要通过以下几个方面得到体现。

第一是引导作用，通过调查得知，将近一半的观众可以通过新闻标题了解到新闻的主要信息。在播报新闻的主要内容前，要先通过标题来引导观众进入新闻画面，新闻的内容是一个方面，标题对观众的引导也是一个方面。

第二是提示作用，电视新闻播出时间一般会持续二十分钟以上，如果观众花费较长时间，却没有得到自己需要的信息，势必会影响电视新闻对观众的吸引力。而为电视新闻节目制作一个标题，观众通过标题就能够知道新闻对自己是否有用，便于取舍。

第三是加深印象的作用，电视新闻一般是直播的形式，很难在观众心中留下较强的印象，但是好的标题能够加深观众对新闻的印象，并且简洁扼要的标题，便于观众记忆。电视通过画面、声音等因素向观众表达信息，而在有限的时间内，能够传达给观众的信息也是有限的，通过电视新闻标题，能够将新闻的报道意向以及价值体现出来，增加了电视新闻包含的信息量。

第四是衔接作用，一档电视新闻节目需要报道很多条新闻，好的标题能够起到很好的衔接作用，承上启下，在众多新闻中划分出重点，让新闻报道更加条理清晰。

12.2.3.2 电视新闻标题的特点

标题对电视新闻节目的重要性是不言而喻的，但是现今我国的电视新闻标题制作仍然存在缺陷，造成电视新闻节目在我国收视率不高，要解决这个问题，在标题的制作中需要注意以下几个方面。

（1）言简意赅

一档电视新闻节目的时间是有限的，留给标题的时间更是不多，电视新闻节目标题必须保证言简意赅，短小精悍，即使寥寥数语也有较强的说服力。有些新闻内容较多，范围很广，简单的语言很难说明白，但是制作标题又不能过于冗长，这就对标题制作人员提出了很高的要求。通过细细推敲，仔细品味，精简语言，使标题尽可能用较短的词句全方位地展现新闻信息。

如2007年邯郸电视台的一档新闻节目"走下墙，走上墙"，这档电视新闻节目主要是展现邯郸市处理垃圾的科学方法，如果直接用内容当作标题，不仅冗长而且吸引力较差。通过反复推敲，才确定了"走下墙，走上墙"这样一个标题，其中"走下墙"是指将废弃建筑物拆除，而"走上墙"是指废弃建筑材料被重新利用，成了新的建筑材料。这个标题不仅简洁，而且通过新奇的方式表达出了新闻的主要内容。

（2）突出价值

新闻所体现的价值应该能通过标题得到体现，而这也是标题的重要作用之一。如果观众能够从新闻标题中得到新闻想要表达的信息，那么这个标题就是成功的标题。新闻标题必须具有重要性、时效性和显著性，如果说通过电视新闻表达出新闻包含的价值，那么标题就是新闻价值的主题。

如2002年河南电视台的新闻节目标题将"政务"有意改成"政误"，一字之差，不仅给了观众极大的吸引力，还通过这个一字之差，表现出了新闻的具体内容，体现了新闻的价值，画龙点睛，一箭双雕。

（3）简洁通俗

电视新闻的内容，很大一部分是对社会上各行各业的人物的采访，观众观看有时会理解困难。电视新闻的内容很难改变，因而新闻编辑应该尽量让标题更加简洁易懂，语言通俗，容易理解，拉近观众和电视新闻内容的距离。

如河北邯郸市在2007年对河北省一部分耗能企业进行了调查，调查结果不符合标准的企业被"否决"，促进了我国可持续发展工作的进展。制作这则电视新闻时，采用了"给耗能污染大户戴上紧箍儿"这个标题，由于《西游记》是耳熟能详的名著，大家对"紧箍咒"都不陌生，这样一个通俗易懂的标题，让观众能够减少隔阂感，了解到新闻的主要内容，增加了观众观看的欲望。

12.2.3.3 电视新闻标题的制作

电视新闻的标题不同于报纸，一般不设置副标题或者引题，这样才能保证其简明扼要；在播报电视新闻时，一般要把标题读出来，所以不能包含太多的专业术语；标题设置要真实，如果采用"为了人民"或者"奋斗"这样的新闻标题，就会显得"假大空"，欠缺真实感，难以引起观众的兴趣；可以适当地省略，例如用冒号代替谓语动词，也可以根据情况省略宾语或者主语，例如"广厦千万间"这个标题就代表了城建方面的新闻，简洁扼要；标题字数一般控制在7到12个字，太短的话无法反映新闻内容，太长的话不够凝练；题目和新闻内容要能够对应，如果文不对题，观众会有被骗的感觉，觉得新闻节目只是为了增加吸引力，会在观众中产生不好的影响。

制作新闻标题应该注意从新闻的五要素（"何时、何地、何人、何事、何故"）中提取重点，将五个要素列举出来，分清主次，将重点写进新闻标题；我们也可以采用疑问句的形式，增加神秘感，提高吸引力，例如新闻标题《谁在污染我们的环境》，这样的题目反映了新闻内容，引人注目，增加了对观众的吸引力；时代在不断发展，新闻标题也应该与时俱进，可以多在新闻标题中使用时下新鲜词汇；利用好动词来制作新闻标题，可以让题目更加具有活力，例如"追捕"这个标题，反映了警察跨省抓捕罪犯的故事，让新闻更具动感。

综上，在现今媒体竞争激烈的环境下，要通过新闻标题的简化，让新闻标题更加真实，以及通过动词、疑问句在标题中的运用，制作高质量的新闻标题，保证电视新闻行业的可持续发展。

12.2.4　互联网新闻标题

移动互联网时代是读题时代，新闻标题的导读功能更加突出。当一条一般的新闻遇到一个好标题，可能会因此大幅提升新闻的网络打开率；而当一条内容扎实的新闻遇到一个好标题，相当于画龙点睛。拟好新闻标题，是网络新闻求生存、谋发展的关键所在。

网络新闻标题的制作原则有以下几点。

12.2.4.1　突出亮点

网站众多新闻中，标题能否吸引人，是能否使网民眼睛一亮的关键，这关系到新闻的主题内容能否顺利传播。编辑制作标题时应注意突出最重要的内容，突出最新鲜的事实，突出最具有冲突性的内容，突出最显著的内容，突出最反常的内容，突出最有趣的内容。

12.2.4.2　具体比喻

新闻标题多用动名词，少用形容词副词。形容词副词主观性较强，容易产生歧义，影响新闻报道的准确性。动名词能简明地把事件的发展动态说清楚，保证新闻传递的准确性。

如原标题：德国医生协会公布报告历数吸烟的危害；修改后：德国医协报告：滴答十三秒呜呼一烟民。原标题：气象部门增雨9.04亿吨；修改后：人工降雨5个半东湖。

12.2.4.3　语言新潮

擅用流行表达，令标题在语言风格上更贴近网民所熟悉的日常表述。

例如，"风雨已经在路上，小伙们别着急"（《楚天都市报》）；"印度'键盘侠'遭遇国际网友联手打脸"（《今日头条》）；"女子拦车讨钱：少于5元不放行，一言不合就车前尬舞"（四川手机报）。

12.2.4.4　亲切贴近

这是新闻价值的一个重要方面，指新闻与受众的地理和心理距离越近越容易受到关注。编辑可以从几个方面着手：一是选择网民感兴趣的角度；二是选择网民知识水平易于接受的角度；三是选择网民最关心的角度；四是选择距离网民最近的时空角度。例如："江城液化气罐将有二维码'身份证'"，这一标题中的"身份证"表述跟受众生活非常贴近。

关系到用户吃喝住行的民生经济类新闻，几乎都是大堆大堆的数据，比如物价、GDP、消费、收入等。通常情况下，编辑容易有以下两个标题制作的误区，一是直接用数据做标题，简单省事又不会出错，但是这样的标题枯燥乏味，无法给读者留下深刻的印象或者会引起读者的反感和抗拒。二是不得不用的数据用得过于精准。其实我们的标题是不用过度精准的。比如38.88%可以直接写成39%，70%可以改成七成。一些长数字，比如3972人，完全可以写成近4000人；32521元可以写为3万多元。虽然这样数字的精确度下降，但并未改变其准确性。

12.2.5　移动端新闻标题

作为一种新兴的报道形式，手机新闻的语言运用与文本结构，既要遵循新闻写作的一般规律，又有着自己的特殊要求。手机媒体首页的版面限制，使得首页所呈现的信息基本是新闻标题。如手机微信中的腾讯新闻，每天推送四次，一次呈现四则标题，一天只能推送16条新闻信息，这与生活中浩瀚的新闻信息不成正比。手机媒体版面的局限性与新闻内容的丰富性，需要新闻编辑精心挑选新闻信息、恰当表述新闻事实，吸引受众点击浏览，这时新闻标题就成了关键。在手机新闻媒体中，几乎有一种默契，在呈现新闻标题时多以设置悬念为主，这种设置悬念往往是把话说到一半，然后戛然而止，吊足胃口，让受众去臆测；而且可以常使用带有主观色彩的词语，甚至使用标新立异的话语作标题。

在流量经济时代，手机新闻媒体为博眼球、获得流量，会过度追求新闻标题中的悬念设置，出现一些乱象。在标题写作上没有凸显新闻价值，出现标题大而内容小，用词低俗，内容粗劣、空洞，新闻价值不高等问题，这些问题挑战着手机新闻媒体的权威性和竞争力。那么手机新闻媒体要想提升影响力和综合实力，应该怎样突破屏幕限制提升流量数据？要解决这样的问题就需要在新闻标题写作中运用一定的方法和技巧。

手机新闻媒体标题的创作方法和技巧有如下几点。

（1）用设置悬念的方式作标题

设置悬念是新闻标题的写作方法之一。新闻标题中设置悬念与小说、戏剧有很大的区别，它必须建立在客观新闻事实之上，以呈现新闻价值为前提。具体来说，悬念式新闻标题是指将新闻中最引人的内容，先在标题中来个提示或暗示，在读者心中悬下疑团，诱发读者的好奇心，使读者跟着编辑的思路走下去的制题方式。

如《板蓝根真的能解毒吗？揭秘板蓝根的功效真面目》这是2013年大洋网的一则新闻。从标题的表达技巧上看，采用了设置悬念的方法，讲解板蓝根是否能解毒，它的功效如何。这是一则令人感到舒适的新闻标题，文字中没有带任何主观色彩，表述十分完整，悬念设置恰到好处，受众看到标题就大概知道新闻到底要说什么样的内容，如果受众对板蓝根的功效感兴趣，会主动点击进去阅读。

需要强调的是，设置悬念是用新闻事实本身的悬念去吸引受众，不是用耸人听闻的字眼去煽动，它必须服从所表达的内容，切忌乱用、滥用。

如2020年一则腾讯新闻《新冠肺炎患者刚出院就被拘留，背后真相令人气愤》同样是设置悬念，标题加入了主观词汇"气愤"，用"气愤"去煽动受众"气愤"，主观色彩十分强烈，这不是严格意义上的新闻表达。这篇新闻讲的是一位新冠肺炎患者，在他患病未入院期间隐瞒行程，导致与他接触的55人被隔离，在这位病人出院时被警方拘留。仅从新闻内容来看就能令读者感到气愤，这种气愤是新闻事实本身带给读者的情绪，这种情绪无须记者用主观色彩去煽动。合格的新闻从业者善于将自己的主观情绪隐藏在客观的新闻事实报道中，用客观的新闻语言让受众自发感受到情绪，而不是用主观词汇去煽动情绪。如果把标题换为《新冠肺炎患者刚出院就被拘留，揭秘背后真相》《隐瞒行程致多人隔离，是否被拘？》，同样能达到设置悬念、引导情绪的效果。

（2）用关键片段、关键词作标题

在新闻标题的写作中，提炼惊奇、新鲜事实片段中的关键词作标题，也能够唤起受众好奇。创作时要善于捕捉新闻事实中那些令人感到惊异、新鲜的片段，这些片段往往就是新闻的价值、亮点所在。提炼片段中的关键词，将这些关键词融入新闻标题的语言表达中，能够吸引读者眼球。

如新华社2012年一篇新闻通讯《一天陪洗八次澡，迎来送往该改了》。单从新闻标题看上去就非常新鲜，会令人好奇新闻到底讲什么。这篇新闻讲的是内蒙古某县城以温泉著称，年底有很多部门过来参观考察、检查验收，都要体验当地温泉。分管外宣工作的副县长有一天接待了十来批客人，陪洗、陪泡了八次澡。日常生活中的接待并非是新鲜事，但是这篇新闻的取胜在于捕捉到了新鲜片段："一天"陪洗"八次澡"，用数据关键词做对比去呈现新闻中的精彩片段，抓住了"吸睛点"，吸引受众阅读。

捕捉惊异新鲜片段，提炼关键词，是手机新闻媒体吸引流量的新闻标题的表达方式之一。这种表达方式会令受众赏心悦目、倾心阅读。需要注意的是，在使用这种方法设置标题的时候必须遵从新闻事实本身，用事实说话，不能为追求惊异、新鲜去杜撰事实；不能用危言耸听、粗陋低俗的词汇增加刺激；也不能偏离事实、无中生有、混淆视听、文不对题；更不能为追求惊异使用血腥、暴力、黄色等话语。

（3）用看似矛盾的方式作标题

除前两种方法外，用看似矛盾实则合乎逻辑的表达方式做标题同样能够吸引眼球，引起注意。这种看似矛盾实则合乎逻辑的标题会令人一看标题，心生疑窦，读完新闻内容后又豁然明朗。值得注意的是新闻标题中的矛盾是要合乎逻辑、合乎事理的，这种矛盾会在新闻内容中得到很好的解答。在使用这种表达方法创作标题时，需要认真组织语言，不能让标题缺成分成为病句，也不能为博得眼球刻意去编造矛盾而又在新闻内容中不做解答。

如2019年新华网转载的一则新闻《张译：这次我饰演一个有一点点瑕疵的英雄》。这是电影《攀登者》即将上映时，记者对电影中的一位演员张译的采访报道。新闻报道主要讲了张译所饰演的曲松林是第一批登上珠穆朗玛峰的英雄之一，但是在过程中腿被截肢成了瘸子，人也开始变得固执，人物性格和身体上有了"瑕疵"。自古"英雄"和"瑕疵"本没有联系，但从新闻内容上看，这两个近乎矛盾的辞藻放在这篇新闻标题中却是合乎情理又恰到好处。这种看似与常理相悖而又合乎逻辑的新闻标题表达方式有很多。如《一等奖发给第二名》《东北小伙骑自行车回家过年，一个月后发现方向反了》《吉林长春四月飘雪》等都非常引人注目，受众为了了解标题中看似相悖的内容，必然点击阅读。

使用以上方法和技巧制作手机新闻标题，需遵从新闻写作法则，不能脱离新闻事实、新闻价值。如果脱离了这样的根本，那么再精妙的表达技巧都只是一堆残渣废料。

12.3　新闻标题的制作方式

12.3.1　点明主旨，紧扣新闻内容

12.3.1.1　标题应题文一致

制作、写作标题，必须要顾及消息的内容，包括标题的判断要在新闻中找到充分的依据；绝不能出现题文不符、题不对文，二者完全脱节的情况。

此外，题文一致还应表现在题目要与整篇文章的格调、基调和主题一致。如果是一篇激情洋溢的文章，题目可以制作得富有感情和气势，可以用一些形容词、副词来烘托气氛，增强表现力；如果是一篇严肃庄重的消息稿，标题则应该婉约、含蓄、内敛，与文章保持整体的和谐。

总之，题文一致应建立在作者或编者对文章准确充分的把握和熟悉的基础上，如果连自己所要制作标题的文章都不熟悉，那怎能制作出贴切、恰当的标题呢？

12.3.1.2 标题应一语破的

制作标题要能突出最新鲜的、最重要的、最有特点的、最本质的事实，尽管在传统的倒金字塔结构中，导语应是对整篇消息的概括和提炼，但标题应是对导语的进一步浓缩或是对文章最核心部分的说明。从这个意义上讲，它比导语的地位更高一层。毕竟，人们还是先接触到标题，了解发生了什么事，再接触导语，知晓简单的情况，再进一步读正文，熟悉整个事件的全貌的。标题—导语—正文这样一个过程，符合人们的认知心理。

12.3.1.3 标题应旗帜鲜明

制作标题要有明确的是非观念，标题应有破有立，标出赞成什么、反对什么，或者只标出赞成什么，或者只标出反对什么。标题应该含有鲜明的爱憎感情，当然要有感而发，忌无病呻吟，不宜堆砌辞藻，要通过多种方式表达丰富细腻的感情。标题有如文章的眼睛，是作者最先触及的地方，它是集文章的神采、文采、作者的好恶于一身，同时也体现编辑的意图。面对纷繁复杂的社会问题，作者通过自己的观察研究，发之于笔端，表明自己的态度和立场，给读者以启示。标题不能拖泥带水，闪烁其词，模棱两可。

12.3.1.4 标题应生动活泼

这主要是针对增强新闻的可读性而言。在制作标题时，要注意选词和采用多种修辞方式，给消息稿增色，使文章可读，使读者乐读。标题写得生动活泼，使读者倍感亲切，不但有继续读下去的愿望，还会对新闻的作者、对编辑乃至对整份报纸产生好感和敬意。用生动活泼的形式使标题增彩，也是贯彻"三贴近"原则——贴近实际，贴近生活，贴近群众的途径之一。

当然，对于一些政治性、政策法规类的新闻，特别是一些会议报道和领导同志活动报道，标题制作仍然应该以严谨朴实为特征，不宜过于雕琢和口语化。孔子说："过犹不及。"究竟在多大范围内实现标题制作得轻松活泼，还有待进一步商榷，这还涉及新闻的定位、当前宣传报道的重点以及国内外形势等许多方面。但若不加选择，不予区分的将所有标题都做得花里胡哨、眼花缭乱，势必会分散读者的注意力，也会令读者对这则消息的准确性打上问号，这显然也是不妥当的。

12.3.2 引人入胜，吸引读者眼球

新闻标题的精彩到位与否，直接关系到一篇新闻作品的成败，直接关系到媒体与受众的黏性，甚至直接关系到媒体的影响力和竞争力。

12.3.2.1 标题制作应与时俱进

互联网深刻地改变着经济社会形态，也深刻地改变了新闻的概念和传播。近几年，受网络媒体的冲击，一些纸媒关门歇业的同时，一些纸媒的出版量更是一减再减。在有限的版面内，如何让新闻更精彩，除了新闻选题至关重要外，标题的制作也是关键。因为再好的新闻，如果标题制作得平淡乏味，不够抓人眼球，也会被淹没在海量信息中。所以，融媒体时代，要想让新闻更加"抓人"，新闻标题的制作也需与时俱进。

为了适应现在受众的阅读习惯，标题的制作应该更加生动形象，更加口语化，甚至可以通过互动的方式，增加受众和媒体的黏性。

如2018年9月21日，合肥几家媒体都集中报道了合肥动物园新引进"博士猴"的报道，《安徽商报》的标题是："看过猴子，看过'博士猴'吗？"该标题通过反问的方式，不仅可以增加媒体和受众的互动性，而且通过提问的方式，也能提高读者的兴趣。《新安晚报》的标题是"不出远门，也能赏鲨赏鳐赏'博士猴'"，该标题通过整合的方式，将国庆期间，一些好玩有趣的观看亮点集中呈现，为读者提供了大量信息。

从这条新闻来看，目前的传统媒体，在制作新闻标题时，也一改往日的呆板作风，变得生动有趣起来。

12.3.2.2 标题制作应"吸睛抓人"

好的新闻标题不仅能为新闻增色不少，而且还可以让读者眼前一亮，拍手叫绝。那么什么是好的标题呢？传统意义来说，好的标题，不仅能够反映出新闻的内容，还能把其中的精气神传达出来。因此，好的新闻标题具有简单明了、吸引读者的特点。

例如，为了增强对标题制作的重视，安徽商报社社长兼总编辑高波，要求记者在写稿时，要精心打磨标题。虽然一篇稿件上交后，还有后期的编辑甚至总编辑审稿，但记者是第一当事人，对新闻要素了解要全面深入。虽然编辑制作标题相对专业，但因为晚上稿件较多、编辑时间紧等因素，除了一些主打稿件外，很多稿件没

有认真推敲打磨的时间，所以，总编辑要求从记者便把好标题第一关。

另外，为了让主打稿件更加出彩，该社社长也一再要求，每天下午的编前会上，各部门主任不仅要推选出头版及各版面的主打稿件，而且要求大家集思广益，把头版头条的标题和其他版的主打稿件标题定下来。另外，每天对合肥同城的几家都市报新闻标题进行评选对比，经过一段时间的操作，记者制作标题水平成效显著。

如2018年9月13日，《安徽商报》06版刊登的一篇"老赖"报道，标题是"狗吃的都是名牌他欠的钱却不还"，短短14个字，将老赖的"赖"性展现无遗。据了解，这是记者根据采访细节提取出来的标题。该报道不仅获得当天的好标题，还入选9月星稿评选。另外，9月19日有关"美的被骗3亿理财金"事件在合肥中级人民法院审理，作为当天的核心稿件，编辑仔细阅读，认真提炼，最后见报的标题"3亿理财金被骗　美的冰箱'拔凉拔凉的'"，让人眼前一亮，受到广泛好评。

12.3.2.3 标题制作应"巧妙靓丽"

一般的新闻标题制作，必须遵循一定的规范和要求。如：题文一致，即标题要与文章内容一致。简单明了，精简字句，适当采用简称。旗帜鲜明，明确是非，表达鲜明的爱憎情感。一语破的，抓住新闻中最重要的、最有特点的、最本质的事实。生动活泼，用形象生动的语言，采用适当的修辞手法。

不过在实际的操作过程中，传统的纸质媒体和网络媒体还是有很多的区别。如传统纸媒，编辑可以灵活利用版面，使用多行标题（引题、主题、副题）对新闻内容进行概括。这种多层题的标题方法在报刊上，可以充分发挥标题提示内容、吸引阅读和变化版面的作用，是非常见成效的编辑手段。而新媒体版面的整体布局是相对固定的，如网站稿件标题字数受行宽限制，既不宜折行，也不宜空半行，而且因为载体的特性，网络新闻大多数采用一行标题，这种标题直指新闻核心，言简意赅。要最大限度吸引网民眼球，就得把标题做得既贴切又精彩。但不管怎样，让标题"生动""形象""有趣"都是不变的真理。

（1）提炼主题用情动人，让亮点更"靓"

编辑是新闻的第一读者，编辑要制作一个精彩的标题，首先必须认真阅读稿件，从新闻事实的细节中发现并提炼出新闻的看点和卖点，然后对新闻信息进行归纳与整合，提炼出新闻事件中读者的关注点。

如2018年8月31日，合肥天鹅湖惊现鳄鱼。《安徽商报》微信版推出"到天鹅湖游玩的市民注意了：有鳄鱼出没千万小心"，短短24小时，点击量就突破7万，创造了该报微信点击新高。抛开事件本身的关注度不说，该新闻标题除了抓住了核心事件：天鹅湖有鳄鱼外，其互动提醒的方式，增加了新闻与受众间的互动性。

（2）妙用口语、动词、语气词，让标题更生动

标题是新闻的"眼睛"，既然是"眼睛"，就要灵动，对受众产生牵引的效果，也就是要"抓人""抢眼球"。口语化新闻标题，虽然缺少严肃、庄重，但却亲切、通俗，贴近生活。

如2018年9月19日，巢湖一沟渠施工现场发生坍塌，一男子被埋20分钟，数名消防员手挖、锹铲1小时，成功将男子救出。《安徽商报》07版刊登呈现的标题是："他还活着！他还活着！"不仅迅速将读者带至事发现场，而且男子被成功救出后，人们的欣喜程度也被展现无遗。

另外，巧用动词、语气词制作标题，不仅能够化静为动，变抽象为具体，而且还可以使标题更加生动活泼，增加新闻的可读性。

如"定了！定了！合肥六中新校区选址北二环""只想洗个头、不想被洗脑""这笔奖金暖透了员工父母心""奥数加分彻底退出历史舞台"等标题，妙用"定了""洗""暖透了""彻底退出"等词，使得标题更生动形象，为平淡无奇的新闻增添了趣味性。

（3）巧用网络用语，让新闻标题更具亲和力

把受众最关心、最关注、最吸引人、最新的、最重要的、最精彩的信息点放在标题里，使受众注意力在快速浏览中被紧紧地抓住。这不仅需要编辑熟练掌握编辑技巧，还需要编辑与时俱进，多学习、浏览信息，从微博、微信等新媒体平台收集近期出现的网络热词、流行语，然后巧妙地运用其中，

如2018年10月16日，因为冯绍峰和赵丽颖宣布结婚信息而火爆网络的"官宣"，以及前期出现的"城会玩""不要不要的""单身狗""蛇精病""天了噜"等网络热词。富含网络热词的新闻标题更具亲和力和贴近性，更能触动年轻网友的内心。当天，不少媒体都开始使用"官宣"做标题。如《安徽商报》官方微博当天推送的"官宣！合肥六中新校址定了！就在……"

（4）巧用排比等手法集中整合，让新闻更具战斗力

我们知道，在日常的新闻写作中，排比句的使用可以增加语言的气势感。但如果整版新闻标题都采用统一修辞手法会是什么感觉？"房租不是你想涨就涨""蓝天不是你想污就污""单车不是你想来就来"，这三篇稿件是《安徽商报》某一期头版三条新闻的标题，这三个标题采用同一模式集中呈现，和同城几家媒体相比，让当天的新闻更出彩、更加吸引人的同时，也更具战斗力。

12.3.3　情深意切，走进读者心理

精心打磨出来的好标题，有能将读者代入编辑所要表达的情感、内涵、画面、精神中去的神奇魔力，且一目了然、回味无穷。

这种奇妙的代入感如何得来？这与好标题中内含的"情""深""意""切"四要素密不可分——引起情感共鸣、深刻提炼主题、表达意味深长、切合时代主题。

12.3.3.1　"情"动读者

一个标题，若能够深刻地展现出人情冷暖、民族情感，就能以情动人，直击人心，从而感染人、鼓舞人、影响人。例如：每一个游子都有家人惦念，每一次探亲后的归途，行囊都装满了父母的牵挂，《人民日报》2017年度一等奖好标题"行李箱再大，也装不下一个家"，就将这种割不断的亲人之间的情感维系，通过具象的手法，描绘得淋漓尽致，戳中读者内心最柔软的地方，让他们无法不想起老家的父母或妻儿，这种最历久弥坚的人伦情感，怎能不引起读者的共鸣，怎能不让读者饱含热泪？

12.3.3.2　"深"度提炼

新闻标题不是一个"筐"，不能把什么都谈到，而只能聚焦一点，择其要义，放大精彩。这也是为什么一个好标题的代入感，离不开内容的高度提炼，越精炼、越浓缩就越精彩。

例如：2020年9月2日，湖北日报2版见报标题"晴空万里缘何'气质'不佳（主）湖北打响PM2.5和臭氧'协同治理战'（肩）"，作者通过"气质"不佳四字，高度概括了湖北空气污染情况不容乐观，口吻诙谐幽默，内容却发人深省。

此外，鞭辟入里、精炼含蓄的标题表达，还应尽可能做到诗意化、通俗化、简洁化。

所谓诗意化表达，是指通过巧妙化用古今中外之经典名篇故事、诗词名句、成语、民间俚语等，以独特的表现手法传递多种信息，既富有文化底蕴，又生动活泼，达到一语双关的效果。

例如：《湖北日报》2019年1月10日11版见报标题"树龄长，树干中空，一旁的竹子'破肚而出'（肩）黄梅550岁月桂'胸有成竹'（主）"，就十分巧妙地化用了"破土而出"和"胸有成竹"两个成语，形象贴切地描述了黄梅县的一颗一级保护古树月桂，因机缘巧合，从"肚子"里长出6株小碗口粗的竹子这一奇观。

该标题通过诗意化的表达，把一件本来略显枯燥的事情，描绘得生动有趣，具有十足的画面代入感，能让读者身临其境般一睹自然界的神奇风采，同时也将这颗古树拟人化了——好似一位满腹经纶的智慧老者，站立在读者面前。标题将自然的魔力和文化的底蕴交织交融在一起，让人浮想联翩。

通俗而不庸俗，幽默而不死板，口语而不官腔，应该在标题制作过程中引起足够重视。《湖北日报》2020年10月19日6版见报标题"远安两干部对扶贫项目资料弄虚作假受处分——（肩）造假单子挨真板子（主）"，其主标题就十分口语化，风趣幽默，好不形象。

近些年，短视频行业站在文化产业发展的"风口"，虽蓬勃发展一路前进，但随之而来的则是各种乱象，让人深恶痛绝，《人民日报》评论标题"短视频勿短视"的出炉正逢其时，直击社会痛点，言简意赅却意味深长，尖锐地表明了短视频的发展应该守住底线，而不是任其野蛮成长、违背社会公序良俗的观点。当我们看到一些屡屡违规甚至突破红线的短视频对社会造成的种种伤害时，该标题的警醒意味值得我们深思。

12.3.3.3 "意"味无穷

娴熟运用双关、拟人、比喻、对比等手法，会让标题更耐读，拥有更为丰富的内涵和韵味，再通过多使用形容词和动词来营造画面动感等方式，则会让标题犹如好茶一般，让读者越品越有滋味。

例如：《人民日报》2019年度好标题"嫦娥四号飞行约40万千米后，用时约690秒平稳着陆（肩）翩然落月背再赴广寒约（主）"，将一幅栩栩如生的嫦娥四号顺利着陆画面置于读者眼前。

其中，"翩然"和"再赴"等寥寥数字，将嫦娥四号再次登陆月球时从容不迫的实力，以及面对各种高难度挑战时闲庭信步的信心表露无遗，也从侧面反映出了我国科学技术水平的长足进步和制造工艺的显著提高。而"广寒约"这一美妙辞藻，则引出中国人民通过勤劳和智慧，以顽强拼搏的勇气和毅力，终于实现这一千年之约的动人情景。该标题将现实与神话相结合，理性与浪漫互交融，让读者读起来既充满民族自豪感，又若有所思感慨万千。

富有深刻寓意的标题，一来文采斐然让人赞不绝口，二来容易激发读者合理的想象力，让他们从字里行间中跳出来，展开想象的翅膀，翱翔于更为广阔的思想空间中。

12.3.3.4 "切"合主题

信达雅是标题制作的三个层次，"信"是第一个层次，即对内容的表达要准确，要符合文章的主旨，不能望文生义、牵强附会，更不能断章取义、扭曲事实。

制作一个好标题，"信"是源点也是起点，源点找不准，则标题制作就成了无源之水、无本之木。起点有偏差，则标题制作就会跑题，导致文题不符，更遑论"达"和"雅"。

因此编辑需要深刻领会文章主题，高度归纳总结作者中心思想，所制作标题不仅要言词切合文章所要表达的核心事实，还应更进一步，切合当今的时代主题，为当下的主流正面价值观鼓劲。

2020年，突如其来的新冠肺炎病毒席卷全球。我国在统筹做好防疫与复工复产的同时，始终以构建人类命运共同体为己任，尽量帮助支援他国战"疫"。从国内媒体制作的标题便能深切感受到这种人文情怀。

例如：2020年7月30日，新华社刊发特稿，标题为"穿越寒暑　无问西东（主）——写在新冠疫情构成'国际关注的突发公共卫生事件'半年之际（副）"，体现了我国对人类命运共同体的维护，通过呼吁世界各国团结起来共同抗"疫"，展现了我国的大国担当。

一个好标题，正因为融入了编辑的思想感情，再加上编辑"情""深""意""切"地制作，通过精炼的、准确的、具体的、形象的表述，确实很难不把读者代入鲜活的画面中去、代入合理的想象空间里去、代入真情实感中去、代入时代发展的主流中去……

12.3.4　推陈出新，创新制作方式

标题不出新，缺乏吸引力，即使是再好的新闻也会丧失魅力，因此，精心制作的标题有点睛之功，往往会深深地打动读者。作为新闻工作者，必须走出"重内容、轻标题"的误区，从实际出发，制作好新闻标题，使之既准确、鲜明、生动，又亲切、朴素、活泼，让整篇稿件散发出最大的吸引力。

12.3.4.1 概括新闻事实

标题里面要有该篇新闻的核心要素，但不是全部要素，否则标题就成了简讯；必须是完整的句子；要有层次，如果标题中有主标题和副标题，则两者应当搭配；标题要尽量短，科学研究表明，人们不眨眼能够看到的字数是7个字以内，否则就会降低标题的吸引力，所以标题要高度浓缩，尽量精简。

12.3.4.2 抓住新闻特征

标题除了要准确简练外，还应该力求形象生动，具备一定的文采，这样才能给读者留下深刻难忘的印象。因此，要达到形象生动的效果，就必须具备良好的文字表达能力。通过掌握新闻事物外形诸因素来巧妙地组合，让读者如观其形，如闻其声，并引起联想，借以加深对新闻内容的理解。

如"小小笪帚苗，扫出大市场""小西瓜撞开大市场"等标题，让读者读之不禁心动，并立刻产生浓厚的阅读兴趣。

12.3.4.3 巧用贴切词语

通过词语的反复营造一种气氛，使标题具有强烈的感染力，给读者以生动的形象感。

如"突泉县突出来了""黄窝黄了"这些标题，当然运用这种方式一定要自然贴切，不能矫揉造作；巧失自然就是笨拙、因词塞义，更是舍本逐末。

12.3.4.4 利用数字作用

近年来，数字在标题里出现的频率日益升高。它的具体作用表现在：具体明了，突出新闻要素；形成对比，让人印象深刻；形成反差，突出舆论监督职能；起强调作用。可见小小数字，有时所起的作用是无穷的。

12.3.4.5 妙用修辞手法

使用修辞能生动形象地表现新闻标题所揭示的事实和思想，也能使标题在语言形式上具有美感，更富有吸引力。

（1）比喻

巧用比喻能恰到好处地反映所做事情的实质。这种手法使非物状的事实经过形象化处理后，更能反映出整个事件的深刻主题。

（2）比拟

善用动词比拟，能动就不要静，标题会显得有动感、有生气。新闻标题如果采用的是动态表示法，其标题制作就要讲究巧用动词。

如"丹阳鸡飞进肯德基""浙江大学生今年成俏货""洪峰俯首过三峡""河北劣钢偷摸进京"这些标题，使没有生气的静止之物有动感了，活了，这就是动词比拟在标题中显示的魅力。

（3）对比

采用对比写法使标题表达的思想更具说服力，更富有感情色彩。

如"奖勤罚懒今见高低：铁汉每月工资8000，懒汉难保基本工资""工程师三代破屋两间，副局长一家新屋四套""吃大锅饭山穷水尽，走改革路柳暗花明"这些标题，通过对照，孰是孰非表现得非常鲜明。

（4）对偶

运用对偶使标题句子形式整齐匀称，语调和谐，富有感染力。

如"榜上无名，脚下有路""扬广播的长，出戏曲的新""两袖清风，一身正气"这些标题，对称醒目，朗朗上口，标题含意一目了然。

（5）排比

运用排比能加强标题的力量和气势。如"惊险、优美、娴熟、准确——××体操队获得好评"。

（6）设问

运用设问加强标题语气，表达强烈的情感，以引起读者的关注。

此外，还有反复、摹状、顶真、回环等多种手法，这些好的、求新求异的合理标题也能起到意想不到的作用，这里不再一一列举。显而易见，修辞手法在新闻标题制作中的妙用，有助于增强标题的表现力，达到立意深、语言美、题目新、效果好的目的。

一个好的标题不但能给文章锦上添花，还能起到拾遗补阙、修饰美化的作用。语言秀丽的标题，也容易打动人心。它不仅能使忙碌的读者通过其了解新闻的内容，而且能使那些有比较充裕时间的读者通过它产生进一步阅读的兴趣。语言美妙、句子传神的标题，会让人乐意一看。因此，在拟制新闻标题时，应该讲究点文采，尽量把标题做得妙趣横生、情景交融、兴味盎然。

12.4　新闻标题的注意事项

12.4.1　词法

12.4.1.1　常见字词错误

卯足　应为　铆足

戮力　应为　勠力

脉博　应为　脉搏

惟有　应为　唯有

奋辑　应为　奋楫

当属　应为　当数

就序　应为　就绪

直升飞机　应为　直升机

碳烤　应为　炭烤

不知所踪　应为　不知所终

不依不挠　应为　不依不饶

渡汛　应为　度汛

防范于未然　应为　防患于未然

有失偏颇　应为　失之偏颇

亲睐、亲赖　应为　青睐

锥心泣血　应为　椎心泣血

金钢钻　应为　金刚钻

综合症　应为　综合征

蜇伤　应为　蜇伤

秸杆　应为　秸秆

成型　应为　成形

抓现形　应为　抓现行

作客　应为　做客

名至实归　应为　实至名归

通讯　应为　通信

唇枪舌战　应为　唇枪舌剑

懵了　应为　蒙了

换档　应为　换挡

台帐　应为　台账

枉顾　应为　罔顾

年愈古稀　应为　年逾古稀

一言不和　应为　一言不合

收关　应为　收官

布署 应为 部署

刮蹭 应为 剐蹭

粘性 应为 黏性

严正以待 应为 严阵以待

趟出 应为 蹚出

擘画 应为 擘画

12.4.1.2 常见成语错误

（1）望文生义

望文生义，主观臆断，以今训古，是成语误用中常见的现象。

如中国网—资讯中心2014年2月26日的《电视剧收视率40%达"万人空巷"级？业内：造假荒唐》这一标题中用到了"万人空巷"这一成语，但是文章里却用"万人空巷"来表示"理论上，马路上已经没有人"的意思。这就造成了成语的误用。实际上，万人空巷的意思是成千上万的人涌向某处，使里巷空阔冷落，不是街巷空空无人之意，多用来形容庆祝、欢迎的盛况或新奇事物轰动居民的情景。用万人空巷来表示"人们都在家里看电视剧，使得街上没有人"这一意思则是对"万人空巷"这一成语望文生义的错误的用法。

（2）对象误用

对象误用、张冠李戴，是指每个成语都有确定的适用对象，许多误用的现象在于误把应用于特定对象的成语用于其他类的对象上。

如新华网2013年12月23日新闻标题"《警察故事2013》首映　成龙气场被调侃美轮美奂"中误用了"美轮美奂"这一成语。"美轮美奂"出自《礼记·檀弓下》，古时形容房屋建筑高大、众多与宏丽，后来用"美轮美奂"形容新屋高大美观，也形容装饰、布置等美好漂亮。其适用对象主要是建筑、装饰等，在新华网这一标题中用"美轮美奂"来形容成龙的气场，是属于运用的对象错误，属于误用现象。

（3）褒贬不当

褒贬不当指的是成语大都带有一定的感情色彩，使用时要审慎区别。新闻标题在成语的使用上有许多褒贬运用不当的情况。

如凤凰网陕西频道2013年9月6日新闻标题"2013诺贝尔文学奖初定风向　村上春树炙手可热"中，用"炙手可热"形容村上春树的影响力是错误的，背离了其本义。"炙手可热"出自唐玄宗时期，唐玄宗宠信杨贵妃，任命他的哥哥杨国忠为宰相，把朝政大事全交他去处理。杨家兄妹过着花天酒地、穷奢极欲的生活，诗人杜甫对杨氏兄妹极为不满，作《丽人行》讽刺他们的荒淫无道："炙手可热势绝伦，慎莫近前丞相嗔。"本义是指手摸上去感到热得烫人，比喻权势大，气焰盛，多指权贵气势盛，使人不敢接近，属于贬义词。但是很多媒体、娱乐节目等经常用这个词来形容很受欢迎、极具影响力的当红明星，多用作褒义词使用，属于错误用法。

（4）一字之差

一字之差指的是两个成语之间只有一字不同意义却有很大的差距，有时人们会因为两个成语相似而产生误用现象。

凤凰体育2014年2月14日新闻"全明星缺席　球星科比引伤病潮　邓肯KG成昨日黄花"这一标题中用"昨日黄花"来表示以科比、邓肯为首的老一辈球星集体告别全明星赛，指他们势头不再，是对成语"明日黄花"的误用。其实没有"昨日黄花"这个词，用"昨日黄花"都是对"明日黄花"的误用。"明日黄花"出自宋代苏轼《九日次韵王巩》诗："相逢不用忙归去，明日黄花蝶也愁。"比喻过时或无意义的事物，后多比喻已失去新闻价值的报道或已失去应时作用的事物。

12.4.2　语法

12.4.2.1 实词虚词误用

新闻标题中实词的误用主要是由于对词的意思理解得不准确或者是使用一些读者看不懂的外来词、专业术语、缩略词等造成的，虚词的误用则主要是因为对虚词的语法意义理解不当造成的。

（1）实词误用

用词不准确，如："为买零食，顽童盗割电缆"（《齐鲁晚报》2000.12.224版）。

"经查，该少年姓陈，今年只有十三岁。""孩子""顽童""少年"都属于"未成年人"，《现代汉语词典》中的解释是：①顽童：顽皮的儿童。②孩子：儿童。③儿童：较幼小的未成年人（年纪比"少年"小）。④少年：从十岁到十五六岁的阶段。从这则新闻的内容来看，"盗割电缆者"既然是十三岁，那么应该算作是少年，不应再说他是顽童。

（2）虚词误用

结构助词"的""地""得"的错用：

结构助词是用来标明词语之间结构关系的，典型的结构助词就是"的""地""得"。具体来说，"的"用在定语和中心语之间，表明后面的词语是名词；"地"用在状语和中心语之间，表明后面的词语是动词；"得"用在中心语和补语之间，表明后面的词语是补语。结构助词用得合适，可以增强语气的准确性，减少歧义，但往往还是有些新闻标题的拟写不太注意它们的区别，应注意。

另外，介词"关于""对"的错用：介词用在名词和别的词语前面，一起组成介宾短语表示某种意义。介词"关于""对"都是表示对象或范围的涉动介词，主要跟动作行为发生关系。新闻标题中正确使用介词"关于""对"能使语义更加清楚，逻辑更加严密。可有些新闻单位却在标题中乱用这些介词，造成了标题的冗长和结构的混乱。如："国家教委关于对部署普高三项工作的通知"（《中国教育报》2004-03-05）。这里将"关于"和"对"连用，两个介词重叠，造成词语的赘余，应该删去"对"字。这样标题意思既完整，又能向读者提供有效信息。

有些编辑、记者对结构助词和介词的错用不以为然，认为这种错误不影响标题的意思，实际上，一旦报纸上出现这种错误，尤其是党报，其公信力就大大下降了。试想，编辑、记者在标题中连虚词都使用不当，人们就会对记者撰写文章的能力产生疑问，认为记者水平太低，此报不值得一读。

12.4.2.2 常见语法错误

新闻标题中常见的语法错误有：句子成分不全、句式杂糅和句子成分搭配不当三种。

（1）句子成分不全

如："学校组织我们爱国主义影片《闪闪的红星》"（《闽北日报》），这里的问题是缺少谓语，应该加个动词"观看"，这样句子的意思就顺了。

如："我们学校开展智力竞赛"（《小学生周报》2003-12-20），这里显然是缺少宾语，应该加个名词"活动"，这样句子就完整了，文章也好看多了。

（2）句式杂糅

如："我国一年错用抗生素造成极大的浪费和损失七亿元"（《长江日报》2003-12-01），这里的标题是由"我国一年错用抗生素造成极大的浪费和损失"和"我国一年错用抗生素损失七亿元"两个句子糅合起来的。在前一句中"损失"是名词，是"造成"的宾语；而在后一句中，"损失"是动词，是"七亿元"的谓语，句子杂糅不清。原标题可以改为"我国错用抗生素，一年损失七亿元"，这样既简洁明了，又能准确地表达句子的意思。

（3）句子成分搭配不当

如："武汉高校关于进一步搞活校产办集体企业有关政策的试行办法"（《武汉晚报》2003-12-02），这里的问题在于动宾搭配不当，"搞活"的宾语应是

"企业"，而不能是"有关政策"。因为"政策"只能是贯彻执行，而不能是"试行"，"试行"的只能是办法而不能是"政策"。这条标题由于动宾搭配不当，意思显得混乱，条理不清。

总而言之，要想让读者读新闻内容，标题首先要夺人眼目。因此，标题是不能出错的，编辑、记者要在汉语语法方面加强学习。

12.4.3　语用

"震惊！……""速看必删……""轰动全国……""出大事了……"这些标题，估计我们每天都能从微信平台文章中接触到很多，而这样的标题下面，往往是空洞的概念、文不对题的内容，甚至与标题相去甚远的话题。简单概括，这样的标题是虚假的、偏离的、夸张的。

媒体融合背景下，新闻的标题应该如何更好地服务读者？一是信，即标题要真实，要如实地提炼出新闻中最核心的事实。二是达，指准确到位，不含糊，不夸大，不哗众取宠。三而雅，是指生动有趣，具有一定的文化美感，能够调动起读者的阅读兴趣。

12.4.3.1　题无信不立

新闻的生命是真实。同样，评判一个标题的好坏，真实是基本底线。新闻标题就是要以最精炼的文字将新闻中最重要、最新鲜的内容提示给读者。

通过这个标准，不难发现，目前很多新媒体"标题党"，已远远偏离了这一标准，就是不看内容，也基本能判断出以其引人关注、哗众取宠为立题的出发点，"拉大旗做虎皮"，一心只为点击量，真实性已经荡然无存。

以《人民日报》2019年的好标题来说明新闻标题"真实的力量"。如其获奖的一个好标题是"研究一根黄瓜，摘获两项大奖"，是该报1月11日刊发的一篇消息，主要内容是中国农科院蔬菜花卉研究所凭借黄瓜研究获得两项国家科技奖。"一根黄瓜"何其朴实、何其普通，而标题两句话又如白话一样平实质朴，毫不故弄玄虚，也不做作卖弄，但是这样的一个标题，因为真实、质朴、充满了"烟火气"，而一下子就抓住了人们的心。这个标题既达到了新闻标题应有的概括新闻内容的功能，又新颖有趣、简洁无华，引起了读者的阅读兴趣。可以说，这篇文章广为转载，与这个标题的真实、质朴有很大关系。

12.4.3.2　达文更达人

能够做到真实，可以说，一个新闻标题就有了"骨头"，有了站起来的力量。

同时，要让读者想看、爱看，还要专研琢磨，能够真正让标题为内容服务。如何通过寥寥几个字，精准、有力地传达新闻事实和采访者的立场？这就引出了好标题的第二个标准——达。即一方面用标题准确表达新闻内容，同时还能直达读者心意，充分完成标题所担负的神圣使命。

要想做到"使命必达"，不仅考验拟题者对新闻的理解和驾驭能力，更考察其思维概括能力和文字运用能力，可以说，这是一项需要"能力"和"巧劲"的事情。

如《太原晚报》2019年10月的一组报道标题，说明当标题可以"准确传达新闻内容"时，所起到的冲击力和影响力有何等重要。2019年10月22日到24日，国家级高端论坛——太原能源低碳发展论坛如期举办。该论坛级别高、规模大、影响广，在论坛举办的当天，国家主席习近平专门给论坛发来贺信，高度评价论坛的成功举办。为此晚报经济新闻部提前谋划，充分准备，推出了一系列策划报道。

如何让这个策划形成一个统一的主题？既及时传达会议声音，又能体现晚报角度和市民情怀？大家决定先从标题上下功夫，即通过精心拟定的题目，串联起这一组稿件，让读者在看到标题的第一时间，就能对论坛有精准及时的了解。于是，由标题引领的这样一组稿件就产生了："听，三晋大地吹响能源革命号角""看，盛会主题点睛山西转型路""赞！'五朵金花'绽放能源革命之美""冲！'太原时间'开启能源革命新征程"。

这些稿件的标题都由一个具有冲击力的动词来引领，使标题显得强劲有力，读起来特别上口，能给人留下很深刻的印象。对于这组标题，《太原日报》评报委评价"特别振奋，特别提气"，评委会一致同意将这一组标题评为当月好标题的特别奖，也是评比中唯一的一个特别奖。

12.4.3.3 雅韵入人心

一个"雅"字，可以说是新闻标题的最高境界。这个"雅"字不仅仅是字面意义上的文雅、文气，更是新闻事实和语言表达的高度统一和谐，它脱离了"标题党"低俗粗鄙的"套路"，显示了文字的美和自然的美，是我们每个新闻工作者都应追求的境界。

如：2019年1月27日，《人民日报》刊发通讯，标题为"'空心村'呼唤'实心人'""空心村"与"实心人"，一空一实的对比，非常巧妙。文章通过展现近年来"实心人"扎根"空心村"的事例，形象生动地突出了乡村对年轻人的渴望，彰显青年建设乡村的力量，也呼吁更多年轻人投身乡村振兴。该标题精炼生动，起到了画龙点睛的作用。

"吟安一个字，捻断数茎须。"古人为求诗中一字，往往达到寝食难安、念念不忘的境界，如今，在我们每天的生活被海量信息所占据的当下，我们仍然要具有这样的求索精神、匠人精神，努力出好稿，出精品，出好标题。要达到这样的目标，路径无它，唯手勤、眼勤、心勤，努力提升我们的认知范围、思维水平、文字能力，用好标题来助力好作品，讲好中国故事，写好手中文章。

本章小结

　　本章主要围绕新闻标题展开，阐述了新闻标题的基础知识，探索了新闻标题的分类、制作方式、注意事项。通过本章学习，了解新闻标题的重要作用并掌握新闻标题的制作。

课后习题

1）结合所学知识，请说出新闻标题的重要作用。

2）结合所学知识，请说出新闻标题的制作方式。

3）结合所学知识，请为以下一则新闻拟定新闻标题。

"在'三农'领域，电子商务在促进农产品上行、推动农业数字化转型升级、带动农民就业创业、改善提升农村风貌等方面成效显著。"2021年中国国际服务贸易交易会举办期间，商务部电子商务和信息化司二级巡视员朱炼在2021中国电子商务大会的"数商兴农"论坛上如上表示。

电子商务助农成效显著　　自身也获益颇多

朱炼在发言中表示，"数商兴农"需要把握好振兴与创新的关系，统筹好乡村振兴战略、创新驱动发展战略的实施。

朱炼认为，随着新一轮科技革命深入开展，党和国家大力实施创新驱动发展战略，以电子商务为代表的数字经济蓬勃成长，各领域数字化变革风起云涌。在"三农"领域，电子商务在促进农产品上行、推动农业数字化转型升级、带动农民就业创业、改善提升农村风貌等方面成效显著，疫情防控常态化以来，在稳定市场供应、缓解农产品"卖难"等方面作用积极。

"十三五"时期，全国农村网络零售额由2016年的0.89万亿元增长到2020年的1.79万亿元，年均增长率为19.1%。2020年国家级贫困县网络零售总额达3014.5亿元，同比增长26%。

"我们看到，电商在助力乡村振兴，服务经济社会全面发展的同时，自身也实现跨越式发展。"朱炼表示。

商务部门探索新模式搭建新平台　推动电子商务助农

朱炼在发言中介绍，过去几年，商务部认真贯彻落实党中央、国务院有关决策部署，积极促进电子商务发展，着力挖掘和充分发挥电子商务在扶农助农、助力乡村高质量发展方面的作用和优势，取得了显著成效。

一是创新探索了电商扶农助农模式。商务部指导中国电商扶贫联盟，通过公益化与市场化相结合的方式开展扶农助农，持续开展农产品认证帮扶、品牌推介洽谈、产销对接等工作，加快农产品标准化、品牌化、网络化进程。5月，我们指导联盟升级为中国电商乡村振兴联盟，联盟成员达到了34家，帮扶范围进一步扩大，帮扶举措进一步加强。

二是创新搭建网络消费平台。商务部连续三届举办"双品网购节"，在年初首次举办了"2021全国网上年货节"，指导地方、电商企业等广泛参与，帮助传统电商、直播带货等网络销售渠道加速下沉，更多优质消费品进入农村市场，推动"以节兴市、以节兴商、以节聚势"。

三是加强示范创建引导。商务部将乡村振兴有关指标纳入国家电子商务示范基地评价体系，截至2020年底，127家国家级电子商务示范基地吸纳农民工就业9.76万余人，超9成示范基地开展电商扶贫工作。

四是培养农村电商人才。2019年以来，商务部推动全国电子商务公共服务平台建设应用，开展惠民惠企行动，统筹电商平台、专业培训机构等多类服务资源，面向涉农主体在内的广大中小企业和个人，免费提供农村电商课程和相关服务。

实施"数商兴农"行动　农村市场大有可为

"展望未来，我们面对的是中国经济发展进入新常态、世界经济发展进入转型期、世界科技发展酝酿新突破的发展格局。应变局、开新局，守好'三农'基础是'压舱石'。构建新发展格局，把战略基点放在扩大内需上，农村有巨大空间，大有作为。"朱炼在发言中表示。

朱炼表示，下一步，商务部以《"十四五"电子商务发展规划》为主线，将在数字商务框架下持续推动实施"数商兴农"行动，统筹农村高质量发展和电商高质量发展的需求，强化指导，汇聚力量，聚焦"三农"，发展服务农村的农村电商新基建，指导地方建设智慧仓储、产销地冷链设施，鼓励对农村传统零售终端进行数字化改造；打造服务农业的农产品网络品牌，开展农产品认证资助和市场推广运营，推动电商平台与农产品企业对接合作；开展服务农民的电商人才培育，发挥电子商务继续教育基地、示范基地、电商直播机构、数字商务企业作用，培养创新创业人才。

~13~

全媒体新闻编辑

教学目标

主要讲述全媒体新闻编辑的基础知识和操作方法，通过本章学习，应达到以下目标：

- 掌握全媒体新闻标题制作的基本特点及写作方法等基础知识。
- 熟悉全媒体新闻标题的功能。
- 掌握全媒体新闻环境下多种媒介编辑手法。
- 掌握短视频编辑常用工具。

教学要求 ➡

知识要点	能力要求	相关知识
全媒体新闻标题制作	（1）通过学习全媒体新闻标题制作的基础知识，对全媒体新闻采访有基本认知。 （2）熟悉全媒体新闻的主要特点，努力掌握采访能力。	（1）全媒体新闻标题制作。 （2）全媒体新闻标题的功能。 （3）全媒体新闻标题的写作方法与范例。
全媒体新闻内容制作	了解全媒体新闻输出的几种形式，熟知全媒体新闻信息甄别的几种方法，熟练操作使用相关剪映软件。	（1）全媒体新闻的输出形式。 （2）全媒体新闻的信息甄别。 （3）全媒体新闻专题的内容设计。
社交平台全媒体编辑及剪映软件的基本使用	（1）了解全媒体新闻时代的新工具和新方法。 （2）熟知全媒体时代下，新闻写作应坚守的原则。	（1）新闻媒体的微信推文。 （2）微博媒体账号编辑运营。 （3）剪映软件的基础知识及案例。

聚合；新闻角度；短视频；编码。

13.1　全媒体新闻标题制作

网络的出现使新闻编辑大受其益，不仅加快了其从成稿到出稿的速度，而且其新闻素材来源渠道和传播渠道也得到了拓宽。新闻编辑写作网络新闻的效率大大提高，移动终端浏览新闻成为现在受众普遍接受的一种形式。但目前网络新闻质量良莠不齐，要想利用好网络新闻资源，新闻编辑还需对网络新闻的写作方法有所了解。本章将对全媒体新闻标题制作、全媒体新闻内容制作、全媒体新闻专题和新闻评论等几个在网络新闻中占比较重的板块进行介绍，以探索全媒体新闻的写作规律和特点，使新闻编辑们对网络环境下全媒体新闻有更好的了解。

13.1.1　全媒体新闻标题制作

网络新闻标题承担着新闻"窗口"的作用，具备浓缩内容与协助导读的双向功能。新闻标题与新闻是一体的，若标题不出彩，不能吸引受众点击，新闻稿件就几乎没有价值。尤其在网络环境中，若受众不能点击标题超链接，新闻的传播功能就会失效。因此新闻编辑要抓住新闻事实中的一个或多个要素，通过恰当组合抓取"新闻眼"，完成生动又要素齐全的新闻标题制作。

13.1.1.1　全媒体新闻标题的特点

全媒体新闻标题既要精简内容，又要尽可能地承载更多信息，以吸引受众，并满足其通过网络获取新闻信息的需求。在特定的全媒体网络环境下，全媒体新闻标题有以下五种特色。

（1）单行为主

新闻标题在网络中常呈列表式分布，简明扼要地将信息展示于主页面或二级页面上。相比多行标题的新闻结构，在网络中，新闻标题为节约空间、方便点击，基本只有一行。

（2）题长有限

网页版面的整体布局是相对固定的，因此新闻标题的字数受到行长的限制，既不宜折行，也不宜空半行，一般是单行一句或两句的格式。标题应将字数控制在一定范围内，避免出现转行的情况。全媒体新闻标题字数根据需要和网络平台要求有所差异，大部分要求控制在30字以内，16～26字为宜。

（3）完整性低

很多报纸或电子报的标题会使用多行标题来展示更多的信息，而全媒体新闻标题受限于表述空间，基本上只着眼于对最重要的、最新的或最本质的信息的提炼，更加突出某一点而不侧重于全面概括。相比之下，其内容的完整性更低、要素性更强。

（4）实题为主

在写作新闻标题时，出于揭示内容的需要，报刊新闻的标题虽然也多用实题，但还是会结合议论、抒情、设问等虚题一起提升新闻的表现力。实题主要叙述新闻事实，虚题可以是评价、要求或警句。使用虚题可以起到画龙点睛或锦上添花的作用，且其新闻的内容就在标题之下，受众照样对新闻内容一目了然。而全媒体新闻的内容则在其标题外的另一个页面，受限于标题长短或为了更好地揭示新闻的实质，网站编辑会更多地使用实题直接揭露重要事项，以免受众看了虚题之后不得要领，影响新闻的点击率。

（5）语言通俗化

全媒体新闻标题为了适应年轻人想要快速浏览及获取信息的需求，会更注重表意要求而语言不够规范，有些网络标题会在不影响意思传达的情况下省略部分词语，如量词、介词，甚至主、谓、宾语。标题语言的表达也更加通俗化、口语化。

13.1.1.2 全媒体新闻标题的功能

新闻稿件某一部分作用能否得到发挥，在于其功能是否实现，全媒体新闻标题的功能直接影响其点击率。一般来讲，全媒体新闻标题主要有以下四个方面的功能。

（1）评价新闻内容

新闻标题可以代表媒体评论新闻事实，不管是含蓄委婉，还是单刀直入，都具有一定的思想性，可以帮助或引导受众理解新闻内容的实质和意义。

（2）揭示新闻内容

新闻标题最显著的作用就是揭示新闻内容，标题将新闻中最重要、最有价值的信息揭示给受众看，让受众能快速获取关键信息，并且判断是否继续阅读。

（3）吸引受众点击

如果标题中突出了有趣的、受众感兴趣的信息或采取了优美的形式、生动的语言，就能有效吸引受众阅读新闻内容，提高新闻的点击率。

（4）链入正文

相比传统的新闻标题，全媒体新闻标题实际上是一种超文本链接，直接与新闻的正文相连接，点击标题之后可直接跳转到新闻正文页面，这是其独特的功能。在这里需要注意的是，超文本链接可以提升新闻的索引和交互功能。

13.1.1.3 全媒体新闻标题的写作方法与范例

在写作全媒体新闻标题时，要讲究一定的方法和技巧，下面结合范例对新闻标题的写作方法进行介绍。

（1）句式要简单

全媒体新闻标题的句式应简洁精练，在有限的字数内尽可能清楚、准确地传达丰富的、有吸引力的信息。其中，单行一句标题和单行两句标题是常用的表现手段。单行一句标题：指抓住新闻的时间、地点、人物、事件、原因、结果等来组合新闻标题，也称一句话标题。这句标题必须是实题，且能切中要害，既能吸引受众，又能让受众一目了然。单行两句标题：在传达较多的内容信息时，将标题分为两句的表现形式。标题分为两句之后，表达空间更为广阔，所以单行两句标题在全媒体新闻标题中创造使用的更多。也可以虚实结合，类似于主题与副主题或主题与眉题的组合方式。

（2）生动活泼

全媒体新闻标题可以采用更加生动活泼的表达方式，如形式优美、富有变化，还能为标题增色。例如，《人民日报》在全红婵获得女子单人十米跳台金牌后给出了这样的标题《广州灯塔为全红婵亮灯！这个14岁的奥运冠军想吃……》，会让人倍感亲切活泼。但是，这样的标题也要注意分寸，如果题材不合适，就要避免过于生动而使受众反感。

（3）融情如题

情感价值是新闻价值的有机组成部分，许多好的新闻稿件的标题总能以情动人，令人难忘。注意在融情入题时，还应突出人文关怀，站在普通受众的角度，尊重他们的情感需求。在写作标题中，要注意区分"动情"与"煽情"的区别，动情是以真情感染人，煽情多半有刻意渲染的味道。只有真情实感才能让读者产生情感的共鸣，而不是故意煽情。

13.1.2 全媒体新闻内容制作

在全媒体环境下对每个媒体来说，明确受众的定位很重要，这将让传播更加精细化，使其吸纳更多的目标受众，并促进整个网络媒体的发展。受众在网络上浏览信息主要有以下几种情形：① 为了寻找特定的信息而进行网络搜索；② 无目的性的浏览状态且仅限于浏览而非阅读；③ 习惯性进入媒体界面，只是被标题吸引然后点击进入；④ 出于语言学习的需求，某些网站可以有英汉互译两个版面；⑤ 有阅读新闻的习惯。

13.1.2.1 全媒体新闻的输出形式

全媒体新闻的生产输出形式一般包括原创、转载、编辑加工和聚合四种。

（1）原创

原创新闻就是新闻媒体的首发新闻，由新闻编辑以及评论员等撰写，是网络新闻占比最大的一种创作形式。原创新闻也是衡量一个新闻媒体实力的重要标准，一般独家新闻都是原创新闻。

（2）转载

转载有两种表现形式，一种是粘贴自己的印刷版新闻稿件作为网络新闻的创作方式，多数为传统媒体不同媒介上的输出；另一种则是直接转载其他媒体发布的网络新闻。

转载有利有弊，其利在于它能使人们通过网络查阅某个内容时，获得关于该内容更加全面丰富的资料，保障其重要信息的获取。另外，当转载的新闻媒体在转载内容中标注了原创媒体后，对于原创媒体来说也能带来一些经济效益和流量。其不利的一面包括两点，一点是加重了网络新闻的同质化现象，这种现象会引起受众对新闻质量和新闻发展的担忧；而另一点是，这种转载行为也会造成知识产权方面的问题。虽然这种创作形式仍有争议，但这也是客观存在的一种新闻创作形式，这也是网络媒体时代的一大特点。在互相粘贴转载之后，新闻媒体之间也会形成竞争关系，即新闻数量和发稿速度之间的竞争，这也间接造成了网络新闻发展繁荣的局面。与此同时，如果大家都争优、争质、争独特，这对新闻的长远发展也有裨益。

（3）编辑加工

编辑加工也是新闻内容组织的一种常见手段，这是对网络新闻趋同性做出的一种转变，这种创作形式不再单纯地转载网络新闻，而是对转载的内容进行编辑与修改。它包括修改被转载新闻中的错字、语法错误等语言上的错误，纠正新闻稿件在政策、法规、真实性方面的错误等，以提升新闻的准确性、可读性，保证新闻的质量。

另外，编辑加工时还要重新编辑新闻标题，并处理新闻发布到网络之后的技术问题，使其符合网络阅读的需要。

（4）聚合

聚合是指对一个新闻事件、主题或话题的网络新闻进行整理，将其组合为更加完整的新闻内容。网络新闻的内容很多都比较分散，可能一条新闻报道事件发生，另一条新闻报道最新进展，还有一条新闻讲前因后果，这样呈现的新闻事实是不全面的，因此新闻编辑在写作时也会经常使用聚合处理的方式。

聚合可以分为以下三种形式。

1）以新闻专题的形式呈现。新闻专题是多种主题的新闻集合，也是同一类型不同新闻的集合。其聚合力指向性很强，能更容易引起受众的关注并帮助其获取更多、更全面的信息。

2）以延伸阅读的形式呈现。在新闻页面中添加"新闻链接""延伸阅读""相关新闻"等可以使受众获取到其他有关内容，且用超链接进行新闻页面的跳转十分方便。受众在自主选择的同时，还可以查看新闻网站中的其他不同类型的新闻，这也为受众的阅读提供了更多可能性。

3）在一篇文章中呈现。这里指将大量的相关信息聚合在一篇报道里，在新闻内容中对前期有关报道或其他新闻媒体的相关报道进行说明、解释或引用，将其来龙去脉、前因后果以小标题的形式集合在一篇文章中，其写作方式与深度报道类似。当然，这也意味着这样的聚合新闻多在后期出现。

13.1.2.2 全媒体新闻的信息甄别

网络环境下，对于新闻事实的真伪进行判断，是制作全媒体新闻的一个必备前提。判断方法有以下几点。

（1）检验信息出处

全媒体时代一个重要特征就是信息的发布自由、开放，自媒体时代人人都是信息的受众同时也都是信息的制作者、发布者。在这种环境下，明确并检验信息的出处，就成为鉴别信息真实度的重要手段。信息出处可以来自以下五个方面。

1）新媒体渠道。论坛、贴吧、手机短信、聊天室、社交群、其他网站等都能成为网络信息的渠道来源，但重要的是信息的真伪。像论坛、聊天室中的信息就不容易被识别，而大型商业网站或正规新闻网站中的消息则可靠性相对要高，因此根据信息来源的渠道来评判信息的真实性是一种有效的手段。

2）传统媒介渠道。来自电视、报纸等传统媒体的信息一般可以放心地使用，因为它们在被使用之前已经经过了系统的采集和编辑，很多网络媒体也常直接使用这些传统媒体的稿件。但凡事都不是绝对的，传统媒体的信息源可能也有疏漏之处，因此还是要秉持审慎的态度，细心确认信息是否有误。

3）当事人证词。当事人主要是指事件的参与者、目击者，他们的证词是除物料之外可信度非常高的信息来源，但当事人提供的信息由于其主观因素和个人利益也可能有失偏颇，因此最好通过当事人中较为权威的发言对象获取信息。总的来说，当事人证词也是切实可靠的信息的主要来源之一。

4）政府方面的信息。来自政府的声音一直都是新闻日常传播过程中的重要主角，相比其他群体，政府发言人提供的信息更具权威性和可靠性，这样的信息无疑是网络媒体搜集信息的重要来源。

5）多方求证后的信息。多方是指在获取信息源之后，还能通过其他渠道去印证该信息，其求证方法与通过传统媒介甄别信息的方法类似。也就是在得到信息之后，最好通过更可靠的信息来源进行证实，如经过目击者的证实后再报道该事件，这样的报道比捕风捉影、含糊其词、未能提供准确依据的报道更加可靠。

（2）根据同类媒体和受众反应判断

通常影响较大、关注度较广的新闻一经发布之后，会有多家媒体在同一时间进行报道，发布快的媒体在发出报道的第一时间就容易获得受众的反馈，而有些媒体则追求稳而快，在兼顾速度的同时也更看重受众的反馈。有些新闻来自网络，内容失实之后会引起受众的争议，因此即便某条新闻有多家媒体转载，新闻编辑也要注重其真实性，如果有网友提出了不一样的看法，或是其他同行媒体、竞争媒体采取了不同的反应，那么该事件的真实性可能存疑。

（3）进行逻辑推理判断

新闻编辑在阅读整理新闻稿件的过程中，可以就信息中的细节、叙述内容等进行审阅，判断信息的真实性和准确性，例如语言的夸大、情节衔接的破绽、明显的知识悖论等，这些错误之处都应谨慎处理，提出质疑，从而确保最后新闻内容的可靠性。

13.1.2.3 全媒体新闻专题的内容设计

全媒体新闻专题的内容设计包含的范围较广，主要包括选题策划、角度策划、栏目策划、表现方式策划四个方面，下面分别进行介绍。

（1）选题策划

在全媒体新闻专题中，选题策划是非常关键的，它对专题的整体效果起到十分重要的作用，也十分考验新闻编辑的专业技能。全媒体新闻专题适合于表现各种重大新闻题材，不同的题材在选题的策划思路上也有不同的考虑，主要有以下四种题材。

1）重大突发事件。网络新闻专题启动迅速，在应对重大突发事件上，它可以凭借大容量、多媒体、多角度等优势，为受众提供更为全面、丰富的信息，满足受众各个层面的需求。但因为突发事件是现成的选题，其他网站也可能报道，这就造成同质化现象。因此在涉及此类专题选题时，新闻编辑可以从事件进程的报道更新中，探寻事件的前因、背景，关注其社会影响、解释答疑等，以研究报道思路，进行内容策划，如每年雨季的台风专题。

2）重要的话题或事件。新闻编辑在策划选题时，还可以开设一些针对"热点"或"冰点"社会现象或问题的新闻专题，这类专题通常能反映一些社会现象或问题，或具有重要的现实意义，即便是非事件性的报道，也是媒体的重点关注对象。能针对社会问题策划出人们感兴趣的专题也是对新闻编辑选题策划能力的重要考验。一般在面对这类专题时，新闻编辑可以考虑从事件或类似事件的变化规律纵向延伸，或是从相似话题或背景材料中寻找横向拓展的角度，还可以对主题进行分解，从子主题中寻找角度或从零散的事件中提炼出一个更新的角度的选题来透析事件的整体关系及背后的原因。这些方法都能更好地帮助新闻编辑做好关于某现象和话题方面的选题策划，如针对股市、楼市、改革的专题。

3）可预知的重大事件。新闻编辑对某事件已经有所预估，因此在进行选题策划时，更多的是考虑报道的时机、规模、角度以及手段等，以让新闻稿件更加出彩。是同步报道，还是提前发布专题，达到先声夺人的效果；是展现事件的全貌，还是选取某个局部集中挖掘等，都要考虑清楚，如2020年东京奥运会专题系列报道。

同步报道是大多数新闻媒体都会采取的手段，因此可能会造成多家媒体网站内容上的"撞车"，难以显示出本网站在这件事上的影响力和优势，这时可从专题的内容组织、设计等方面进行挖掘。如运动员在获得冠军后各大短视频网站采取差异化的报道，同一新闻角度不同，最后都会获得不错的点击量。

4）媒体自主策划的活动。在网络媒体的行业竞争中，出现了一种现象，那就是媒体为了做出独家新闻产生社会影响，会结合当前形势，有意识地策划某些活动。媒体作为活动的主体，也作为报道者，来组织整个活动。

为了让受众了解更多的知识、规定、政策、走向等，全媒体新闻媒体也会提供信息服务，制作相关的新闻专题。如山东广播电视台农科频道和生活频道每年发起的中国农业创富大会。

（2）角度策划

新闻角度是指新闻报道中发现事实、挖掘事实、表现事实的着眼点或入手处。对于全媒体新闻专题来说，角度是使选题增值的一种方式。好的角度可以使大的选题落到实处，使静态主题呈现动态效果、抽象主题呈现具象效果，使新闻专题的相关报道变得立体化。专题的立足点需要有一定的社会价值，它既能扩散得开，也能聚合新闻周边的"点"。全媒体新闻专题的角度策划可以参考以下思路。

1）利用自身优势挖掘特色。传统媒体和地方媒体都有自己独特的优势，例如原创能力、媒体背景、地缘优势等。全媒体新闻媒体要注意利用这种优势打造自己的特色新闻专题。例如闪电新闻作为一个地方新闻媒体，在东京奥运会山东籍运动员获得冠军首金后中利用自己的地缘优势，紧扣主题，推出新闻专题。

2）通过典型时刻反映全貌。很多新闻事件都有一个较大的时间跨度，专题可以通过某个时刻事件的一个侧面和多个角度的栏目集成，较为全面地反映其全貌或某个突出的局部。

3）通过典型人物反映群体或事件。如果能找到具有代表性的人物，那么就可以形成反映同类人物的专题。用这种从人的角度出发策划选题的方式，做成专题报道也能引起很多受众的关注。

4）通过透视背景来剖析事实。将眼光放到新闻事件发生之前，通过对事件发生的背景做出深入、透彻的分析，能帮助受众更好地理解当前发生的新闻事实，这也是非常常见的一种专题形式。

5）以典型空间或环境为场景表现对象。任何报道对象，总会有它所依托的空间或环境，因此有些专题也会从空间或环境出发进行专题报道，这样不仅有利于发现报道的特定角度，也能方便专题对多媒体形式的运用。

6）通过典型意见来反映事件的影响。将围绕新闻主题或事件形成的意见与争论作为报道的重点，也是网络新闻专题常见的一种切入方式。它适合那些社会反响强烈且认识多元的题材。用这种角度进行专题报道，需要尽力做到客观、中立，尽可能呈现不同的观点，即使有些观点的声音很弱，但如果它们具有代表性，也应该给它们一席之地。在这类报道中，可以直接将网友的评论与新闻编辑组织的内容结合起来。

7）通过典型数据勾勒全貌。在某些情况下，一个主题或事件的全貌，可以通过与之相关的典型数据加以反映，这也可以形成新闻主题的不同角度。

8）以专业眼光审视大众话题。有些大众性的话题采用大众化的角度来报道，往往会流于平淡，难以形成突破。如果新闻编辑从专业的角度来加以审视，使报道超越普通人的认识高度，也能形成一个不错的专题。

（3）栏目策划

全媒体新闻专题的内容策划，最终体现在栏目的设计上。有些专题栏目策划比较简单，仅分为3～4个栏目，是对当前信息的资源分类，这种栏目分类主要针对小型的专题。事实上，全媒体新闻专题的策划多是依据主题和角度来合理地规划栏目。

专题核心信息的内容策划是在报道角度的引领下进行的，角度给出方向，栏目则给出框架。专题栏目的设置因专题内容的不同而不相同，要为专题设计栏目，则可以从要闻栏、消息栏、背景栏、互动栏展开。

（4）表现方式策划

全媒体新闻有多种表现方式，它们各有特色，发挥不同的作用，新闻编辑要根据需要选择最合适的表现方式来选择新闻专题，丰富新闻内容。下面分别对常见的表现方式进行介绍。

1）文字。文字可以用于评论、黏合各种素材资料，对其他媒体材料进行解释或提供背景知识等，能及时、全面地传递信息，进行深度分析，还能做好段与段之间的衔接，起到承上启下的作用。

2）图片。图片清晰准确，能提供旁证与比较，调整视觉对象，能烘托气氛，为受众营造现场感。但要注意图片的质量，不能出现模糊的、没有表现力的图片；同时图片布局要协调，数量要适中。

3）视频。视频具有视听结合的优点，能生动再现具体情节，画面逼真，说服力强，但视频对网速也有一定的要求。

4）动图。GIF格式是全媒体新闻最常用的表现形式，与图片插入方式相同，集合了视频动态的优势，能给人以过程的展现，尤其是新闻现场等比较有运动感的新闻。

13.1.3　社交平台全媒体编辑

13.1.3.1　新闻媒体的微信推文

新闻媒体在微信平台一般不止推送一篇报道，多数情况下是多图文联合推送。其内容也不单是社会事件、新鲜时事的报道，有时会夹杂一些科普性和趣味性较强的文章，甚至是情感文章或广告。当然，这些文章都要达到新闻"新"的要求。下面对新闻媒体的微信推文进行介绍。

微信推文一般通过微信公众号实现，微信公众号分为服务号与订阅号。服务号面向企业或组织机构，如媒体、企业、政府和其他组织，它偏向于服务交互，每月可群发四条消息；订阅号则面向任何组织机构和个人，偏向于向用户传达资讯，每天可群发一条消息。

目前，使用订阅号的公众号数量更多，且更为活跃。微信公众号的推文分为多图文与单图文。一般情况下，单图文显示区域的大小约为多图文大小的四倍。其内容主要有封面图片、标题和摘要，点击任何一部分即可查看全文，具有一目了然的效果。多图文由于文章数量更多，基本仅显示文章标题与封面缩略图。

微信推文的摘要就是其封面图片下面的一段引导性文字。在手机屏幕范围内，它可以快速帮助用户了解文章的主要内容或提出具有吸引性的问题，吸引用户点击，增加文章点击量和阅读量。

单图文推文与多图文推文的区别在于单图文推文一次只能发布一篇推文，但可以添加并显示摘要；而多图文可以一次性发布最多八篇推文，不显示摘要。但若某篇多图文推文设置了摘要，那么在被单独分享给其他受众之后，也会显示出摘要。在一般情况下，某些单图文推文也可根据需要不设置摘要，这样新闻的标题可以更长，排成两行，可使新闻图文更清晰、美观。

微信推文的内容包括微信新闻标题和微信新闻正文等，下面分别进行介绍。

（1）微信新闻标题

微信新闻标题在写作风格上和微信软文有相似之处，既可严肃简练，又可活泼俏皮，其标题写作皆可以采用前面章节已介绍过的写作方法，同时也有一定的发挥空间。如下所示为微信新闻标题写作的一些技巧。

1）使用数字。数字给人一种理性思考的感觉，在标题中使用数字可以增加事情的可信度，符合新闻事件对细节和真实的要求。

2）使用话题热词。话题热词是指受众讨论的多、也容易引起受众关注与传播的词用。在标题中使用话题热词容易让受众产生亲近感。话题词汇和网络流行热词有很多，不少新闻在进行多图文推文写作时也常以此为主题或将其融入标题中，例如人民日报的这篇报道标题——"英雄惜英雄！这场'天地对话'，太有爱了！"

3）营造悬疑感：营造悬疑感是指用一些似是而非（不带低俗、惊恐、色情色彩）的话，给受众留下想象的空间。

（2）微信新闻正文

微信新闻正文的写法与网络新闻、新媒体新闻的写法基本一致，也与传统媒体新闻的写法大致相当。一般来说，在报道常规新闻事件时，多采用倒金字塔式写法，先写重要的，再写次要的。微信新闻由于需要受众事先订阅才能得到有效推送，因此微信账号的引流是较为重要的。受众查看未订阅的信息主要有两种方式，一是通过朋友的分享链接，二是通过其他网站渠道跳转。而要想吸引受众订阅，增加订阅用户数量，新闻媒体需要做到内容为上，以优质内容打造自己的口碑，从而获得更多黏性用户。通过对某些主流新闻媒体的观察，可以看出其微信推文大致分为以下三种类型。

1）新鲜时事。这是微信推文的主打内容，新闻本身以向受众传递新鲜时政资讯为主，作为其主打职能，这部分内容在微信推文中最为常见。

2）合作推文。新闻媒体也是有业务需求的，因此新闻媒体也常与和其他企业合作进行文章推送。

3）知识性推文。新闻媒体在推送新鲜时事的过程中，也会写科普性、知识性推文，为受众"扫盲"，凸显作为一个公众媒体的教化和引导作用。

13.1.3.2 微博媒体账号编辑运营

微博（Weibo）是微型博客（MicroBlog）的简称，是一个基于社交关系进行简短信息的获取、分享与传播的广播式社交网络平台。目前的主流微博平台主要是新浪微博，它作为当今较受欢迎的社交平台，在线注册用户的类别广泛，这也说明其市场机会大、发展空间大，受到了许多新闻媒体的重视。

微博是一个新兴的新媒体传播媒介，继承了博客一对多互动、动态更新的特点，具备便捷性、极速性等适合新闻生产、传播的优势，因此媒体在进行新闻报道时，越来越注重微博新闻的写作。微博新闻通常需满足以下要求。

1）短小完整。微博新闻基本都是导语式写作，即交代最重要的新闻事实，虽然微博已经取消了只能发布140个字的限制、但微博在信息交流的过程中通常只显示140个字，在手机显示屏上为7行左右的文字，剩余的文字则会被隐藏起来，但会在显示的句子末加上"显示全文"的提示，点击后可查看微博全文。因为受众第一眼只能看到前140个字，因此微博新闻同样要求新闻编辑在字数尽量少的条件下尽可能完整地表述。因此，在新闻的叙述过程中，交代清楚新闻必备的"5W"显得格外重要。

2）真实新鲜。真实是新闻的第一要素，而微博受众群庞大、传播快速，更要求新闻编辑必须践行这一要求，否则不实新闻的传播会引来受众恐慌或产生其他不良后果。另外，微博平台和新闻写作的特性都要求新闻必须"新鲜"，一方面是内容要新鲜，要是新近发生的事件；另一方面形式要新鲜，要让受众乐于接受，并能吸引其眼球，这样的新闻才更容易得到传播。

3）标题精练。微博新闻本来就十分简短，因此其标题内容更加受限，一般为一句话，将核心内容浓缩到其中，字数不宜太多。在涉及某些名词时，该用缩写的地方可以用缩写，但不能引起歧义，也不能违反相关规定。

4）善用多媒体快速发布。点击微博首页右上方的加号"＋"，可以得到多种表达方式，新闻编辑要合理运用它们来丰富新闻内容，例如视频、图片和直播的运用，就可以更加多元化地展示新闻事件，使新闻的表达更加立体化。

微博新闻可以使用音视频、图片来增强新闻表现的效果，但使用这些形式时要注意合理组合搭配，例如一般不会出现"新闻正文＋图片＋视频"的形式。在编辑视频时，可以点击视频上的"修改封面"字样对视频封面进行设置，新闻编辑可通过"视频截取"和"本地上传"两种途径选择更能表达新闻内容、吸引受众关注的画面作为封面图片。

5）微博新闻写作的重要元素。微博新闻可以通过微博用户的转发、评论和点赞等互动行为来进行传播，帮助提升其热度。微博新闻工作并不是简单的文字编排，微博新闻与其他新媒体平台的新闻一样，也可以利用多媒体技术进行编辑，甚至可以适当地添加一些微博特有的元素。

标题符号"［］"。微博中的新闻多以段落为主，因此在编辑过程中常用以"［］"符号内的内容作为标题。标题通常位于段落开头的第一句，这个位置的内容既能充分表意，又能吸引受众的注意力。

话题符号"＃＃"。"＃＃"代表参与某个话题。在新闻中添加话题后，若新闻获得了受众的广泛关注，就更容易上升为热门话题新闻。另外，新闻内容将自动与话题链接，可以让新闻被更多查看话题的受众搜索到。一般微博新闻的话题为新闻内容的简单概括，或作为一个标签使用。

＠。＠相当于一个传送带，任何人都可以在微博中使用＠功能＠任何微博用户。被＠的用户将会收到通知，点击就能看到所＠的那条原微博内容。在微博新闻中也经常应用"＠"，其后可以跟任何想要＠的微博账号，例如专家、企业、新闻当事人和其他媒体账号等。微博新闻中提到机构、个人和企业时，用＠功能加以标识可以让受众以此为线索进行跳转，了解更多新闻背景，扩大新闻的信息量。另外，新闻的图片中常常会出现"＠××（原博主）"的水印，表示标明新闻出处。因此新闻编辑在转载其他新媒体新闻时，为了避免出现版权问题，最好不要随意去除原图水印。

链接。将链接放置在微博新闻中，能丰富新闻的内容和表现形式。新闻一般要求有理有据、图文并茂，而文章全文链接、视频链接、音频链接以及链接到其他微博新闻的链接形式等，能有效提升新闻的表现能力，促进受众尽可能多地了解新闻内容，因此链接也是微博新闻的有效武器。

13.1.4 短视频制作

随着移动互联网的发展，利用移动端App应用来分享生活和完成工作的现象也越来越多。爱剪辑App可快速剪辑手机录像视频，方便新闻编辑利用移动端来发布内容。剪映App同样拥有强大的视频剪辑功能和丰富的特效资源，新闻编辑在录制了长视频之后，可以利用此类App剪辑制作出更加精练、简短、价值性高的视频画面。下面简要介绍剪映App的常用视频剪辑操作，如添加视频片段、设置视频主题、设置转场效果、设置视频格式、编辑视频片段、添加背景音乐及导出视频等。

剪映是抖音官方推出的手机视频编辑工具，可用于手机短视频的剪辑发布。

（1）简介

剪映是由字节跳动旗下短视频平台"抖音"推出的一款视频编辑软件，拥有较为全面的视频编辑功能。

1）发展历程。

2019年5月，剪映移动端既手机版上线。

2020年11月，剪映专业版Mac V1.0版本上线。

2021年2月，剪映专业版Windows正式上线，自此实现移动端/Pad端/Pc端全终端覆盖，支持创作者在更多场景下能够自由创作。

2）下载方式。

第一步，用以下链接https://lv.ulikecam.com/打开剪映官网，点击立即下载，如图13-1-1所示。

13-1-1　剪映软件下载页面

第二步，下载完成后，勾选同意剪映专业版的用户许可协议及隐私政策。点击更多操作，预览安装位置，勾选创建桌面快捷方式，点击立即安装，如图13-1-2所示。

13-1-2　进行安装设置

第三步，安装完成后，点击立即体验，即可打开软件，如图13-1-3所示。

13-1-3　打开软件

第四步，点击开始创作，即可开始创作编辑视频，如图13-1-4所示。

13-1-4 开始创作编辑视频

（2）基础应用

1）基础面板认识。

第一，点击右上方的反馈按键，即可对使用期间产生的意见进行反馈，如图13-1-5所示。

13-1-5 意见反馈

第二，点击右上方的设置按键，即可查看用户协议、隐私协议、第三方版权、使用环境检测、版本号，如图13-1-6所示。

13-1-6 软件相关信息

第三，点击右上方的登录按键，扫描二维码即可获取"抖音App"授权，提高软件使用期间的安全度，如图13-1-7所示。

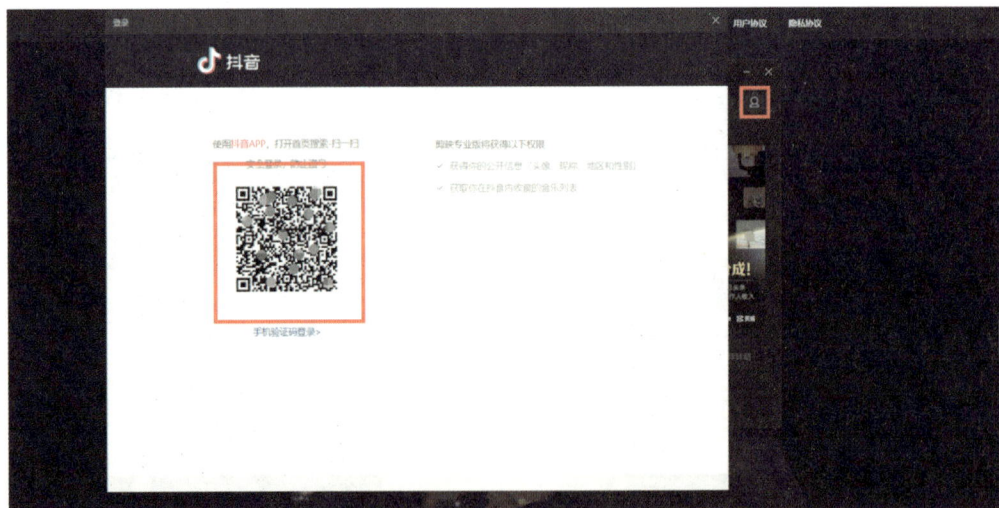

13-1-7 获取授权

第四，点击下方的剪辑草稿区域，即可打开先前剪辑并保存的视频草稿，如图13-1-8所示。

13-1-8 打开视频草稿

2）操作面板认识。

菜单栏：菜单栏从左至右依次为菜单按键、快捷键、导出按键，如图13-1-9所示。

13-1-9 菜单栏组成

点击菜单按键，即可查看文件、编辑、设置等功能，如图13-1-10所示。

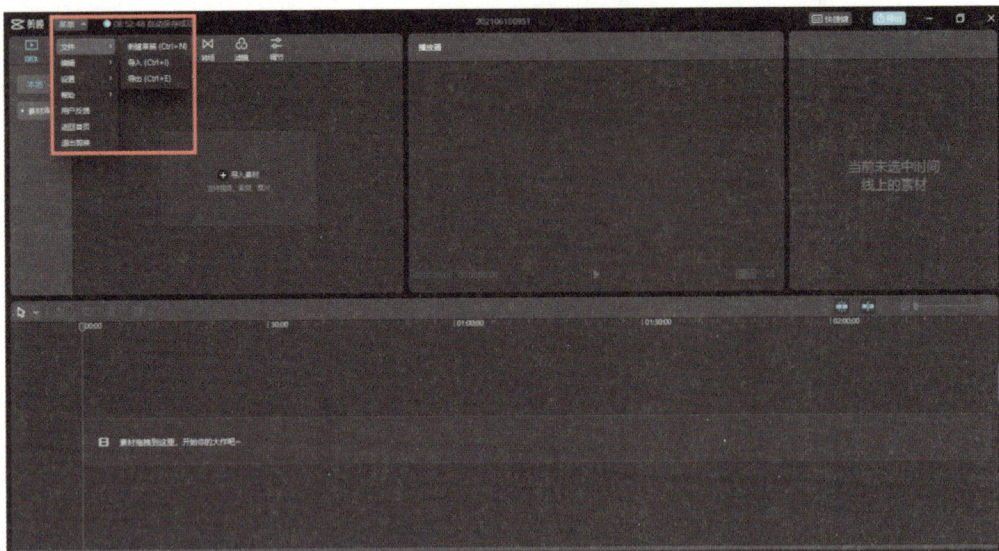

13-1-10 "菜单"按钮中的功能

点击快捷键按键，即可查看各种操作相应的快捷键，如图13-1-11所示。

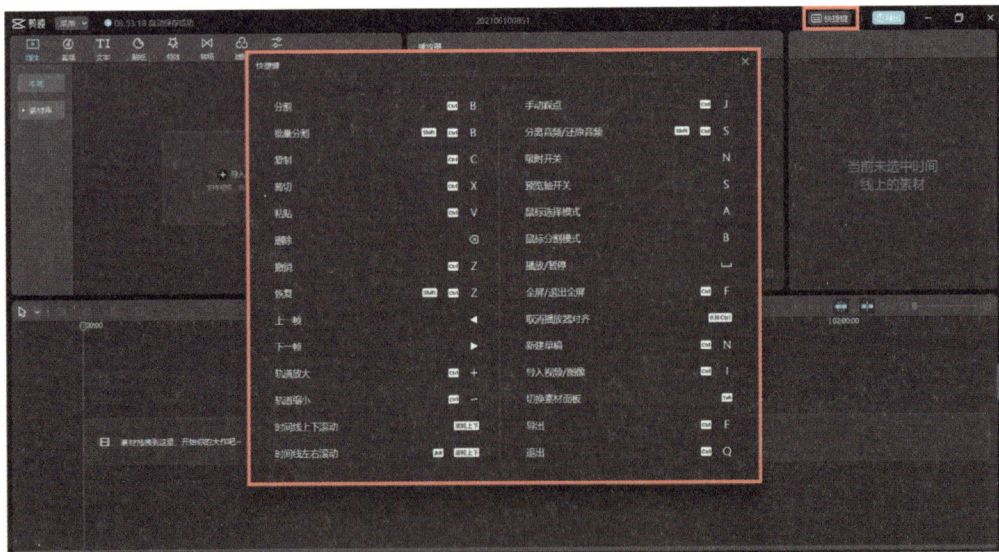

13-1-11 快捷键查看

点击导出按键，即可导出编辑完成的视频，并预览导出设置，如图13-1-12所示。

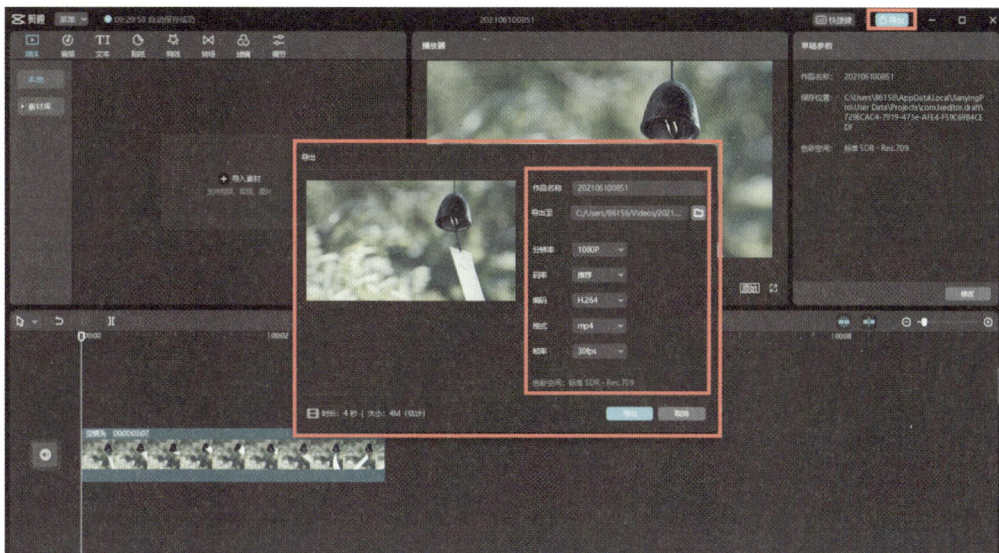

13-1-12　导出视频并预览导出设置

3）素材库面板。在该区域内，媒体、音频按键可以导入本地自己所要编辑的视频或音频文件，也可以选择素材库中该软件自带的海量素材文件，如图13-1-13所示。

文本、贴纸、特效、转场、滤镜、调节按键可对所编辑的视频进行编辑、美化、调节。

使用方法：点击导入素材，选择本地素材后点击打开即可导入本地想要编辑的素材文件，音频文件同样适用。

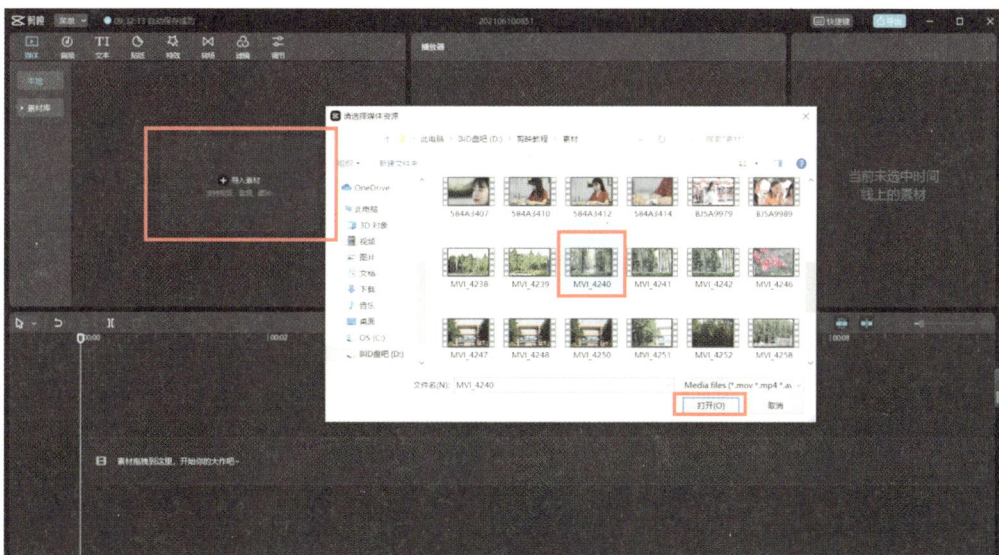

13-1-13　导入音、视频文件

素材库面板为创作者提供了海量的免费素材，但需要连接网络进行下载。以转场素材为例，点击转场选项，挑选合适的转场素材并下载，将其拖拽至两段视频素材之间，即可在两段视频之间形成一个转场过渡，也可以在选项面板中对转场时长进行调节，如图13-1-14所示。

13-1-14　转场

素材库面板中的滤镜素材可以对需要剪辑的素材进行基础调色，在选择合适的滤镜后，下载并拖拽至需要操作的素材上方，即可完成操作。也可以在选项面板中进行滤镜强度的调节，如图13-1-15、13-1-16所示。

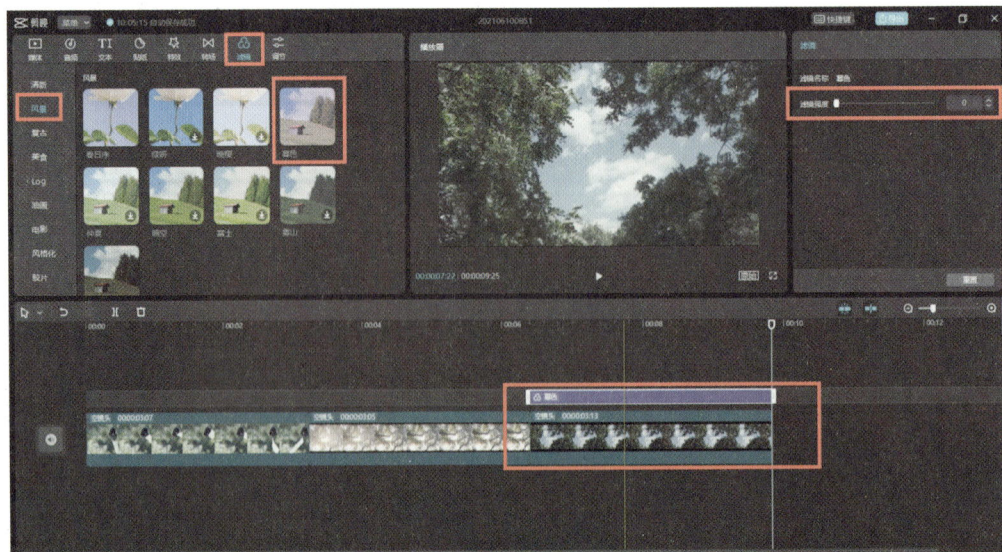

13-1-15　滤镜应用（1）

13-1-16 滤镜应用（2）

　　素材库面板中的文字素材可以起到为视频添加字幕的作用，导入一段文本素材至时间线面板，在选项面板中输入需要添加的文字，并在字体的系统预设中修改成合适的文字，如图13-1-17所示。

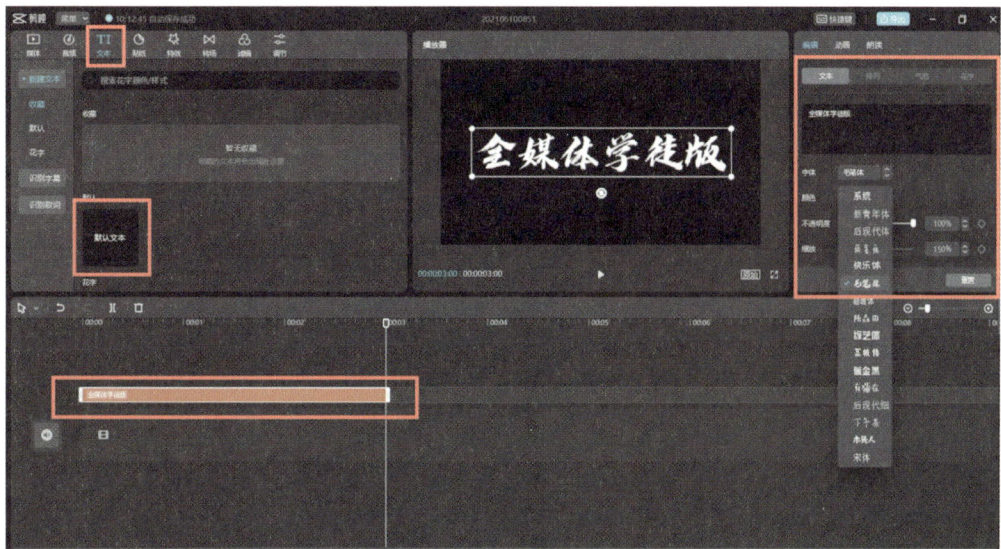

13-1-17 添加字幕

　　值得一提的是，选项面板中可以对已经添加的文字进行美化调节，如"气泡""花字"。以"花字"为例，选择合适的"花字"，下载并添加至字幕上，即可完成操作，如图13-1-18所示。

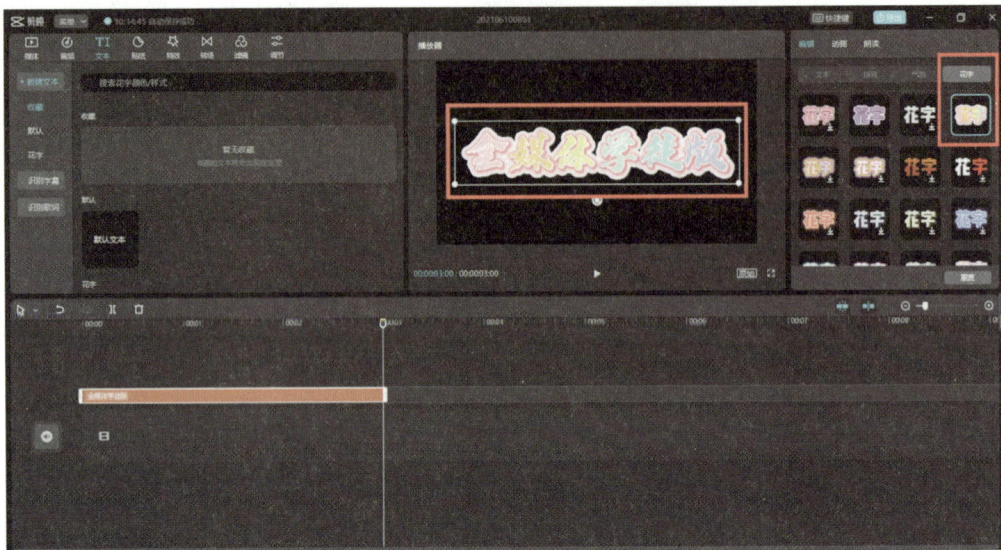

13-1-18　对文字进行美化调节

　　贴纸素材主要起到了美化视频的作用。选择合适的贴纸，下载并添加至时间线面板中，调节大小和位置，即可对剪辑的视频进行美化，如图13-1-19所示。

13-1-19　使用贴纸美化视频

4）播放器面板。播放器面板也可以称为预览面板，在该面板内可以对想要编辑或者已经编辑完成的素材进行播放，以便预览编辑效果。

使用方法：点击素材栏中想要预览的素材，即可进行预览。左下方的蓝色时间码为所预览素材所在的时间点，白色时间码为该素材的时长。中间的三角按键为播放、暂停按键（快捷键为空格）。右下方的放大按键为全屏播放按键，点击即可全屏预览素材（快捷键为CTRL+F）。全屏预览素材时，拖动下方的时间滑块可以预览素材的时间点，点击缩小按键即可退出（快捷键为CTRL+F），如图13-1-20、13-1-21所示。

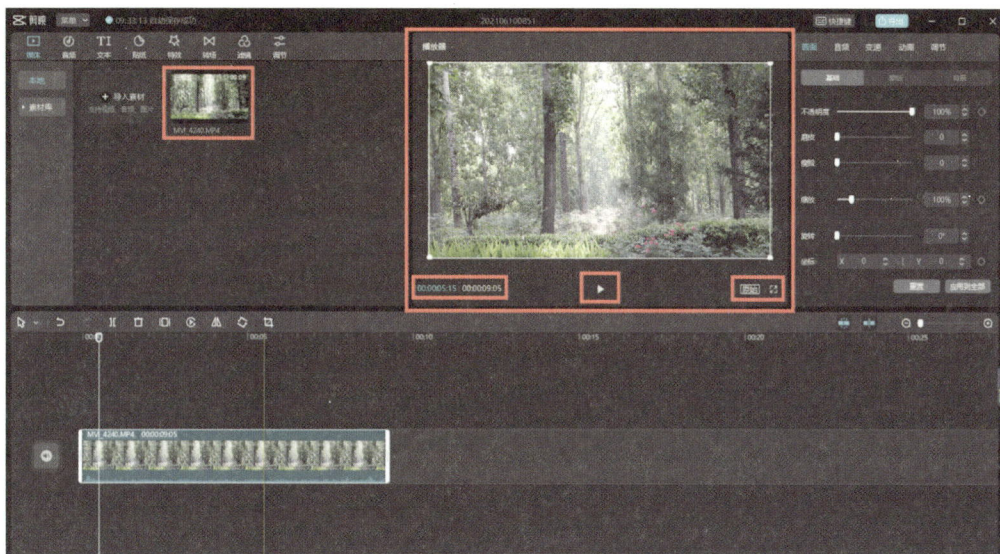

13-1-20 "播放器"面板

13-1-21 素材预览

5）时间线面板。在该面板上，可以对所要编辑的素材进行移动、分割、删除等相应的编辑。

使用方法：选择素材面板中想要进行编辑的素材文件，点击文件右下方的加号或者直接拖拽文件至时间线面板，即可进行编辑操作，如图13-1-22所示。

在时间线面板中有多个可以支持文件编辑的工程轨道，拖拽文件可以将其添加至想要放至的轨道上，如图13-1-23所示。

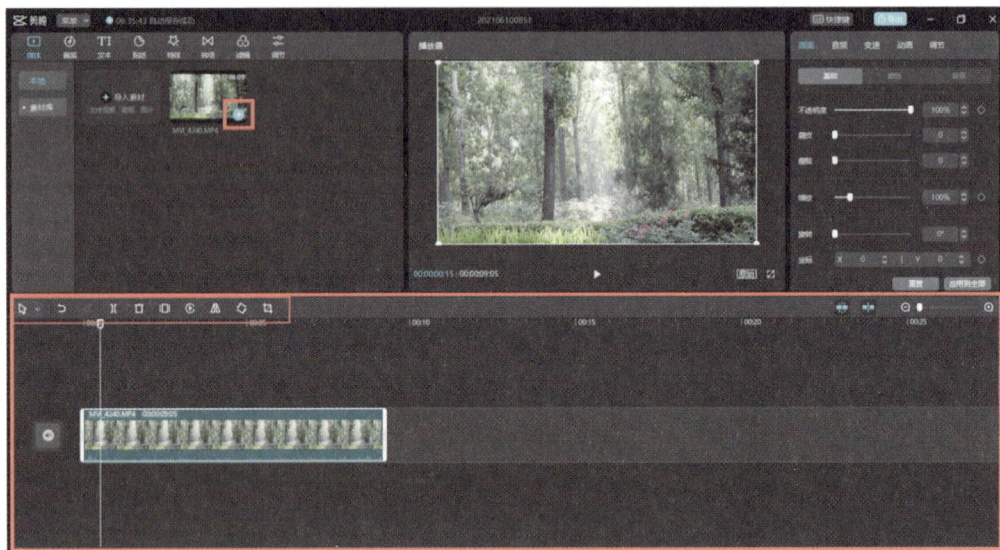

13-1-22 "时间轴"面板

13-1-23 "时间轴"面板中的工程轨道

6）选项面板。在该面板中，可以对所要编辑的素材文件进行编辑操作。如对素材文件的画面进行基础调节、添加蒙版；添加出入场动画、组合动画；对素材文件的亮度、对比度、饱和度等进行画面调节。

使用方法：在时间线面板上选择想要进行编辑的素材片段，直接点击想要进行的编辑操作，即可完成添加并可进行相应的编辑操作，如图13-1-24所示。

移动滑块，即可进行素材文件的画面调节操作，如图13-1-25所示。

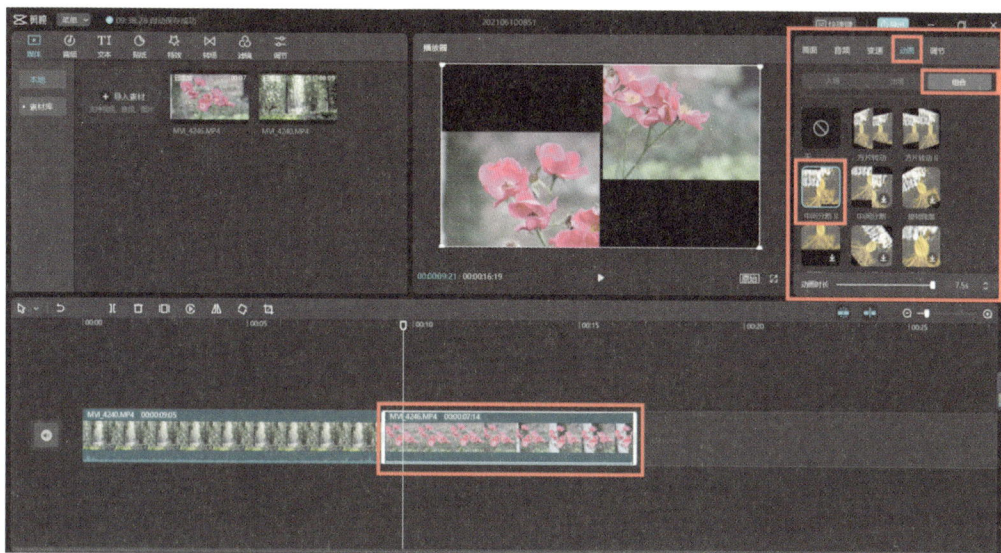

13-1-24 选项面板中的素材编辑操作

13-1-25 选项面板中的画面调节操作

在"画面"选项中，可以对剪辑的素材中出现的人物进行美颜。

操作方法：选中时间线面板中需要编辑的素材，拉动磨皮和瘦脸选项中的滑块即可进行操作。另附磨皮、瘦脸强度在0、50、100时的对比，如图13-1-26、13-1-27、13-1-28所示。

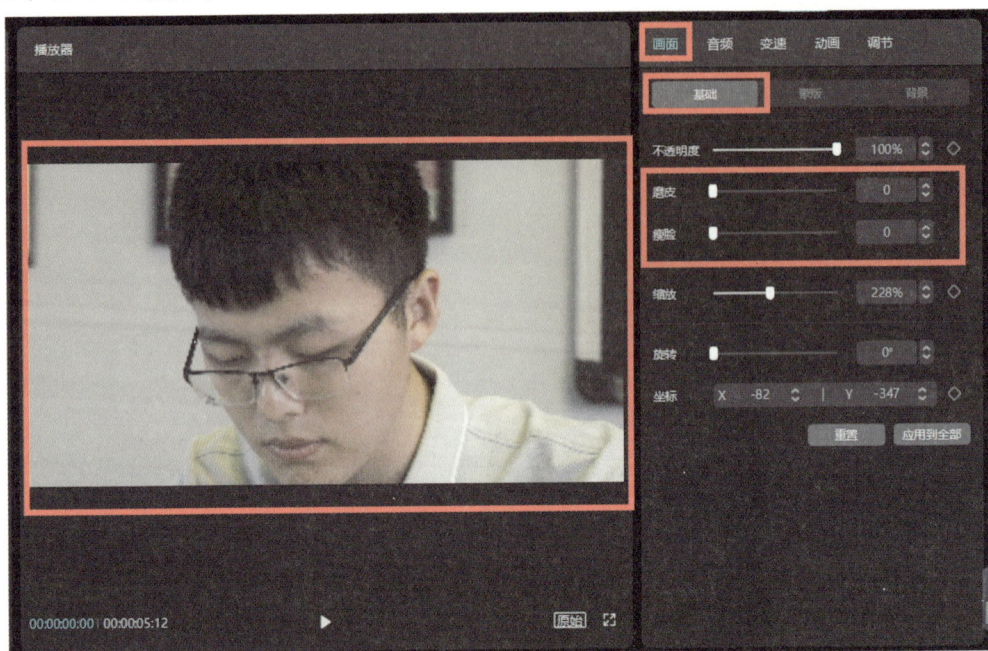

13-1-26 "画面"面板设置及效果

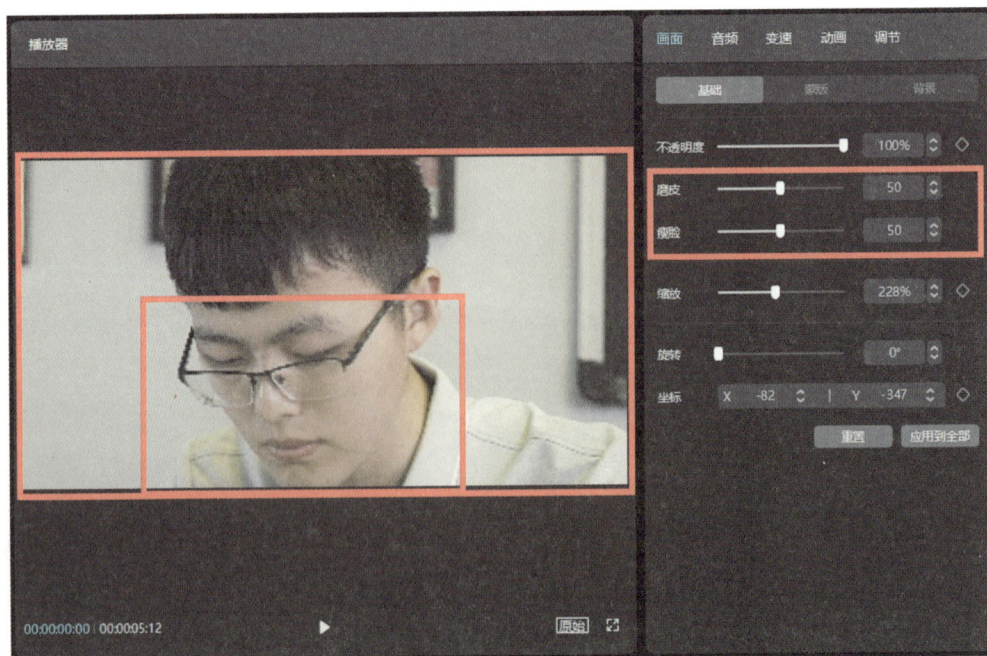

13-1-27 设置效果（1）

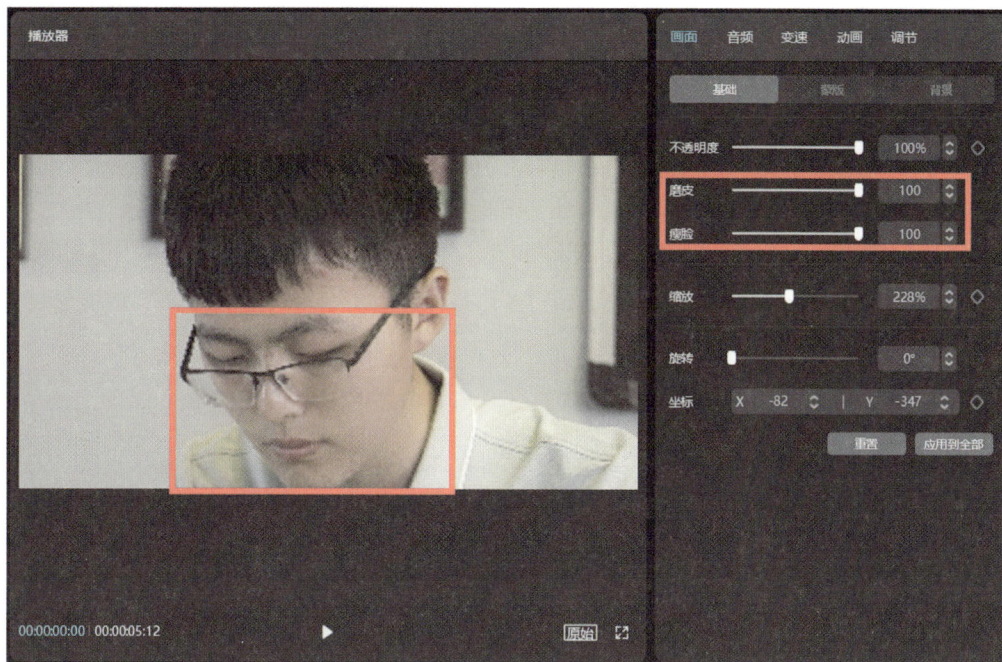

13-1-28　设置效果（2）

　　选项面板中的调节选项，主要起到了对剪辑素材进行系统调节的作用。以音频素材为例，导入至时间线面板后，在选项面板中可以对其音量大小进行调节，也可以对音频的淡入淡出进行调节，如图13-1-29、13-1-30所示。

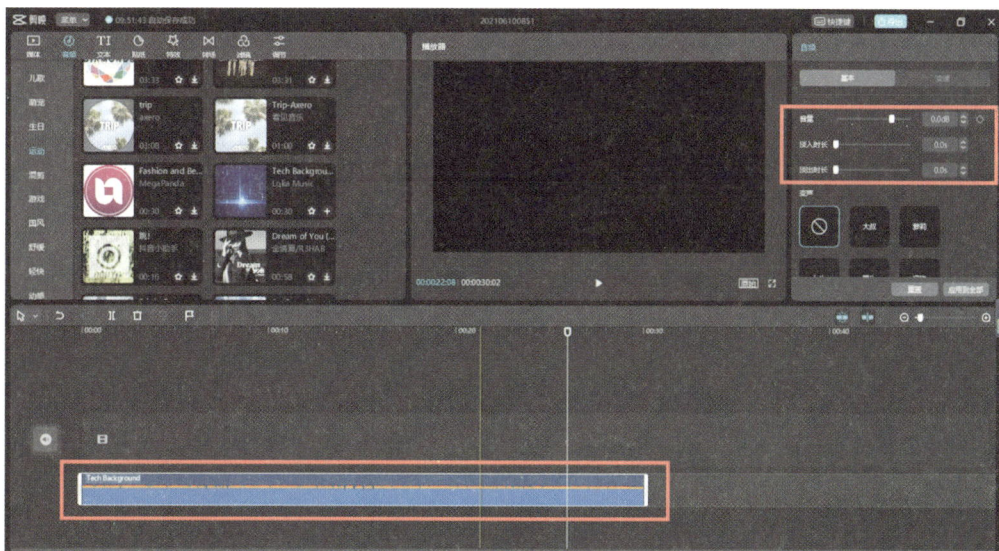

13-1-29　对音量大小进行调节

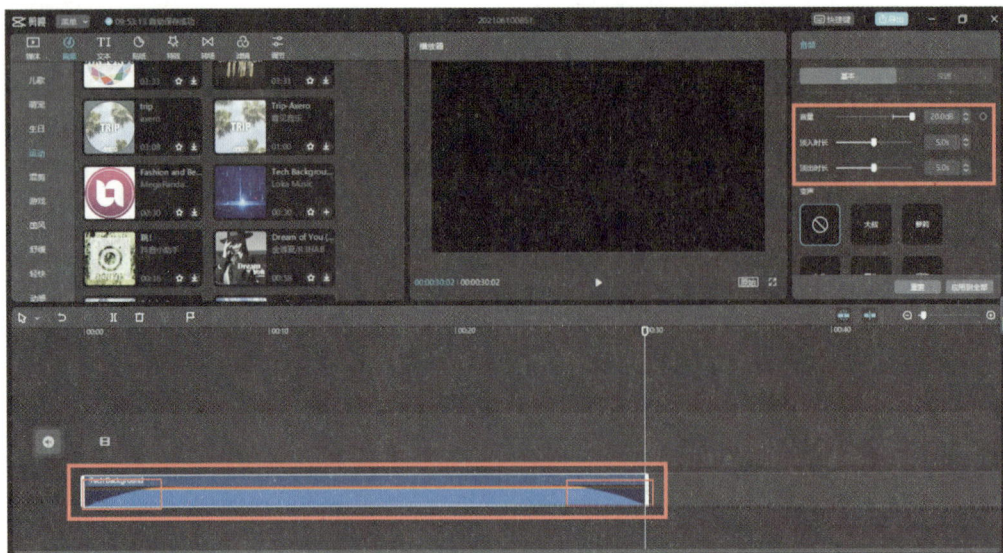

13-1-30　对淡入淡出进行调节

（3）导出设置

在该操作中，可以对已经编辑完成的素材文件进行导出设置。

使用方法：点击菜单栏中的蓝色导出按键，即可进行对编辑完成的素材相应的参数调节。如重命名、导出位置。设置分辨率、码率、编码、格式、帧率，操作完成后，可以在左下方对文件进行时长、大小参数的预览，调节至最满意状态后，点击导出即可，如图13-1-31所示。

13-1-31　导出设置

1）分辨率。分辨率是用来度量图像内数据量多少的一个参数，一般来讲，分辨率数值越大，视频越清晰，但所占用的内存也越大。剪映专业版提供了480P、720P、1080P、2K（1920P）、4K（3840P）五种分辨率设置，如图13-1-32所示。

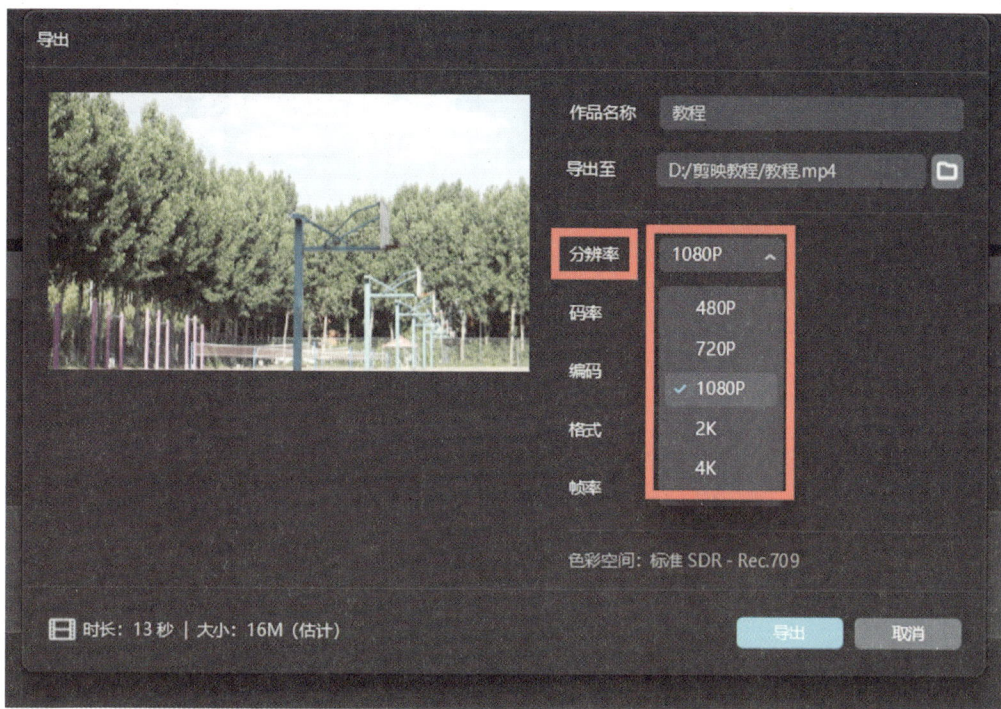

13-1-32　分辨率设置

2）码率。视频码率是数据传输时单位时间内传送的数据位数，单位是千位每秒。单位时间内码率越大，视频精度就越高，处理出来的视频就越接近原始视频，如图13-1-33所示。

3）编码。视频编码是视频的一种压缩标准，压缩是一种转换编码的过程，压缩比和内存大小成反比，压缩比越大，导出的文件所占内存便越小。剪映专业版提供了H.264和HEVC两种编码，前者为最为常用的压缩方式，后者多在剪辑的文件内存过大时使用，如图13-1-34所示。

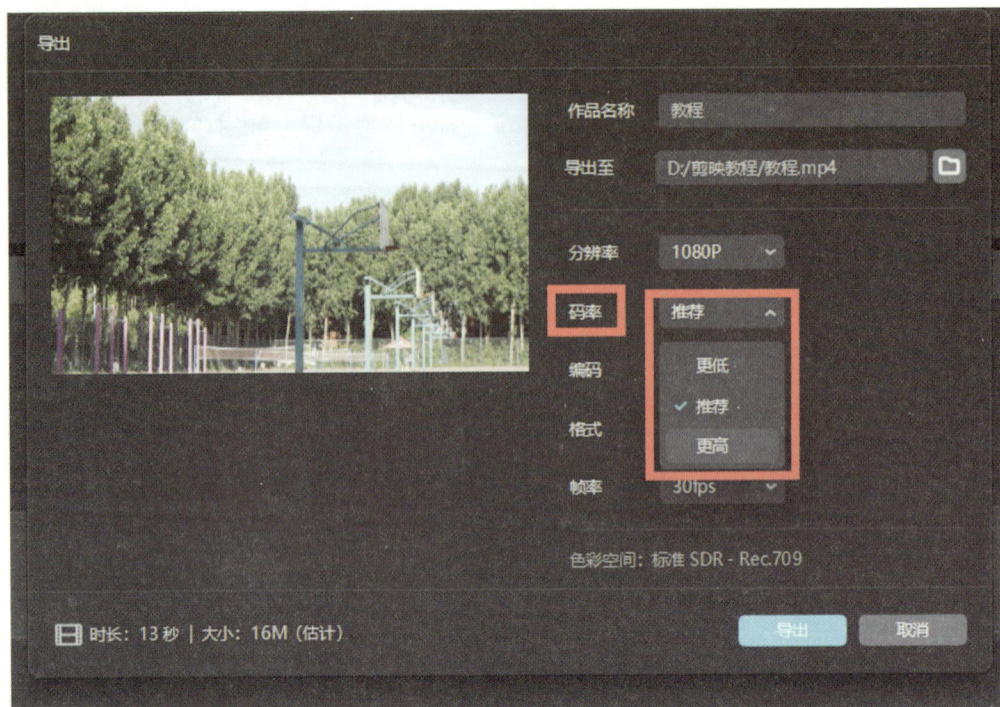

13-1-33　码率设置

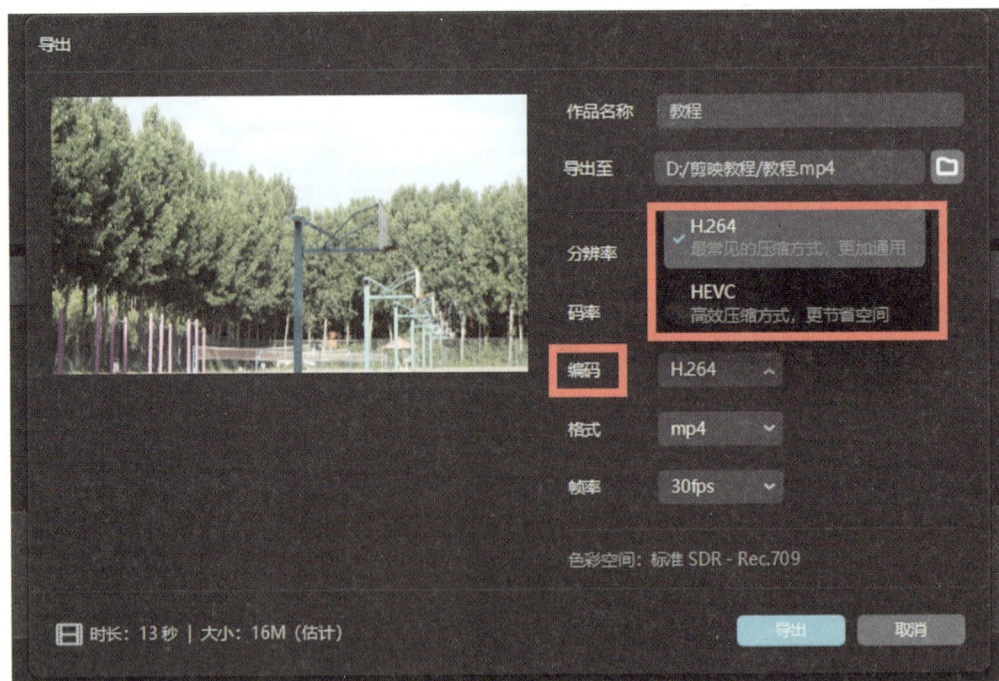

13-1-34　编码设置

4）格式。视频格式是指视频保存后的一种存储格式。剪映专业版提供了MP4和MOV两种保存格式，前者是国际上最为通用的视频格式，后者为苹果电脑上的标准视频格式，它能被大多数视频编辑软件识别，并可以提供文件容量小、质量高的视频，如图13-1-35所示。

13-1-35　格式设置

5）帧率。帧率又称帧速率（fps），是以每帧为单位在一秒之中播放的帧数，越高的帧率越可以得到更为流畅、更清晰、更逼真的画面。剪映专业版提供了24fps、25fps、30fps、50fps、60fps五种帧率。但要注意的是，帧率越高，视频文件所占内存也越大，如图13-1-36所示。

在导出已经剪辑完成的视频时，要注意以上参数的合理使用，一般将分辨率设置为1080P、码率设置为推荐、编码设置为H.264、格式设置为MP4、帧率设置为50fps，便可满足日常视频的编辑与保存，如图13-1-37所示。

13-1-36　帧率设置

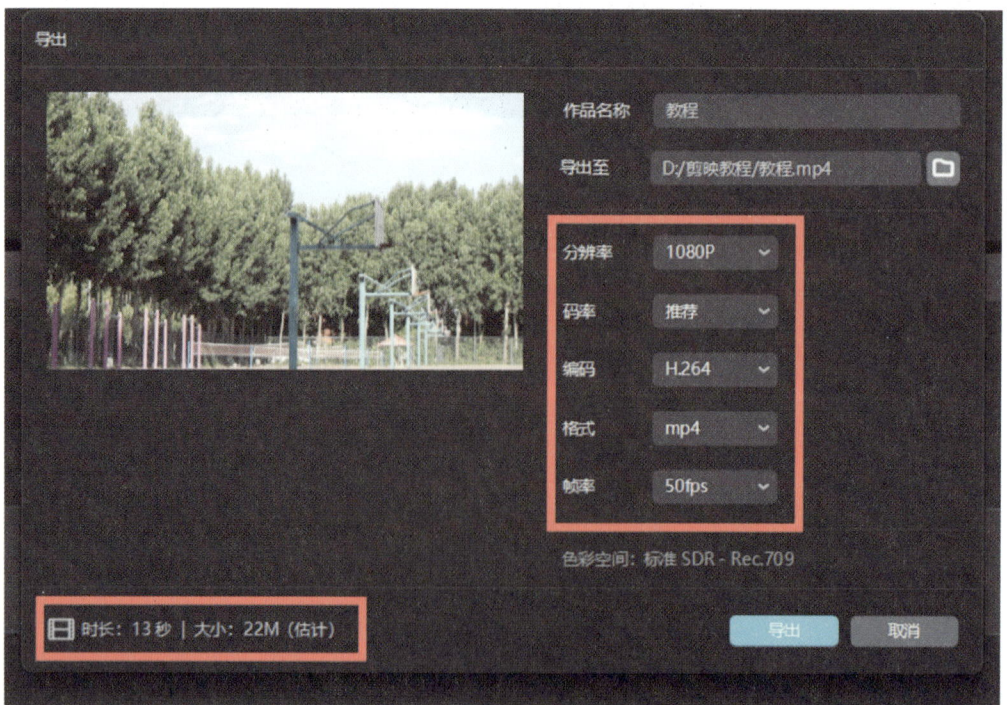

13-1-37　视频导出参数设置推荐

13.2 经典案例讲解

镂空文字片头：利用字体、关键帧和混合模式制作镂空文字片头，如图13-2-1所示。

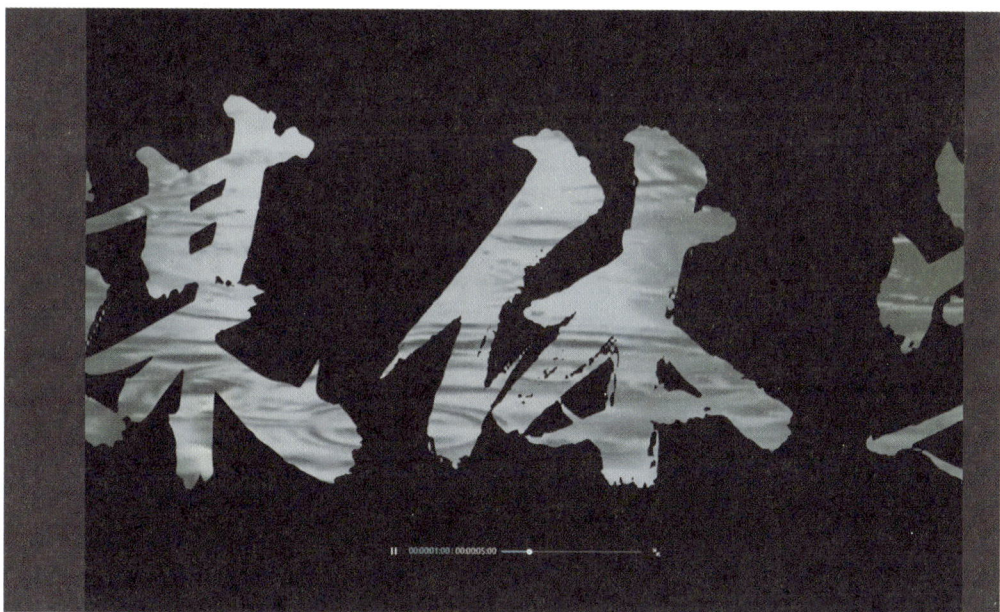

13-2-1 镂空文字片头效果

步骤1：打开剪映专业版，在素材面板的黑白场素材中导入一段黑场素材，并将其延长至合适的时长，如图13-2-2所示。

步骤2：从素材面板中添加一个文本素材，并延长至与黑场素材相同的时长，如图13-2-3所示。

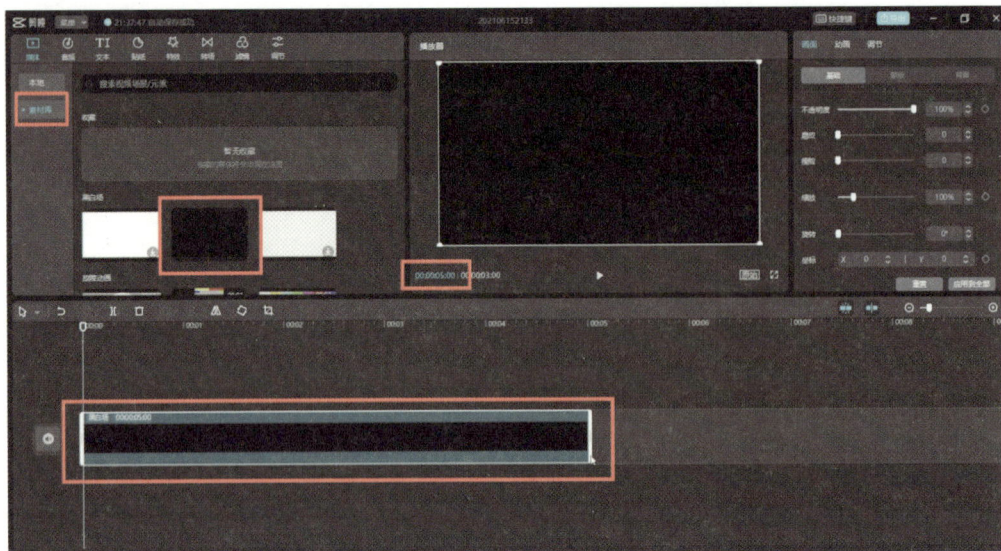

13-2-2　导入黑白场素材并设置时长

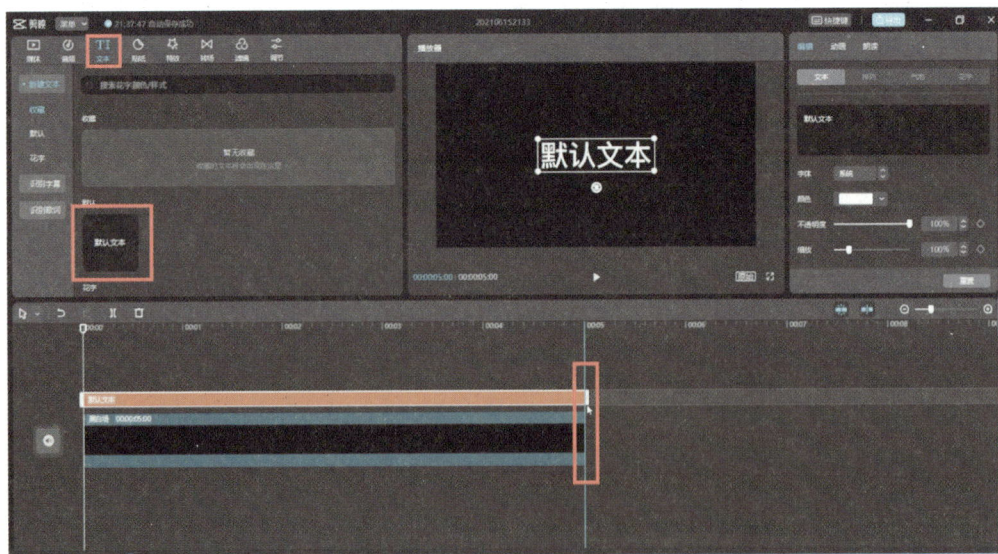

13-2-3　添加文本素材并设置时长

步骤3：从选项面板中输入需要制作的文字内容，在字体预设中修改合适的字体，并将大小放大至最大，使其填充满整个画面，如图13-2-4所示。

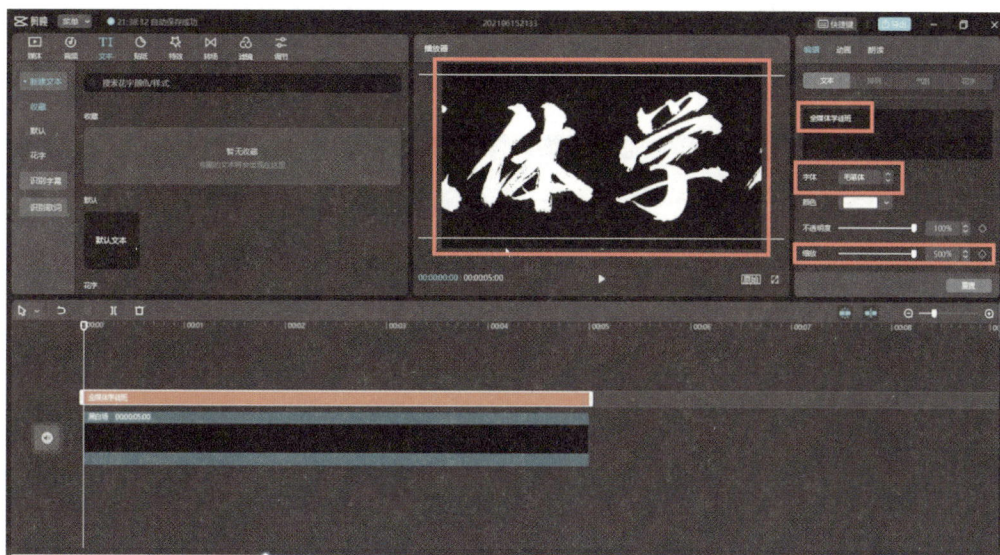

13-2-4　输入要制作的文字并设置字体和大小

步骤4：把时间滑块放至合适的位置，将文本内容拖拽至画面的最左侧，并在坐标选项中添加一个关键帧，如图13-2-5所示。

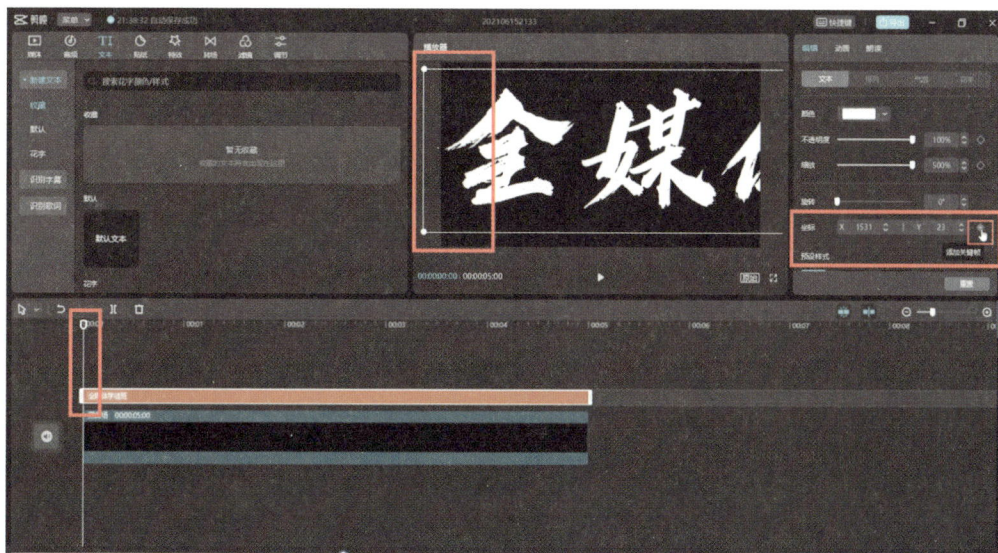

13-2-5　调整文字放置位置

步骤5：把时间滑块放至片尾，并在坐标选项中新增一个关键帧，向左拖拽文本使其滑出视频画面，如图13-2-6所示。

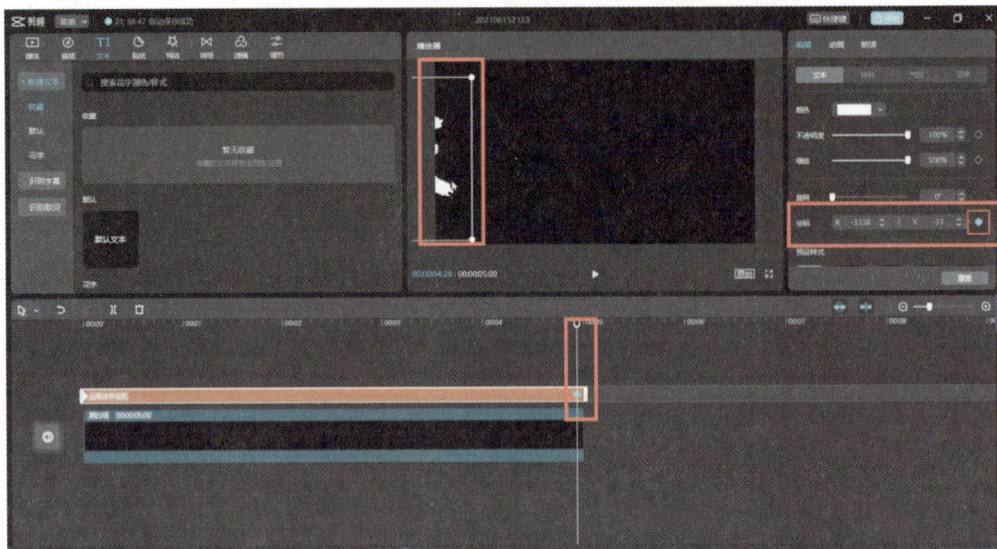

13-2-6　新增关键帧

步骤6：点击菜单栏中的导出按键，重命名文件名，设置导出位置，点击导出，如图13-2-7所示。

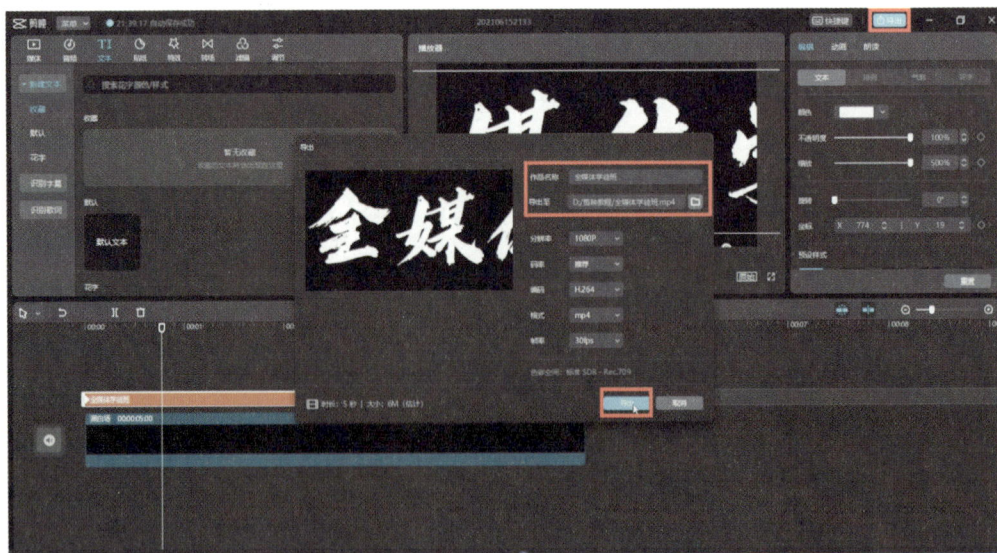

13-2-7　导出设置

步骤7：从本地素材中导入字幕素材，以空镜头素材为例，再导入一段片头素材，如图13-2-8、13-2-9所示。

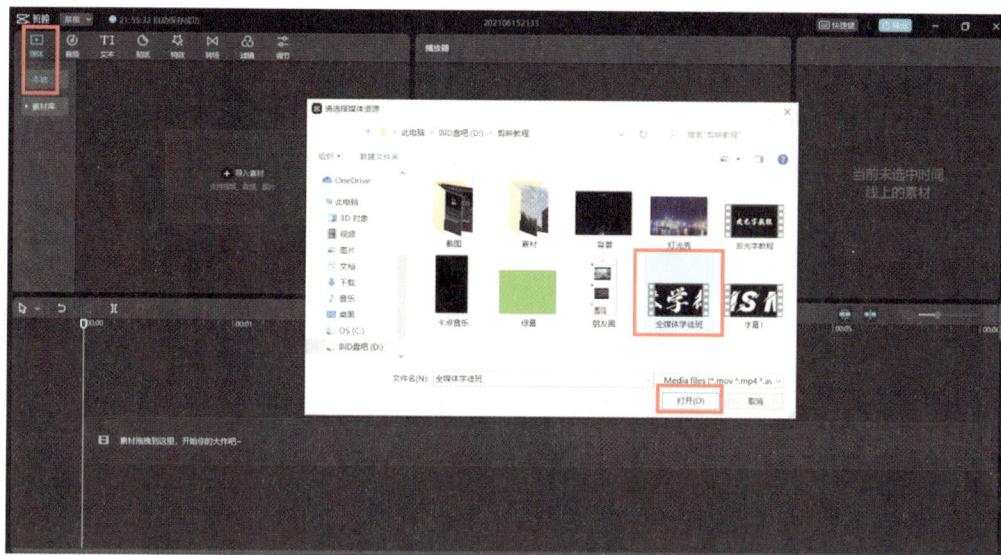

13-2-8　导入字幕素材

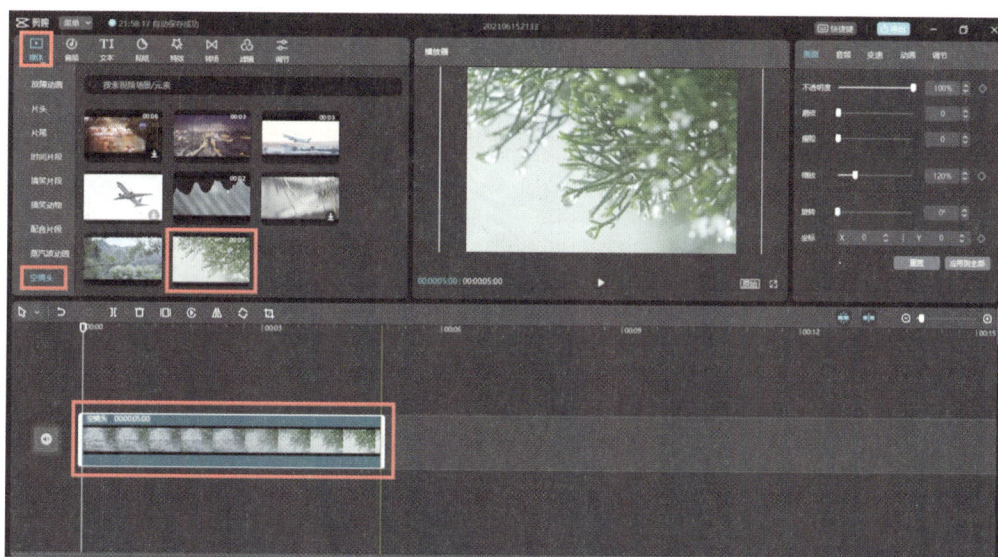

13-2-9　再导入一段片头素材

步骤8：从素材面板中导入字幕素材放至片头素材的上方，并将其时长调整至与片头素材相同，如图13-2-10所示。

13-2-10　导入字幕素材并设置

步骤9：在选项面板中将字幕素材的混合模式调整为变暗，如图13-2-11所示。

13-2-11　调整混合模式

步骤10：点击播放器面板中的播放按钮，即可预览制作完成的视频效果，如图
13-2-12所示。

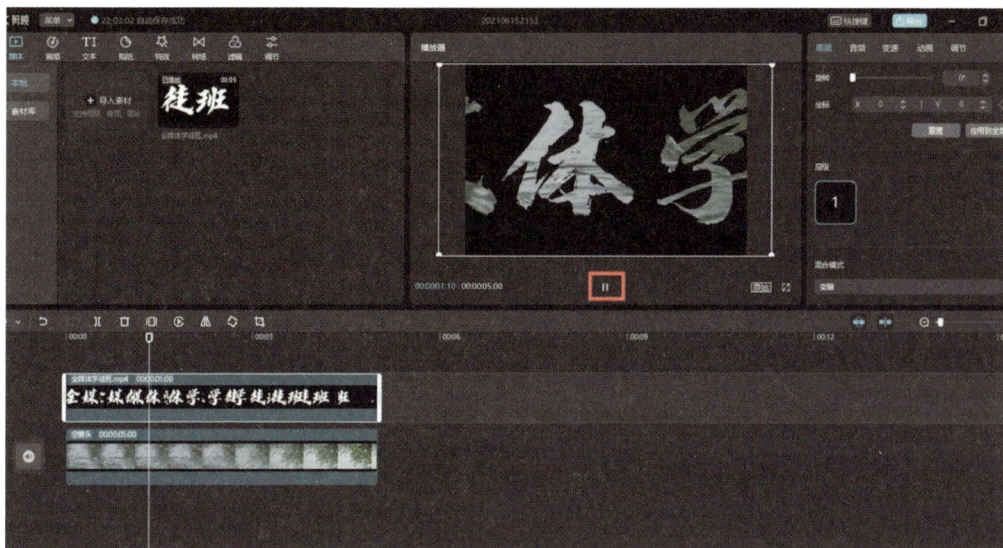

13-2-12　预览视频效果

本章小结

　　本章主要围绕全媒体新闻的编辑及输出形式展开，阐述了全媒体新闻标题的
特点、内容设计及策划形式。通过案例的形式讲解了目前常用的新媒体视频编辑
软件，了解了短视频剪辑的基本操作，短视频常用的输出格式应重点掌握。

课后习题

思考题

1）全媒体新闻标题的几大特点是什么？

2）全媒体新闻的生产输出形式一般包括哪几种？

3）全媒体新闻专题的内容设计包含的范围较广，主要包括几种策划形式并简要
说明。

4）分别列举剪映输出的常用参数配置。

14

全媒体运营和管理

教学目标

主要讲述全媒体运营和管理策略。通过本章学习，应达到以下目标：

- 了解媒体融合的概念、发展阶段划分。
- 理解全媒体与媒体融合的关系。
- 掌握全媒体运营策略。
- 了解"中央厨房"的模式、结构。

教学要求 ➜

知识要点	能力要求	相关知识
媒体融合概念 媒体融合发展阶段 全媒体	（1）通过学习掌握媒体融合的基础知识。 （2）理解媒体融合与全媒体的关系。	（1）融媒体。 （2）智媒体。
全媒体运营管理	掌握全媒体运营的基本策略。	（1）"平台为王"。 （2）新闻产品。 （3）产业生态。
"中央厨房"	（1）掌握"中央厨房"的运营思路。 （2）掌握"中央厨房"的结构和功能。	融媒体工作室。

基本概念 ➜

媒体融合；全媒体；平台；新闻产品；"中央厨房"。

随着报纸杂志、广播电视、新兴媒体纷纷向全媒体转型，全媒体渐渐成为传媒产业发展的方向。全媒体不仅是各种媒体形态、各种传播形式、各种媒介方式的叠加式整合，而且是打破各种媒体形态、各种传播形式、各种媒介方式的边界和壁垒的互入式融合；不仅是传播形态的创新，而且是运营模式、管理方式的创新。面对全媒体带来的新一轮变革浪潮，有的媒体如鱼得水、乘势而上，有的媒体冒险下海、溺水而亡，而后果迥异的背后常常是截然不同的运营与管理策略。因此，要成为激荡澎湃的全媒体大潮的弄潮儿，不但要有勇立潮头、敢闯敢试的勇气，更要有得当的运营与管理方法。

14.1　媒体融合发展历史及相关概念

全媒体是媒体融合的产物，是媒体融合的根本目的和最终成果。因此，学习全媒体运营，需要对媒体融合有全面认知。本节将围绕媒体融合的基础知识展开论述。

14.1.1　媒体融合发展历史

媒体融合伴随互联网技术的发展而诞生。自20世纪90年代后期开始，一些媒体就有了融合或转型的实践。2014年8月18日，党中央通过《关于推动传统媒体和新兴媒体融合发展的指导意见》，将媒体融合上升为国家战略。因此，2014年被称为"中国媒体融合发展元年"。虽然在实践中很难对媒体融合的发展阶段进行标准和清晰的阶段划分，但根据学界和业界的一些提法，我们将截至2020年12月的媒体融合发展历史大致分为三个阶段。

14.1.1.1　自主探索阶段——你就是你、我就是我

媒体融合的开始，表现为传统媒体创办电子版或者是自己的网站。1997年1月1日，《人民日报》创办电子版，即人民网的前身。1999年12月，《广州日报》成立大洋网，成为中国大陆最早在互联网上提供新闻资讯的三家媒体之一。2009年12月28日，中国网络电视台（CNTV）正式开播，标志着网络与电视全面融合的开始。2012年在党的十八大召开期间，新华网、人民网等权威网络媒体和新浪、腾讯等门

户网站纷纷推出手机新闻客户端。2014年5月，湖南广播电视台实行芒果TV独播战略，以此打造自己的互联网视频平台。2014年6月12日，人民日报客户端上线。

网络的影响力逐步扩大，传统媒体的受众和广告明显被分流。从电视与网络的融合来看，在2012年以前，电视还处于主流位置，优势明显优于网络。网络的出现延伸了传统媒体的内容，带来了受众的互动。2013年，爱奇艺、优酷、土豆等一些视频网站的影响力逐渐扩大之后，他们不满足当一个播出媒介，不少网站开始购买电视剧的独播版权，分流电视观众。芒果TV发布版权独播声明，爱奇艺则在2016年以2400万元买下韩剧《太阳的后裔》的独播版权，播放量达到49.3亿。排播该剧期间，爱奇艺付费会员骤增50%。光会员费一项，《太阳的后裔》就为爱奇艺带来1.9亿元的收入。

社交媒体发展成熟后，传统媒体开始尝试通过社交媒体发布自己的新闻或产品，试图"借船出海"。2009年8月，新浪推出微博产品，140字的即时表达，图片、音频、视频等多媒体支持手段的使用，转发和评论的互动性，使得这类产品迅速聚合了海量的用户群。在社交媒体上发布的内容可以通过多种形式弥补电视新闻中无法呈现的信息，充分利用网络的互动性特征，加强与用户的交流，全方位阐释报道，让用户获得更多信息。例如，2012年中央电视台开始打造"两微一端"：微博主打首发，微信注重互动，客户端发布视频。三管齐下的格局，很好地补充了电视节目单一的报道形式，有助于"一云多屏"传播体系的构建。

此时，媒体还未达到真正的融合。PC互联网时代，传统媒体将报纸、电视上的内容放在网络上重新发布一遍，互联网虽然为传统媒体内容的发布增添了一个渠道，但网络或社交媒体的内容多从传统媒体上照搬照抄，这并不能算作真正的融合。电视和网络基本还是"你就是你、我就是我"，各自有各自的机制和体制。

14.1.1.2 全面推进阶段——你中有我、我中有你

2014年8月18日，中央全面深化改革领导小组第四次会议审议通过《关于推动传统媒体和新兴媒体融合发展的指导意见》（以下简称《意见》），提出推动传统媒体和新兴媒体融合发展，要遵循新闻传播规律和新兴媒体发展规律，强化互联网思维，坚持传统媒体和新兴媒体优势互补、一体发展……推动传统媒体和新兴媒体在内容、渠道、平台、经营、管理等方面的深度融合，着力打造一批形态多样、手段先进、具有竞争力的新型主流媒体。该《意见》的出台使媒体融合正式上升到国家战略层面。在其引领下，媒体融合加快发展步伐。2014年和2015年是传统媒体试图通过自身整合或与新媒体融合寻求突破发展的重要的两年，传统媒体开始尝试与新

媒体的深度融合。

2014年，一些报纸宣布停刊，与此同时，一批新媒体陆续上线。例如，6月，新华社客户端新版发布；7月，上海报业集团打造的重大项目澎湃新闻上线……这些从传统媒体中诞生的新媒体机构成为面向市场运营的一批独立的互联网公司。

一些传统媒体渐渐发现，如果仅仅把传统媒体的内容照搬到PC端或者移动客户端，并不能有效扩大自己内容的传播量，因此还需要针对互联网用户打造原创内容，由此出现了一批融媒体节目、短视频和移动直播等产品。例如，《中国诗词大会》在播出过程中采用全媒体互动策略，利用多媒体、移动客户端，实现实时多屏传播，引起强烈反响。《春节联欢晚会》为了让自己更接地气，与微信合作发起"摇红包"活动，吸引了大批流失的观众。为了吸引移动端用户，打造与传统媒体有差异的内容，中央电视台、新华社和《人民日报》几大主流媒体开始制作适用于移动端播出的原创短视频。

这一阶段的融合基本上以行政手段促成。在国家战略的指导下，媒体各自建立了初步的模式，有了融合的做法和途径。但是有的尝试还比较粗浅、生硬，基本没有找到比较有效的方法，而且媒体融合没有真正按照市场规律进行，效果并不显著。

14.1.1.3 深化融合阶段——你就是我、我就是你

中央媒体加快推进传统媒体与新兴媒体在内容、渠道、平台、经营、管理等方面的深度融合和一体化发展，不仅巩固了自身作为传统新闻舆论重镇的地位，还把传统媒体的影响力向网络空间延伸，在媒体融合的浪潮中占得先机。2017年以后，传媒业的融合开始迈向加速度阶段，媒体融合进入深水区。这种加速度主要体现在媒体形态、组织架构、人才管理机制等多个方面。

例如，2016年2月，《人民日报》开始启动"中央厨房"融合发展战略。2017年全国"两会"期间，"中央厨房"正式开始运营，设立总编调度中心，建立采编联动平台，统筹采访、编辑和技术力量，"报、网、端、微"一体联动，建立移动优先、PC做全、纸媒做深、多次生成、多元传播的"策采编发"新流程。人民日报"中央厨房"建成后，开始在媒体领域大面积推广。《经济日报》《中国青年报》等一大批媒体也开始推行一体化运营的"中央厨房"。媒体融合的实践表明，要实现真正意义上的融合，仅体现在项目、产品层面是不够的，必须打破现有发展模式和利益格局，真正实现产品背后的流程、架构、管理等各个环节的融合。

2017年2月19日，习近平总书记在人民日报社、中央电视台、新华社三大中央媒体进行调研。随后，这三大中央媒体同时布局移动直播圈：中央电视台推出央视新

闻移动网，新华社推出现场云，人民日报社推出人民直播。从央视新闻移动网矩阵号来看，2018年年初，有142家广电机构入驻央视新闻移动网矩阵号。全国"两会"期间，该矩阵号共推出直播243场，累计触达人数4.6亿，在线观看人数2.25亿。

2018年10月，在中央"打通媒体融合最后一公里"的号召下，一场在全国推进的区县级融媒体中心建设全面拉开。区县级融媒体建设既是区县级媒体转型的需要，也是国家主导区县级舆论阵地的需要。由于"中央厨房"的普及，传统新闻业务和新媒体业务采编流程达到高度融合统一，使从前传统新闻采编和新媒体业务"两张皮"的现象从"你就是你、我就是我"转变成为"你就是我、我就是你"的深度融合状态。

14.1.2　媒体融合相关概念辨析

14.1.2.1　媒体融合

媒体融合又称媒介融合（media convergence），最早由美国计算机科学家、麻省理工学院媒体实验室创办人尼古拉斯·尼葛洛庞帝于1978年提出。他认为，广义的媒体融合包括一切媒介及其有关要素的结合、汇聚、融合，也就是说，把报纸、电视台、电台等传统媒体与互联网、手机、手持智能终端等新兴媒体传播通道有效结合起来，资源共享、集中处理，衍生出不同形式的信息产品，然后通过不同的平台传播给受众。经过众多学者的推动，20世纪90年代后，媒体融合已成为一个明确的概念，在欧美新闻传播领域得到广泛的关注和应用，其含义得到不断扩展。所谓"媒体融合"，是指在以数字技术、网络技术和电子通信技术为核心的科学技术的推动下，组成大媒体业的各产业组织在经济利益和社会需求的驱动下，通过合作、并购和整合等手段，实现不同媒介形态的内容融合、传播渠道融合和媒介终端融合的过程。

14.1.2.2　全媒体

整个媒体融合过程，大致可以分为融媒体、智媒体、全媒体等不同的发展阶段。

融媒体是充分利用媒介载体，把广播、电视、报纸等既有共同点又存在互补性的不同媒体，在人力、内容、宣传等方面进行全面整合，实现资源通融、内容兼容、宣传互融、利益共融的新型媒体。融媒体比较关注媒体之间融合的过程。它带来的最重要的一个影响是媒介之间的边界由清晰变得模糊，因此，打通是融媒体时代创新的关键。

智媒体是在大数据和人工智能出现以后产生的概念，指的是用人工智能技术来重构新闻信息生产与传播全流程的媒体。智媒体以互联网为基础，依托不同智能终端，结合云计算与云存储等新的技术，让用户可以快速地判断、分析和截取想要的内容。它可以利用情感感知计算，分析信息消费者的环境、行为和偏好，提供与用户需求相匹配的内容、产品和服务，以提升消费者的用户体验。它更注重人工智能技术方面的特性，基于机器学习等人工智能技术和大数据，更好地建立用户连接，形成生态系统。

相比而言，全媒体是媒体融合发展到更高阶段的产物，是媒体融合的根本目的和最终成果。

全媒体指媒介信息传播采用文字、声音、影像、动画、网页等多种表现手段，利用广播、电视、音像、电影、出版、报纸、杂志、网站等不同媒介形态，通过融合的广电网络、电信网络和互联网络进行三网融合的传播，最终实现用户以电视、电脑、手机等多种终端均可完成信息的融合接收（三屏合一），实现任何人、任何时间、任何地点、以任何终端获得任何想要的信息。它强调的是综合运用多种媒体的表现形式，并且视单一形式为全媒体中"全"的重要组成。全媒体的概念比融媒体更升级、更全面、更完整，是未来媒体的基本状态和格局。

全媒体也是一个体系。全媒体包括全程媒体、全息媒体、全员媒体、全效媒体等。信息无处不在、无所不及、无人不用，导致舆论生态、媒体格局、传播方式发生深刻变化，也使新闻舆论工作面临新的挑战。这是对现代传播环境和媒体特点的一个全新的、全面的论述。

所谓"全程"，是指客观事物运动的整个过程都会被现代信息技术捕捉、记录并存储。这属于时空维度。

所谓"全息"，意指媒体信息格式多元，如文字、图片、音频、视频等。

所谓"全员"，是指社会方方面面各种主体（个人、各类机构等）都在通过网络进入社会信息交互的过程中。

所谓"全效"，是指媒体功效的全面化。

当前，建设"四全"全媒体是我国大力推进传统媒体和新兴媒体融合的实践产物，是媒体融合发展的必然趋势。

14.2　全媒体运营策略

策略一：围绕优势资源，打造优势平台

平台本来是一个工程学的概念，指的是为了便于生产或施工而设置的工作台，后来应用到经济学领域并构建平台经济学。对媒体而言，所谓平台，是指通过一定的通用介质如数字技术、互联网络和传输协议，在用户与内容和服务提供商之间搭建一个扁平的、通用的交互场域，双方或者多方主体只要通过接口接入这个交互场域，就可以实现与另一方中任何主体的互融互通。

在全媒体时代，数字技术、网络技术和传播技术的融合发展带来内容形式、传输渠道、传播方式的丰富多样和信息生产、信息消费的爆炸式增长，曾经制约传播活动的资源瓶颈被一一打破，同时，技术的进步突破了各种媒介间的界限，媒介融合已成发展大势，内容、渠道、终端各方的关联度加深，并使其相互之间产生了更高的耦合性要求，信息传播的主客体关系发生了颠覆性变化，传者和受者的地位逆转，生产和消费不分彼此，甚至角色互换。在这种情况下，靠控制或者垄断某个环节获得竞争优势的战略不再适用，"内容为王""渠道为王""终端为王"让位于"平台为王"，谁占有平台，谁就将拥有用户，谁就将掌控未来。

同时，由于传播渠道和接收终端的增加和丰富，也由于媒介消费碎片化和随机化特性的固化和凸显，平均每个用户的增长对业务增长和收入增长的拉动作用明显钝化，一味地通过细分来满足用户偏好或者瞄准现有市场中为不同用户群落提供不同营销组合的市场策略效用锐减，媒体要想保持业务和收入的持续增长，需要面向代表潜在需求的受众整体，通过合并细分市场，整合用户需求和内部资源，打通内部流程，再造组织架构，实施融合业务，最大限度地提升自己的核心能力。这就要求媒体打破以媒介或者部门为区隔、相互独立、各自为战、资源利用率低的运营惯例，建设以资源利用最优化、整体绩效最大化为目标，以业务流程为中轴，以用户为核心，以市场为导向的一体化运营平台，并在同一平台上设置多种出口，提供多种业务。

可见，全媒体之间的竞争不是内容之争、渠道之争，而是平台之争。而平台之争是一场胜者通吃的游戏，谁抢占了平台高地，谁就掌握了信息传播的制高点和产业运营的制高点，可谓"成王败寇"，除了胜利者，其他角色将转变为服务于这个平台的内容或者服务的提供商。对于媒体来说，如果不能利用好自身的能力和优势，尽快完成向平台运营商的角色转换，很有可能在未来沦为单纯的内容或者服务提供商。面对全媒体时代的竞争新态势和新规则，媒体再也不能继续以拥有内容或者控制渠道自满自得，而应该全力打造属于自己的全媒体运营平台。

从现有情况看，全媒体运营平台的结构可以归纳为"两网""三库"和"五平台"。"两网"即内网和外网，"三库"即媒体内容库、业务运营库和管理库，"五平台"即内容生产平台、业务运行平台、客户服务平台、决策管理平台和网络支撑平台。对全媒体运营来说，物质化的或者硬件化的平台建设固然是极其重要、不可或缺的，但更为重要、更不可或缺的是全媒体运营商打造平台经济的战略思维。这种思维要求利用全媒体运营平台提供的支撑环境和市场机制，构筑一个多接口的数字化的开放型系统，把社会上的内容生产组织、机构、企业吸附到这个系统上来，形成紧密型的产业运营联盟。

由于全媒体是数字化、网络化的产物，全媒体平台必然天然地具有数字化、网络化的特征，这种与生俱来的天性促使平台内部各个部分、各种要件、各种元素以及它们各自所承载的内容、渠道、终端在横向、纵向、交叉、系统层面实现互联互通，直至发生融合，因此全媒体平台的模型不会是平面的网状，而应是立体的网状。网络化意味着去中心化，但在建构全媒体平台的实践中，运营商应找到并打造出一个坚实的内核。一般而言，全媒体运营商通常是全媒体产业链上的某种核心资源的相对垄断者，而这一资源通常就是运营商独具的竞争优势。平台建设要围绕这一核心资源做文章，把它打造成为全媒体平台最重要的支撑点和产业链最主要的驱动力。如《南方都市报》在建构全媒体平台时采取的策略就是以《南方都市报》为内核打造内容平台，通过做大做强内容平台来吸聚上、中、下各层级平台的资源并使之成为平台生态体系的重要组成部分，从而获得全媒体生产能力、全介质传播能力和全方位运营能力，最终建构起南都全媒体集群式平台。

策略二：坚持量力而行，做到有进有退

从实践层面考察，全媒体运营实际上是一种传媒产业运营的战略思维和整体模式，这种战略思维和整体模式就是把传媒产业运作从单一媒体、单一品种转为多个媒体、多个品种，从而使媒体具有更全的内容生产能力和更全的媒介传播能力以及更全的业务经营能力。因此，全媒体运营企求的应该是"更全"而不是"最全"，一个传媒机构只要运营两种以上的媒体，就可以称之为全媒体运营。

在开展全媒体运营时，一定要根据所处的传媒市场的实际，找到与自身条件、实力及资源相适应的发展之路，有所为、有所不为，不能面面俱到，更忌贪大求全。只有这样，才能在竞争中站稳脚跟，实现既有质量又有效益的可持续发展。

在全媒体时代，产品构成更加复杂，产业流程更加细化，技术难度不断增加，传统媒体面对这些往往力不从心。全媒体运营商应当采取战略联盟模式、资源共享模式、合资参股模式、业务外包模式、共同研发模式等多种方式，将自己不具备竞争优势的或竞争力较弱的业务剥离出去，将大量的增值业务和功能化业务交给更专业的机构去做；要充分利用一体化运营平台的资源聚集能力和业务吸附效应，把价值链的其他参与者整合进全媒体运营之中，以获取竞争优势并弥补自身的不足。

策略三：注重产业协同，优化产业生态

任何产业都有一个内在的产业价值创生、传送的链条，任何产业的运营都离不开产业价值链的有效支撑。只有通过对多种技术、多种媒介、多种媒体、多种渠道、多种平台以及在内容、服务、市场、技术等方面具有关联性和互补性的产业及其组织进行融合、整合或者集合，打造出一条紧密合作、优势互补、利益同享、风险共担的产业链条，全媒体才能作为一个产业形态进行运营，并在市场上实现其服务和价值。

产业价值链的存在，是以产业内部的分工和合作为前提的。光有分工，没有合作，缺乏协同，产业价值链就无从产生，因此，各个产业增值环节之间的协同性是产业价值链得以存在的基础条件。全媒体运营商要深入思考产业价值链上每个环节的协调性和互联性，深入思考怎样提高对用户需求的响应速度，深入思考如何减少链上非增值环节的时间占用和资金耗费，深入思考链上资源的优化配置和利用，发挥主导权、话语权优势，增进协同配合、互动联动，从而能够更有效地满足不断变化、日益个性化的用户需求。

在全媒体驱动下，传媒的产业链条迅速延伸和发展。伴随新业务和新媒体如雨后春笋般不断涌现，整个传媒产业链已经由传统的"内容供应商—内容消费者"单向的、垂直的、线性的封闭型链条演变成了以全媒体运营商为核心，由网络平台供应商、内容供应商、终端供应商、应用开发商、用户等上中下游多个部分共同组成的立体的、网状的、开放型的链条。处于核心位置的全媒体运营商连接各方需求，沟通多方市场，不仅要做好自身环节的建设，还要积极介入网络、内容、终端、应用服务市场的培育，培养有利于自身发展的生态环境。比如，全媒体运营商可以与网络平台提供商开展合作，以助于网络与服务的开发和升级；可以与内容供应商开展合作，以助于产品的研发创新和适销对路；可以与终端厂商开展合作，以助于提升消费体验，更好地为用户服务。

策略四：优化输出通路，提升服务质量

在全媒体的运营模式下，前端生产链条融合，后端传播链条分化，海量媒体产品汇流成一个大市场，再分流给多种终端，由用户自己进行个性化配置。"内容为王"的一家独大，变成了内容、渠道和服务的三足鼎立，全媒体产品和服务的市场价值能否得到实现更大程度上取决于用户，而不是取决于生产者，谁掌握了用户这个稀缺资源，谁就掌握了主动权。因此，全媒体运营的核心是争取用户，全媒体运营商要想取得成功，必须深度挖掘用户价值，千方百计黏住用户。

全媒体运营商要通过整合业务与服务，从远离用户的高高在上的社会守护者变为以货真价实的产品和服务拥有用户的社会服务者；要通过增值业务的发展带动品牌延伸和衍生产品的发展，为用户提供更多超值的增值服务和消费回报，增强媒体黏着度；要通过用户资源、服务资源的共享共用、互联互通，来连接多元化的利益群体，锁定更多的用户群落。比如，运营商在提供内容产品的同时，可以将不同的资源如金融、理财、房车、电商、餐饮、休闲、玩乐等整合集成在一起，为用户提供特定生活项目的综合解决方案，并努力成为他们生活的伙伴和助手，使用户对媒介产品的单一依赖转变为一种对生活方式和社会身份认知的依赖，从而不断增强全媒体的核心价值，让全媒体的消费者实实在在地感受到自己是"用户"而不是"受众"。同时，全媒体运营商要像一名真正的服务业者那样，为用户提供端到端的质量保证和后期维护。

美国麻省理工学院教授浦尔曾经指出："分化与融合是同一现象的两面。"在全媒体运营中，我们不仅要关注媒体之合、媒介之合、平台之合、服务之合，更要关注与"合"伴生的"分"。就如尼葛洛庞帝在《数字化生存》中所说："在后信息时代，大众传播的受众往往是单独的一人，所有商品都可以订购，信息变得极端个人化。"对于全媒体运营商来说，要想获得更大的突破和更好的发展，就要不断探索研究如何以创新和创造更好地满足用户的个性化需求，比如，在传播媒介形式上，如何针对单一的用户统筹运用纸媒、广播、电视、网络、手机等不同的载体；在传播内容形式上，如何借助文字、声音、图像、动画、视频等媒介符号系统调动用户视、听、触等全部感官；在技术平台上，如何综合利用基于广电网、互联网、电信网的无所不在的终端，让用户随时随地获取所需要的信息，等等。总之，全媒体运营商要充分利用现有媒体资源，通过提供多种方式和多种层次的个性化聚合服务，满足用户的细分需求，使用户获得更及时、更多角度、更多听觉和视觉满足的媒体体验。

在全媒体时代，传统的报刊网、无线广播网、无线电视网等将风光不再，对内容产品售卖的支撑作用将大幅下滑，基于微信、微博、社交网站、门户网站的新媒体渠道会不断扩展，其在内容传输总量的占比将大幅提升。在渠道布局方面，全媒体运营商将不再强调某种单独的传输渠道，而是通盘考虑各种渠道，在巩固并不断强化固有的传统渠道的同时，大力发展和利用微信、微博等公共网络平台上的新兴渠道。

14.3　全媒体运营典型案例
——以《人民日报》"中央厨房"为例

《人民日报》在媒体转型中，最大的贡献是建成了国内第一个"中央厨房"。此后，《人民日报》的"中央厨房"被广泛借鉴和复制，成为全国各地传统媒体的"标配"和"样板间"。人民网总裁叶蓁蓁认为，"中央厨房"的诞生，不仅是在推动传统媒体和新兴媒体融合发展中《人民日报》自身的探索，更是中央根据媒体生态和舆论格局深刻变化做出的战略决策。

14.3.1　人民日报"中央厨房"诞生的背景

"中央厨房"的理念，十多年前就已经在一些媒体中风行。2007年6月，《广州日报》成立滚动编辑部，负责报纸、手机和网站三个部门联动发稿。这些新闻经过简单编辑就成了手机和网站上即时滚动的新闻。这应该是最早的全媒体平台，也就是"中央厨房"的雏形。2008年年初，国家新闻出版总署全面启动全媒体数字采编发布系统工程，确定几个报业集团为报纸全媒体出版领域的应用示范单位，进行数字复合出版的研发和试点。烟台日报传媒集团开发了全媒体数字采编发布系统，记者采集的包含文字、图片、音频和视频等新闻素材全部放入全媒体数据库，集团内部的各子媒体、报纸、杂志、网站、手机报等根据需要对这些素材进行二次加工，生产出各种形态的终端新闻产品。之后，全国相继有一些传媒集团开发了这种全媒体运营模式。这种模式的核心是"一鱼多吃"，即"一次采集、多种生成、多元传播"。这与现在的"中央厨房"的理念是一致的。

这种模式在2010年之后逐渐淡出视野。究其原因，除了导致集团内部子媒体的同质化之外，更重要的原因在于全媒体平台的可适用范围。实践发现，"中央厨房"似乎只适用于在一些重大报道中的内容共享，但其尝试不能够常态化和普及化，因为每个媒体所处的位置、扮演的角色、拥有的资源都不一样，中央媒体可以成功运行，但省市级媒体不一定能运行。《人民日报》的"中央厨房"可以有400多家媒体、企业和机构接入，但省市级媒体恐怕做不到。这就是《广州日报》和烟台报业集团在当时没有把"中央厨房"做起来的原因。

《人民日报》在融合发展新战役打响前，已经先厘清了自己的基本盘。截至2016年年底，人民日报社共拥有29种社属报刊、31家网站、111个微博机构账号、110个微信公众账号和20个手机客户端，成为拥有报纸、杂志、网站、电视、广播、电子屏、手机报、微博、微信、客户端等多种形态和320个终端载体的媒体集团，覆盖总用户超过6.35亿。《人民日报》早已不只有一份报纸，而是一个全媒体形态的"人民媒体方阵"。虽然旗下有这么多产品，但是《人民日报》当时的生产能力主要集中于图文等静态产品，在音视频等动态内容方面缺乏平台支撑。同时，各媒体单元间尚未实现打通和整合，基本还处于单兵作战和分散管理的状态，离真正的媒体矩阵还有差距。

随着《关于推动传统媒体和新兴媒体融合发展的指导意见》的发布和习近平总书记在党的新闻舆论工作座谈会上的讲话的发表，人民日报社立即响应，主动探索，决定建设一批重点项目，"人民日报全媒体平台"（"中央厨房"）成为其中的基础项目和战略引擎。这个完整的、综合的融合体系，既不是单纯的技术平台，更不是简单地把报、网、端、微的业务捏合到一起，而是由技术平台、业务平台、空间平台组成的综合平台。其中，最关键的是由一套全新的组织架构、业务流程和运行机制所构成的业务平台。

14.3.2 "中央厨房"的结构和功能

人民日报"中央厨房"占地面积3217平方米，共分为四个工作面——核心指挥区、技术支持区、自由工位区、灵活工位区。其中，核心指挥区是"中央厨房"的核心。

核心指挥区占地900平方米，在物理布局上由三部分组成：一是位于中央区域的指挥调度中心；二是两侧的采编联动平台；三是可视化大屏。

指挥调度中心有一个椭圆形的指挥台（图14-3-1）。总编辑及《人民日报》报纸、网站、客户端等业务的负责人在此办公。他们需要在大厅中进行信息沟通。指挥调度中心任务明确后，具体的工作就在采编联动平台上展开。

图14-3-1　指挥调度中心

采编联动平台（图14-3-2）在指挥调度中心两侧，包含采访中心、编辑中心和技术中心。它既是一个有型的物理空间，也是一个业务平台和技术平台。工作人员在该平台上可以随时根据具体项目建立任务群组，视频、图片、文字等资料都可以在群组中共享。

图14-3-2　采编联动平台

　　可视化大屏（图14-3-3）处于最为显著的位置，设有新闻线索、人民稿库、选题总览、互联网实时热点、传播效果追踪等十大模块，实时呈现大数据分析结果。

图14-3-3　可视化大屏

技术支持区主要为"中央厨房"的业务板块提供软件支持和服务。技术中心与20多家公司合作应用技术支持工具，比如大数据与腾讯合作。数据中心是拥有1000台服务器的内部机房，此外，还与腾讯、华为合作，在全球布有近80万台云服务器。

14.3.3 "中央厨房"的创新探索：全流程打通的完整融合体系

"中央厨房"的根本意义，不是简单的采编发一体化稿库，而是全流程打通的完整融合体系。它不仅改变了新闻业务流程，还在机制运作上实现了彻底更新。（图14-3-4）

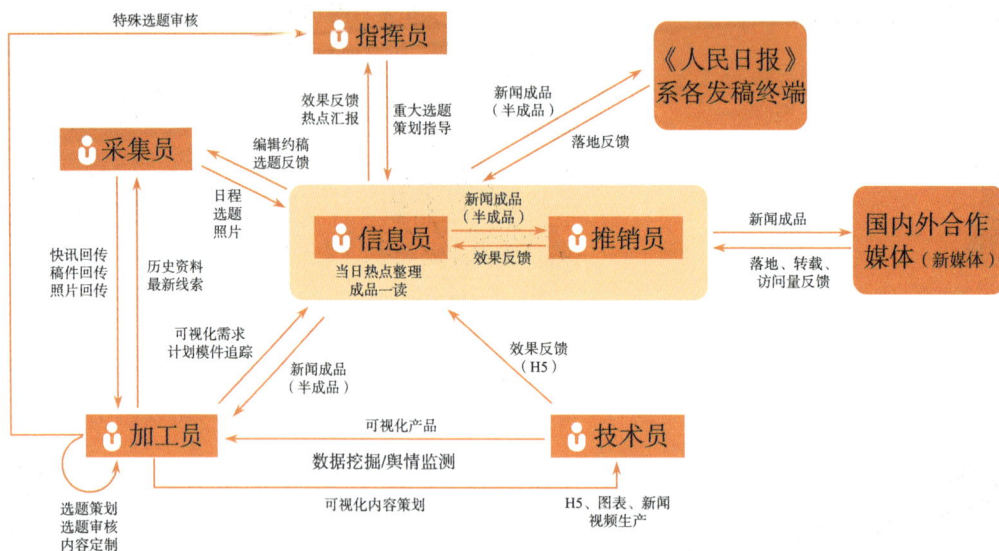

图14-3-4　"中央厨房"运行流程图

14.3.3.1 业务创新——再造新闻生产流程

以前，传统报纸和网络各自运行自己的新闻采编流程，资源互不共享，花费大量人力、物力却事倍功半。"中央厨房"利用自己的调度机制将台、网、端资源统合起来，统一调度分配，共享资源，节省资金，调动人员积极性，达到事半功倍的效果。在《人民日报》"中央厨房"中，指挥调度中心起到大脑中枢的作用，是"中央厨房"日常运行的最高决策机构。在调度中心的指挥下，报、网、端、子报子刊各系统进行采编联动，调度中心负责宣传任务的统筹、重大选题的策划和采访力量的指挥。调度中心有两个重要会议：一是由总编亲自主持召开的每周一次的总编协调调度会，确定本周的重大报道计划；二是值班副总编辑每天上午主持召开的采前会，各报、网、端负责人参加并安排协调报道。通过这样总体部署的策划和采访，全部力量能有序执行各自被安排的任务，避免资源浪费和紊乱。

采编联动平台是"中央厨房"的常设运行机构，负责执行来自调度中心的指令，收集需求反馈，进行全媒体新闻产品的生产加工。其中，采访中心将《人民日报》、人民网的国内外记者团队全面打通，由传统媒体相应部门统一指挥。记者进行全媒体新闻产品的生产加工，生产的所有产品直接进入后台新闻稿库。这些稿件既可以作为成片直接发布，也可以作为素材进行二次加工。所有产品在社交媒体首发后，再向国内外合作媒体推广。

编辑中心由四大总编室《人民日报》总编室、人民网总编室、"两微一端"总编室和统领所有子报刊的新闻协调部人员构成。其工作职责是负责报、网、端等的终端分发和呈现。除了理论、评论、国际、文艺四大部分内容之外，所有的报纸版面均划由《人民日报》总编室统一管理。

依托"中央厨房"，《人民日报》实现了报纸采编业务分开。采访力量统筹管理、打通使用，直接生产适合报纸和新媒体平台的各种新闻产品；编辑力量致力于将素材在各个端口分发和呈现。它不仅聚拢各方资源形成融合发展合力，也为整个传媒行业搭建了一个支撑优质内容的公共平台，改变了传统媒体的新闻生产模式。

以近年来的全国"两会"报道为例，《人民日报》"中央厨房"发挥重要作用，成立全国"两会"采访统筹组，每天下午召开调度会，联系商量选题，"三端一体"发力，协作组织生产，打破体制瓶颈，拆除部门藩篱，出色地完成了"部长通道""开幕式开放日"等相关报道，使《人民日报》要闻版和特刊的中投稿件、独家议题、特色策划在新媒体上得到充分展示；新媒体的优秀产品也大量引用到报纸，扩大了传播覆盖面。

14.3.3.2 机制创新——融媒体工作室

为了重新激发内部员工的活力，《人民日报》"中央厨房"创新机制，另建了崭新的业务线——融媒体工作室。融媒体工作室是从业务功能角度出发，鼓励报、网、端、微的采编人员按照兴趣组合，采用项目制施工，实现资源嫁接和跨界生产，以充分释放全媒体内容的生产能力。这也是"中央厨房"重大事件报道迈入常态化运行的全新尝试。

融媒体工作室采取"四跨＋五支持"的机制。"四跨"即允许记者编辑跨部门、跨媒体、跨地域和跨专业，组织成小规模的"战斗突击队"。"五支持"即为"中央厨房"提供资金、技术、推广、运营、经营方面的支持工作。这些融媒体工作室又被称为"内部创业小团队"，工作人员的分布不是由领导指定，而是根据自己的能力和兴趣进行选择，有的人员还来自《人民日报》之外。成立小分队以后，由制片人带领内部团队制作有特色的内容产品。在制作流程方面，内部团队和个人均可以提出创意申请，媒体技术公司负责审核，一旦审核通过即由技术公司提供资金、技术、平台等资源。在机制上，人员各自保持报、网、端、微记者的身份不变，基本工资在原单位发放，绩效工资由新的使用单位考核评定，对"独家、原创、首发、深度"的精品稿件实行优稿优酬。截至2019年年底，《人民日报》已开设"麻辣财经""学习大国""一本政经""国策对话场"等16个工作室，涉及时政、文化、教育、社会、国际等多个垂直领域，来自《人民日报》内部15个部门的60名编辑记者参与其中，媒体技术公司则投入设计师、动画师、前端开发、运营推广人员等共40多人的技术支持。

融媒体工作室大大激发了编辑记者的内容创业热情，工作室和传统报纸内容也产生了良性共振。工作室不仅基于《人民日报》版面原有内容进行拓展延伸，还生产了如音视频脱口秀、H5、图解等各类融媒体作品。不少工作室的优秀作品返回报纸版面，增加了报纸选题的丰富性和内容的可读性。例如，全国"两会"期间，"一本政经"融媒体工作室推出动漫短视频《当民法总则遇上哪吒》，通过"胎儿哪吒受赠记""游戏装备找回记""见义勇为补偿记"等几个小故事，将民法总则草案中"胎儿能否继承遗产""网游装备被盗法律管不管"等与人们生活息息相关的问题进行了形象生动的解读，深受各年龄段用户的喜爱。视频推出5个小时内，观看量就已突破400万。

14.3.3.3 数据化、移动化、智能化的技术体系创新

"中央厨房"能够高速运转，与它背后的大数据系统息息相关。人民日报与腾讯达成合作，把腾讯的社交数据引入整个内容生产的过程中，同时自己的后台也监测100多家网站。其数据支撑了以下几个功能。

一是数据化。通过与腾讯合作搭建融合云系统，所有的新闻线索、选题策划、传播效果、运营效果都有了数据支撑。有了全网抓取的实时数据，全国各地发生的热点事件就能够及时地呈现。通过传播效果评估、新媒体运营、新媒体追踪和用户画像，每篇稿件都有了实实在在的效果评估和反馈。通过数据分析，媒体也可以深度了解用户的阅读行为和特征。

二是移动化。"中央厨房"所有技术产品的所有功能都能够通过数据支撑实现移动化，既可以在"中央厨房"的大厅使用，也可以在电脑、平板、手机上使用。

三是智能化。智能化是指"中央厨房"后台个性化推荐的公共引擎，可以帮

助合作媒体的客户端实现个性化推荐，也可以与《人民日报》的多个新媒体端口打通，互相把合适的内容推荐到各自的端口上去。这种合作模式就像一个超级的"今日头条"，但不同的是，所有的端口、流量、用户等都仍然属于各自媒体，用户感觉不到后台是谁。也就是说，"厨房"永远是后台，各家的端口才是"餐厅"。大数据为"中央厨房"的软件平台的内容分发、舆情监测、用户行为分析、可视化制作等提供支持。前后方采编人员时刻在线连接，各终端渠道一体策划，形成新媒体优先发布、报纸深度挖掘、全媒体覆盖的工作模式。

本章小结

　　媒体融合是人类历史发展的必然产物，也是传媒史上的重大革命，而全媒体是媒体融合的产物，是媒体融合的根本目的和最终成果。本章主要围绕媒体融合基础知识，探讨了全媒体运营的基本思路，并以传统媒体转型探索的成功案例剖析全媒体运营的技巧。总体而言，全媒体运营应从平台、产品、产业、技术四个层面展开，构建全流程的融合体系，实现媒体的转型和升级。

课后习题 ➔

思考题

1）什么是媒体融合？

2）媒体融合的发展阶段？

3）全媒体与媒体融合的关系？

4）全媒体运营的策略有哪些？

5）《人民日报》"中央厨房"运营模式对你的启示有哪些？

参考文献

［1］毕根辉.新闻摄影［M］.北京：机械工业出版社，2009.

［2］田建国.电视摄像实务［M］.北京：中国传媒大学出版社，2013.

［3］周平.全媒体新闻采访学教程［M］.南京：南京大学出版社，2015.

［4］姚永明.电视摄像与编辑实践教程［M］.南京：南京大学出版社，2016.

［5］李良荣.网络与新媒体概论［M］.北京：高等教育出版社，2014.

［6］彭兰.网络传播概论（第二版）［M］.北京：中国人民大学出版社，2009.

［7］彭兰.网络新闻编辑教程［M］.武汉：武汉大学出版社，2007.

［8］常昕，杨立桐.数据新闻的语态沿革及其传播要素——以新华、财新、网易三家为聚焦［J］.中国编辑，2018（1）：32.

［9］陈国权.中国媒体"中央厨房"发展报告［J］.新闻记者，2018（1）：29.

［10］陈力丹.大数据与新闻报道［J］.新闻记者，2015（2）：17.